TRAINING · TECHNIK · TAKTIK

Siegfried Ellwanger / Ulf Ellwanger

Boxen basics

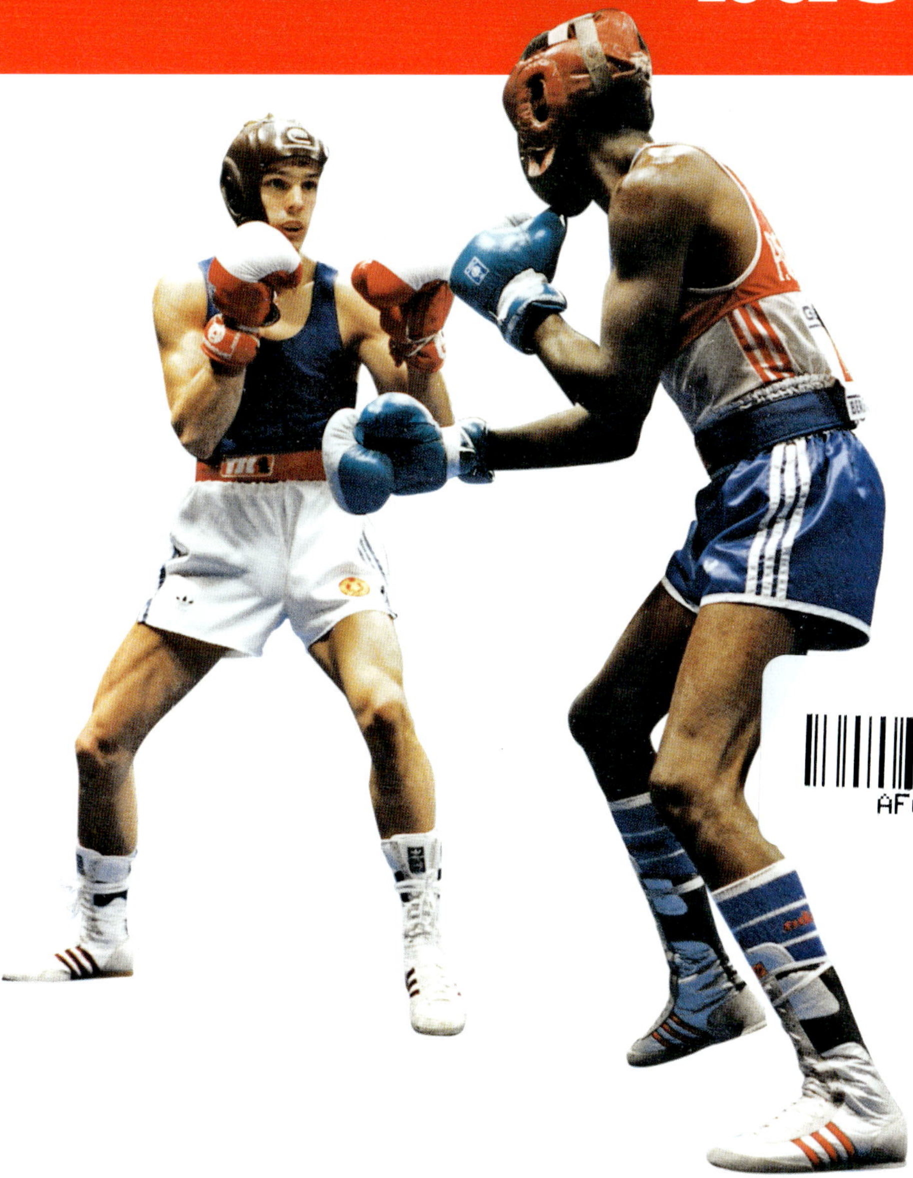

pietsch

Einbandgestaltung: Katrin Kleinschrot

Titelbild:
Willi Martin, Berlin. (Finalkampf im Fliegengewicht: rechts Pedro Orlando Reyes, Kuba – links Andreas Tews, DDR)

Bildnachweis:
Die Zeichnungen wurden von Jochen Flemming, Kleinmachnow, nach Kampfbeschreibungen angefertigt.
Die Wettkampffotos stammen von Willi Martin, Berlin.
Die Studioaufnahmen fertigte Karla Fritz eigens für dieses Buch.
Die Hallenfotos stammen aus dem Archiv von Siegfried Ellwanger.
Bild Seite 52 © Winfried Mausolf.

ISBN 978-3-613-50758-6

1. Auflage 2014

Sie finden uns im Internet unter
www.pietsch-verlag.de

Lektorat: Marko Schweizer, Susanne Fischer
Innengestaltung: Tebitron GmbH, 70839 Gerlingen
Druck und Bindung: Appel & Klinger Druck- und Medien GmbH, 92677 Schneckenlohe
Printed in Germany

Inhalt

Zur Einstimmung 6

An die Anhänger des Boxsports 6
Das Können der Boxsportler 8
Geschichten über das Boxen 8
Der Boxsport und die Kunst 9
Wie früher geboxt wurde 10
Der Boxhandschuh 20
Faszination Berufsboxen und Amateursport 21
Boxsport und Selbstverteidigung 30
Ist Boxen noch zeitgemäß? 31
Der Amateurboxsport aus Sicht der Sportmediziner 33

Übungen 35

Boxen spielend erlernen 35
Übung des Boxstoßes (Üben der Führungshand) 35
Hüpfender Kreis 41
Boxen in der Bauchlage 41
Boxen aus der Rückenlage 41
Boxen als Partnerübung 42
Boxen gegen eine stabile Turnmatte 43
Umspringen 44
Sprungseilübungen 44
Boxen gegen einen geworfenen Medizinball 44
Ball ausweichen 45
Ball prellen 45
Kraftschulung mit dem Medizinball 46
Übungen mit dem Stab 46
Liegestütze 46

Technik 47

Beinstellung 47
Körperhaltung 51
Erhöhung der Reichweite 52
Führungshand 53
Gewichtsverlagerung 55
Paraden 56
Parade nach innen 56
Parade nach außen 59
Parade mit Schritt 62
Parade nach oben 62
Blöcke 64
Unterarmblock 66

Block an der Handschuhseite . . . 66
Block am Ellbogen . . . 68
Block an der Schulter . . . 68
Meiden der Führungshand . . . 70
Rückschritt/Rücksprung . . . 70
Abducken nach rechts vorn . . . 71
Abducken nach unten . . . 71
Stoß zur Abwehr . . . 78
Doppeldeckung . . . 79
Die Gerade . . . 82
Stoß der Schlaghand – die rechte Gerade . . . 82
Rechte Gerade in der Bewegung . . . 85
Diagonalschritt . . . 85
Passgang . . . 85
Wechselschritt . . . 85
Verteidigungen mit der Schlaghand . . . 85
Parade nach innen mit der Führungshand . . . 86
Der Haken . . . 87
Seithaken zum Kopf . . . 87
Rechter Seithaken zum Kopf . . . 88
Abwehr des Seithakens zum Kopf . . . 90
Parade nach außen . . . 90
Linker Seithaken . . . 90
Aufwärtshaken . . . 92
Rechter Aufwärtshaken . . . 93
Linker Aufwärtshaken . . . 94
Abwehr von Körperhaken . . . 94
Schlaghärte . . . 96
Stoß der Führungshand . . . 97
Kraftstoß mit der rechten Schlaghand . . . 98
Stöße zum Körper . . . 98
Meiden . . . 102
Sidestep . . . 104
Finten . . . 104
Sportliches Training . . . 105
Grundschema für das Boxtraining . . . 106

Taktik . . . 107
Doppelstöße, Doppelschritte und Kombinationen . . . 108
Verhalten im Boxring . . . 111
Verhalten bei Kommandos des Ringrichters . . . 112
Verhalten beim Kampf gegen Rechtsausleger (Linkshänder) . . . 113
Verhalten beim Kampf gegen »Riesen« oder »Zwerge« . . . 114
Kampf in der Halbdistanz . . . 114
Nahkampf . . . 116

Wie boxt man gegen Nahkämpfer? 119
Das richtige Handeln im Boxring 119

Trainingsplanung 122
Schritt 1: Stoßen aus dem Stand 126
Schritt 2: Stoß und Schritt in Partnerarbeit 126
Schritt 3: Stoß auf die Stirn des Partners 127
Schritt 4: Parade mit der Führungshand 127
Schritt 5: Stoß und Schritt nach vorne 127
Schritt 6: Doppelstoß 128
Schritt 7: Blocken mit der Führungshand 128
Schritt 8: Abwehr abwechselnd durch Block und Parade 128
Schritt 9: Parade mit der Führungshand nach außen . . . 129
Schritt 10: Varianten des Blockens der Führungshand . . . 129
Schritt 11: Möglichkeiten, Treffer zu vermeiden 130
Schritt 12: Der Mitschlag der Führungshand 130
Schritt 13: Der Nachschlag (Antwortstoß) 131
Schritt 14: Stoß der Führungshand zum Körper 131
Schritt 15: Abwehrübungen für den Körperstoß 132

Konditionstraining 133

Training an Boxgeräten 136
Die verbreitetsten Trainingsgeräte 136
Der Sandsack 136
Die Plattformbirne 138
Die Maisbirne 140
Der Doppelendball 141
Wandpolster, Pratzen u. a. 141

Boxhygiene 144

Die Ernährung des Boxsportlers 145

Fitnessboxen 146
Boxen zur Kreislaufregulierung/Gesunderhaltung 146
Boxen zur konditionellen Entwicklung 149
Psycho-physisches Training 152
Koordinationsorientiertes Üben 154
Regeneration nach dem Training 158
Wie effektiv ist ein Training? 160
Trainingsplanung 160

Anhang 162
Hinweise aus der Wettkampfbestimmung des DBV 162
Adressen 164
Literaturhinweise 166

Zur Einstimmung

»**Boxen** ist ein Sport für **jeden**.
Für den einen dient es der Konditionierung, für den anderen ist der Wettkampf das Schönste.
Für alle aber ist es ein Weg, um Körper und Geist zu schulen und durch die Zusammenarbeit mit einem Partner die Höhen und Tiefen der Sportart zu erfahren.«
K.H. Wehr, ehemaliger Generalsekretär der AIBA (Association Internationale de Boxe Amateure = Internationaler Amateurboxverband)

An die Anhänger des Boxsports

Boxen ist eine faszinierende Sportart. Lange vor dem Kampf beginnt das Kribbeln im Bauch. Kurz vor dem Kampf ist Aufwärmen angesagt: Der Körper wird mit Schlagserien auf Hochtouren gebracht. Mit dem Trainer wird ein letztes Mal die Taktik besprochen. Dann geht es hinaus in den Ring.
Schon 1000 Jahre vor unserer Zeitrechnung gab es Faustkämpfe. Die Fürsten schlugen sich mit den stärksten Kämpfern ihrer Stämme, um Mut und Tapferkeit zu beweisen und als Anführer Respekt und Achtung zu gewinnen. Vieles hat sich im Verlauf der vergangenen Jahrhunderte an dieser ursprünglichen Art des Boxkampfes verändert: Heute wird geboxt als effektives Mittel der Selbstverteidigung, als olympische Sportart und als Berufssport. Auch beim Karate oder Tae-Kwon-Do wird mit den Fäusten geschlagen. Boxtechniken werden in die Ausbildung vieler Selbstverteidigungs- und Kampfsportarten einbezogen.
Aber Boxen ist nicht nur für Boxer interessant. Über große Boxveranstaltungen wird in den Medien häufig berichtet, denn es gibt immer wieder skandalöse Fehlurteile. Viel ist auch über gesundheitliche Schäden, die das Boxen hervorrufen soll, geschrieben worden. Aber Boxen ist nicht gleich Boxen! Es gibt die olympische Sportart Boxen, bei der es um den sportlichen Vergleich geht. Und es gibt das Berufsboxen, wo die Show im Vordergrund steht und der sportliche Vergleich erst an zweiter Stelle kommt.
Gegenwärtig gibt es im Weltverband der AIBA und auch im Deutschen Boxsport-Verband Bestrebungen, alle Boxer in einem Verband zu erfassen. So sollen die Berufsboxer und die Amateure durch den DBV vertreten werden. Über diesen Weg sollen auch die Berufssportler Zugang zu den Olympischen Spielen erhalten.

Diese Regelung könnte Amateuren und Berufssportlern Vorteile bringen. Da die Amateure nur mit Zustimmung des Verbandes zu den Berufssportlern wechseln dürfen, würde ein vorzeitiger Wechsel verhindert. Ein »Ausbluten« der Amateurspitze wäre dann eingeschränkt und die Anziehungskraft für den Berufssport mit seinen Spitzenkräften erhöht. Aber im Auftreten der Amateursportler ändert sich seit 2013 einiges: Die Männer treten ohne Kopfschutz an. Die Boxhandschuhe in den Gewichtsklassen über 69 kg haben ein Gewicht von 12 uz. Alle anderen Sportler kämpfen mit 10-uz-Handschuhen. Die Bekleidung der Sportler wird den Farben der Ringecken – rot oder blau – angepasst.

Für Frauen und alle Sportler unter 18 Jahren bleiben die alten Bestimmungen erhalten, die Kopfschutz und 10-uz-Handschuhe vorschreiben.

Wenden wir uns der olympischen Sportart Boxen zu. Hier soll der Boxer mit technischen Mitteln besiegt werden. Ein Niederschlag hat keine besondere Bedeutung mehr für die Wertung.

Die Boxausbildung ist einerseits eine technische Schulung, auf der anderen Seite ist sie aber auch eine Ausbildung, die geistig und körperlich auf die sportliche Auseinandersetzung vorbereitet.

Ein Boxkampf ist ohne ausreichendes körperliches Training nicht möglich. Gleichzeitig muss der Boxer in der Lage sein, sich dem Kampf zu stellen, keine Angst zu haben und selbstbewusst aufzutreten. Diese körperlichen und geistigen Voraussetzungen können nur durch regelmäßiges – mehrmals wöchentliches – Training geschaffen werden. Im Training wird nicht nur geboxt: Kraftübungen, Ausdauerübungen und Schnelligkeitsübungen formen den Körper in vielen Stunden und lassen die Reaktionen blitzartig werden.

Auf intensives Training reagiert der Körper: Überflüssiges Gewicht geht verloren. Eine regelmäßige Kontrolle ist deshalb wichtig. Nur mit ausgewogener Ernährung und gesunder Lebensweise kann der Körper über die volle Leistungsfähigkeit verfügen. Regelmäßige sportärztliche Untersuchungen sind Voraussetzung, um ohne Schäden trainieren und den sportlichen Wettkampf bestreiten zu können.

Es ist heute selbstverständlich, dass nicht nur die Trainingskleidung zum Sport gehört, sondern auch Kopf-, Mund- und Tiefschutz dazuzählen: Diese Schutzmaßnamen haben dazu geführt, dass K.o.-Schläge in den letzten Jahren immer seltener geworden sind.

Da in einem Zweikampf jeder gewinnen will, setzt auch jeder seine ganze Kraft dafür ein. Das ist aber nur möglich, wenn man gesund ist. Wer richtig boxen lernen will, muss viele Stunden trainieren, seinen Körper richtig ausbilden und Vorfreude auch auf Boxkämpfe vor Zuschauern empfinden. Im Ring darf ein Boxer zeigen, was er gelernt hat – und ob es ihm gelingt, ohne Angst und Verkrampfung in den sportlichen Wettkampf zu gehen. Gleichzeitig lernt jeder

aktive Boxer, dass er die Kunst der Selbstverteidigung nur im Boxring anwenden darf.
Wer sich für den Boxsport interessiert, wird bald feststellen, dass das Boxen in vielen Büchern beschrieben ist. Viele Filme wurden über das Boxen gedreht – dabei ging es jedoch vorwiegend um den Berufssport. In künstlerischen Werken spiegeln sich Veränderungen der Auffassungen über das Boxen wider: Boxen ist heute eine Sportart, bei der versucht wird, ihre Ausführung immer ungefährlicher und somit für jeden zugänglich zu machen.

Das Können der Boxsportler

Technische Fertigkeiten	Taktisches Verhalten	Psychische Qualitäten	Konditionelle Fähigkeiten
Boxanfänger			
Gerade Stöße zum Kopf und Körper und deren Abwehr Kennen der Technik der Stöße	Boxen von der Ringmitte Variation mit der Führungshand, Lösen vom Gegner	Anweisungen befolgen und schöpferisch umsetzen Kombination von Abwehr und Angriff, Anwendung erster Finten	Durchhalten der Kampfzeit Führen von schnellen Stoßgruppen Übersicht halten bei schnellen Gegnerangriffen
Der Fortgeschrittene			
Verbinden von Geraden und Halbdistanzserien Erlernen des Nahkampfes	Zuvorkommen der Aktionen des Gegners Einsatz der Schläge als Angriff und Verteidigung	Beobachten des Gegners Zielgerichtete Nutzung des Raumes im Ring	Führen des Kampfes mit unterschiedlicher Schnelligkeit Steigerungsfähigkeit zum Rundenende
Der Leistungsboxer			
Anwendung der Stöße aus Distanzen auf der Innen- und Außenbahn mit differenziertem Krafteinsatz	Schöpferische Umsetzung der eigenen Kampfkonzeption Planvolles Reagieren auf Angriffe	Einhalten des Kampfkonzepts auch unter gegnerischen Druck	Bestimmen des Kampftempos und des Tempowechsels

Geschichten über das Boxen

Jeder, der sich mit dem Boxen auseinandersetzt, sollte nicht nur in Sportfachbüchern über das Boxen blättern: Boxen ist mehr als nur technisches und taktisches Wissen und Können. Doch allein darü-

ber gibt es schon eine Vielzahl guter Fachbücher, beispielsweise von Fiedler. Boxen ist aber auch eine Lebensart. Viele Schriftsteller haben versucht, einen Einblick in das Leben von Boxern und in ihr Umfeld zu geben. Im Handel ist derzeit eine breite Auswahl an Büchern erhältlich, die auf die unterschiedlichen Seiten dieser Sport- und Lebensart hinweisen.
Wer Bücher über den Boxsport lesen will, sollte auf keinen Fall die wunderschönen und spannenden Boxgeschichten übergehen, die in vielen Auflagen immer wieder neu aufgelegt werden. Hier eine Auswahl:

London, Jack: *Der Ruhm des Kämpfers.* Ullstein 1987.
Lück, Andreas: *Box-Legenden – Die berühmtesten Boxer der Welt.* Verlag pietsch 2013.
Martin, Hansjörg: *K.O. und O.K.* Rowohlt, Taschenbuch 1975.
Müller, Dieter: *Letzter Kampf in Olympia.* Arena 1991.
Muhammad Ali/R. Durham: *Der Größte.* Knaur 1976.
Nowojski, Walter: *Der Kinnhaken.* Edition 1993, Sport Stories, Fischerverlag 1993.
Oates, Joyce Carol: *Über Boxen.* Manesse 1988.
Reemtsma, Jan Philipp: *Mehr als ein Champion.* Klett-Cotta-Verlag 1995.
Thürmer/Götting: *Henry Maske.* Heine-Verlag München 1995.
Weiler, Ingomar: *Boxen. Quellendokumentation zu Gymnastik und Agonistik im Altertum.* Böhlau-Verlag Wien, Köln, Weimar 1995.
Wondratschek, Wolf: *Einer von der Straße.* Goldmann 1991.
Wondratschek, Wolf: *Menschen, Orte, Fäuste.* Diogenes Verlag Zürich 1991.

Der Boxsport und die Kunst

Auf vielen künstlerischen Gebieten spiegelt sich der Boxsport wider. Denn auch der Boxsport ist ein Kulturfaktor. Bevor die Menschen das Schreiben beherrschten, zeichneten sie Bilder an Wände und Höhlen. Erinnert sei an die frühen Felszeichnungen, die aus Südafrika bekannt sind. Als malerische Kunstformen treten uns Boxerpaare auf Vasen aus den Zeiten der Hochkultur in Ägypten, Kreta, Griechenland und Rom entgegen. Die Bronzeskulptur des Boxers aus der griechischen Antike und die bildhauerischen Meisterleistungen in der Darstellung des Pugilisten sind heute noch bewundernswert. Und *»Der Faustkampf in der griechischen Dichtung«* von Wilfrid Fiedler (Academia Verlag Sankt Augustin 1992) gibt einen Einblick in die Technik, die Kampfplatzgestaltung und die Bedingungen des Faustkampfes. Seit dem Beginn des

Boxens nach 1860 entstanden viele künstlerische Werke, die einen guten Eindruck über den zeitgenössischen Stellenwert vermitteln. Als James Chapin sein Bild *»Negro Boxer«* und George Bello das Gemälde: *»A Knock out«* vorstellten, herrschten noch raue Sitten rund um den Boxring. William D. Cox gibt mit seinem Werk *»Boxing in Art and Literature«* (Reynol/Hitchcoek, New York 1935) einen zeitgemäßen Eindruck wieder. Ganz anders dagegen sind die Skulpturen von Paul Lando und Rudolph Belling (Max Schmeling), die auch die Schönheit des Körpers hervorheben. Auch das dynamische Bild von Franziska Kelly (Henry Maske) beeindruckt.
Heute werden die meisten zeitlich realen Bilder mit der Kamera geschossen. Sie spiegeln die Umgebung wider und überlassen es dem Autor, die Auswahl zu treffen. Larry Fink zum Beispiel stellt mit *»Boxing«* (Kilchberg/Zürich 1997) ein reales kritisches Fotoalbum vor.

Wie früher geboxt wurde

Wie alt das Boxen wirklich ist, lässt sich nicht auf 100, ja noch nicht einmal auf 1000 Jahre genau bestimmen: Wir wissen zu wenig über das Leben in längst vergangener Zeit. Einfache Zeichnungen in *Afrika*, die wahrscheinlich über *7000 Jahre* alt sind, zeigen Menschen mit handschuhähnlichen Schützern an den Händen. Und aus der *ägyptischen* Geschichte ist bekannt, dass dort bereits Faustkämpfe stattgefunden haben; sie wurden allerdings in unterschiedlicher Art und mit unterschiedlichen Zielen ausgeübt. So gibt es Darstellungen, in denen sich zwei Kämpfer nackt gegenüberstehen, in einer anderen Darstellung sind die Kämpfenden mit Gürteln bekleidet und haben kurzgeschnittene Haare. Es gibt Darstellungen, in denen ein Kämpfer die rechte Hand und der andere Kämpfer die linke Hand vorn hat – ein Zeichen für unterschiedliche Auslagen von Rechts- und Linkshändern. Ihre Boxhaltung unterschied sich stark von der der heutigen Zeit: Eine Hand wurde in Kopfhöhe gehalten und diente vor allem dem Schutz des Kopfes, denn nur dorthin durfte geschlagen werden – die andere Hand wurde in Brusthöhe gehalten und wurde als Schlaghand mit viel Kraft eingesetzt. Für den Schutz von Händen und Unterarmen gab es Lederriemen, die fest um die Hand und einen Teil des Unterarms gewickelt wurden. So war es möglich, einen Schlag, der den Kopf treffen sollte, mit dem Unterarm

■ Faustkampf vor etwa 2000 Jahren

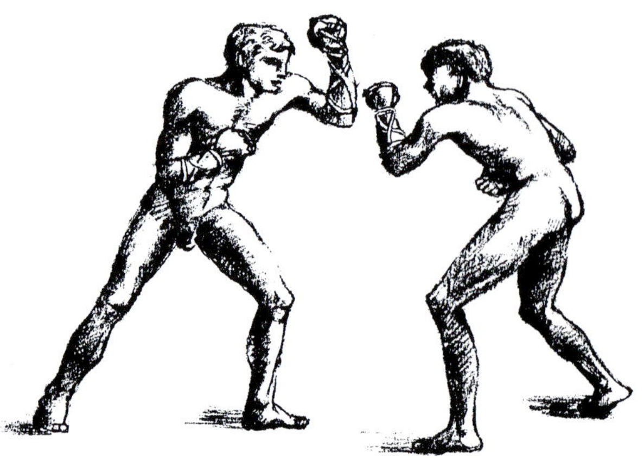

aufzufangen oder abzulenken, ohne dass die eigene Position verlassen werden musste. Die Kämpfer durften sich nicht – wie heute im Ring – bis zu fast 6 m bewegen, sondern mussten auf einer abgesteckten kleinen Fläche nahe beieinander bleiben. Es wird beschrieben, dass ein kleiner Kasten auf dem Boden von etwa 1 x 2 m nicht verlassen werden durfte. Andere Quellen verweisen darauf, dass mit einem Fuß ein Kreis betreten wurde, dessen äußere Begrenzung nicht übertreten werden durfte. Aber auch Beschreibungen, nach denen die Kämpfer Knie an Knie standen, sind bekannt. Um Schläge auf den Kopf abzumildern, sind zeitweilig sogar Lederkappen getragen worden.

Die Kämpfe wurden immer bis zur Entscheidung ausgetragen, wobei es nicht nur um die Kampfunfähigkeit gegangen sein könnte: Sie könnten der Auswahl der Besten, der Kräftigsten, der Widerstandsfähigsten gedient haben, die sich für ein Amt zu qualifizieren hatten. Es könnten Kämpfe von Adeligen gewesen sein – doch auch Faustkämpfe von Menschen, die nicht am Hof des Herrschers waren, sind belegt.

Wenn Faustkampfdarstellungen mit Metallhelm mit Sehschlitzen und einer Art Boxhandschuh an einer Hand dargestellt werden, wie beispielsweise auf *Kreta* um *2000 v. Chr.*, dann kann das auch eine andere Bewandtnis mit dem Kampf haben: Vielleicht wollte man hier nur – wie in einem Theaterstück – etwas Bestimmtes sinnbildlich darstellen, hat aber so nie richtig gekämpft.

Um *1300 v. Chr.* wird in *Indien* bereits der Kampf mit der Faust erwähnt und mit dem Schwert- und Speerkampf gleichgestellt. Aber wie gekämpft wurde – nach welchen Regeln, warum und wie lange – ist unbekannt.

Schriftliche Überlieferungen zu Faustkämpfen finden wir bei Homer, der in seinem vermutlich aus dem *8. Jahrhundert v.Chr.* stammenden Epos »Ilias« Kämpfe zu Ehren vor Troja gefallener Krieger beschreibt.

Im *7. und 6. Jahrhundert* vor unserer Zeitrechnung breitete sich der Faustkampf im heutigen *Griechenland* besonders stark aus. War die Ausbildung in Athen nur Begüterten möglich, so mussten in Sparta alle freien Bürger an der Ausbildung teilnehmen. Für die Wettkämpfe wurde an Übungsgeräten, die der heutigen Maisbirne ähnlich sind, trainiert. Gekämpft wurde grundsätzlich bis zur Kampfunfähigkeit; doch es scheinen auch andere Entscheidungen – wie etwa die Aufgabe – möglich gewesen zu sein. Die Kämpfer waren nicht mehr nur auf einen engen Raum begrenzt, sondern trafen sich auf einem Sandplatz im meist hellen Sonnenschein vor vielen Zuschauern. Große Wettkämpfe fanden zu Ehren der Götter statt: Die bekanntesten sind die Olympischen Spiele – Boxen stand seit *668 v.Chr.* im Programm dieser Spiele,

und die Kämpfer traten nackt an. Die Wettkämpfer mussten vor den Wettkämpfen ein ausreichendes Training nachweisen können und hatten auch Taktik und Technik geübt. Ein Festhalten des Gegners im Wettkampf war nicht gestattet. Wahrscheinlich wurde eine Pause eingelegt, wenn beide Kämpfenden erschöpft waren. An einer Olympiaausscheidung beteiligten sich fünf bis zwölf Wettkämpfer. Obwohl mit Riemen an den Händen gekämpft wurde und die Hände innen mit Polstern versehen waren, um Schläge mit der Hand abzufangen, waren Verletzungen häufig.
Der berühmteste damalige Boxer, Theogenes von Thasos, soll 1300 Siege errungen haben und 22 Jahre lang unbesiegt geblieben sein: Das bedeutet, dass er jeden Monat vier Kämpfe ausgetragen haben muss und diese Wettkämpfe recht häufig stattfanden. Für die Teilnahme an den Olympischen Spielen musste man sich vorher in einem Lager einem Training unter Kontrolle der Kampfrichter unterziehen.
Bei maximal zwölf Teilnehmern sind mindestens vier Kämpfe nötig, um den Sieger zu ermitteln. Die Kämpfe können daher nicht so gefährlich gewesen sein, wie manche Beschreibungen uns das vermuten lassen.
Die Kämpfe wurden bis zum Sieg geführt. Konnte kein Sieger ermittelt werden, erhielten die Götter den Siegespreis. Möglich war aber auch, den Kampf aufzugeben.
Die *Etrusker* führten im *6. Jahrhundert v.Chr.* Kultfeiern zu Ehren der Götter durch, die auch Faustkämpfe beinhalten konnten. Die Hände waren bandagiert – oder mit einem Metallgewicht beschwert. Die Zweikämpfer waren häufig aus niederen Bevölkerungsgruppen. Ein Kampf auf Leben und Tod scheint ursprünglich möglich gewesen zu sein, ist dann aber wahrscheinlich immer mehr in den Hintergrund getreten.
Im *4. Jahrhundert* entstand in *Griechenland* ein völlig neuer Zweig des Faustkampfes. Da die freien Griechen nicht mehr alle körperlich trainieren mussten, trafen sich viele nur noch als Zuschauer bei sportlichen Übungen. Besonders talentierte jedoch trainierten jeden Tag. Damit sie gute Leistungen erreichten, wurden sie von wohlhabenden Bürgern unterstützt. Für die dann bei größeren Wettkämpfen errungenen Siege erhielten sie von ihren Städten finanzielle Unterstützung und wertvolle Preise. Sie kämpften für den eigenen Ruhm, für den ihrer Städte und für materielle Güter: Es war die Geburtsstunde des *Berufssports*, der sich immer mehr ausbreitete und auch nach Rom gelangte. Dort war um *100 v. Chr.* auch der Sitz einer Berufsgenossenschaft, die den Schutz der Athleten und ihre finanzielle Absicherung übernahm.
Im *Römischen Reich* gab es den Faustkampf in der bei den Griechen bekannten Breite nicht. Für die wohlhabenden Römer

wurde eine körperliche Ausbildung auf dem Marsfeld, vor den Toren Roms, durchgeführt, die auch Faustkämpfe einschloss. Turniere und Spiele wurden aber nur von Berufskämpfern bestritten.
Die Kämpfe der rechtlosen Sklaven – oder Gladiatoren – gegeneinander, die mit Metalldornen an den Fäusten aufeinander losgingen, hatten nichts mehr mit sportlichen Kämpfen gemein.
Fast zur gleichen Zeit gab es Faustkämpfe auch in *Indien*, in *China* und auch in *Korea*, die durch Forschungen belegt sind.
Durch die Hinwendung zur christlichen Religion, die Ablehnung der Verehrung heidnischer Götter und ihrer Spiele, die Zerstörung der Tempel und mehrfach ausgesprochene Verbote geriet der Faustkampf fast in Vergessenheit. Es folgte um *393 n.Chr.* das Verbot der Olympischen Spiele, das in der Folgezeit noch mehrmals wiederholt wurde.
Nur Berufsathleten und die wachsende Schar der Schausteller zeigten noch Kämpfe.
In *China* breitete sich der Faustkampf ab *960 n.Chr.* aus. Auch aus *Russland* sind für das *10. Jahrhundert* Belege für Faustkämpfe bekannt – doch auch dort wurde der Faustkampf in der Folge mehrmals verboten.
In den Fechthandbüchern des europäischen Mittelalters finden sich auch Faustkampftechniken, die aber als allgemeine Raufkunst keine besondere Wertung erfahren.
Mit der Beschreibung der Lebensweise der Völker, die von den Seefahrern entdeckt wurden, erfahren wir auch etwas über den Faustkampf der Ureinwohner von *Amerika* und *Afrika* als Bestandteil von Kulten und Zeremonien.
In *England* fand der Faustkampf breites Interesse bei den Armen und auch unter den wohlhabenderen Bevölkerungsschichten. Um *1612* beteiligten sich vorwiegend untere Schichten an den Faustkämpfen, wobei nicht nur Stöße und Schläge mit der Faust erlaubt waren, sondern auch Ringertechniken. Im Jahre *1719* legte sich der Fechtlehrer James Figg den Faustkampftitel »Meister von England« zu, den er mehrmals verteidigen musste. Ein Jahr später gründete er die erste Boxschule in England.
Da der Adel in England – anders als in anderen Teilen Europas – keinen Degen tragen durfte, um sich

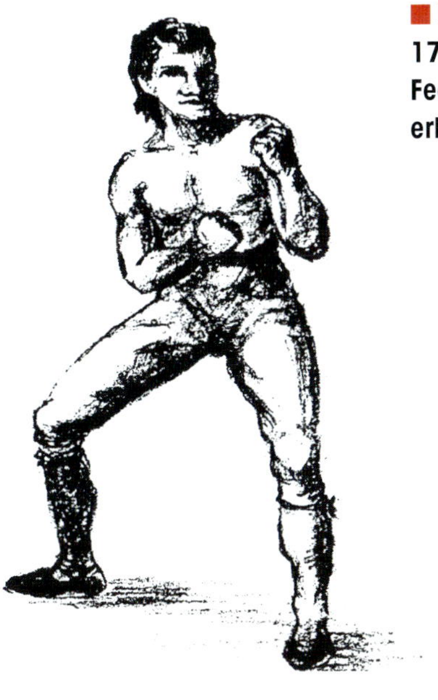

Boxhaltung um 1750 – noch ist die Fechterstellung gut erkennbar

■ **Knie an Knie erfolgte der Faustkampf um 1800**

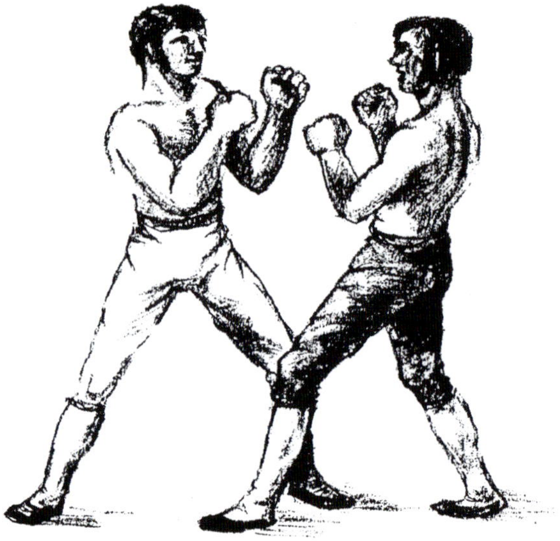

in Duellen nicht gegenseitig auszurotten, fand der Faustkampf Eingang in die sportliche Ausbildung.

In England war schon damals das Wetten sehr verbreitet: Es wurde gewettet, wer der Sieger in einem Kampf werden könnte. Teilweise wurden sehr große Beträge eingesetzt – und das förderte die Ausbreitung des Faustkampfes.

Im Jahre *1743* stellte der Engländer Brougthon die ersten Regeln auf, um gleiche Bedingungen zu schaffen und einen Kampf in einer festgelegten Zeit beenden zu können. Diesen Zeitpunkt könnte man als *Geburtsstunde des Boxens* betrachten.

Der aus England stammende Mendoza – Meister von 1791–1795 – erhöhte die Attraktivität des Boxens, indem er Verteidigungs- und

■ **Um 1890 kommen Bewegung und damit unterschiedliche Distanzen in die Kämpfe**

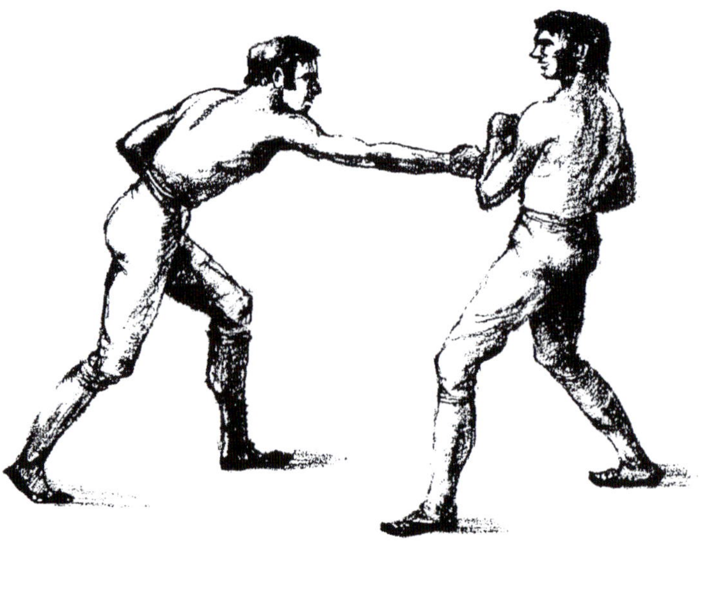

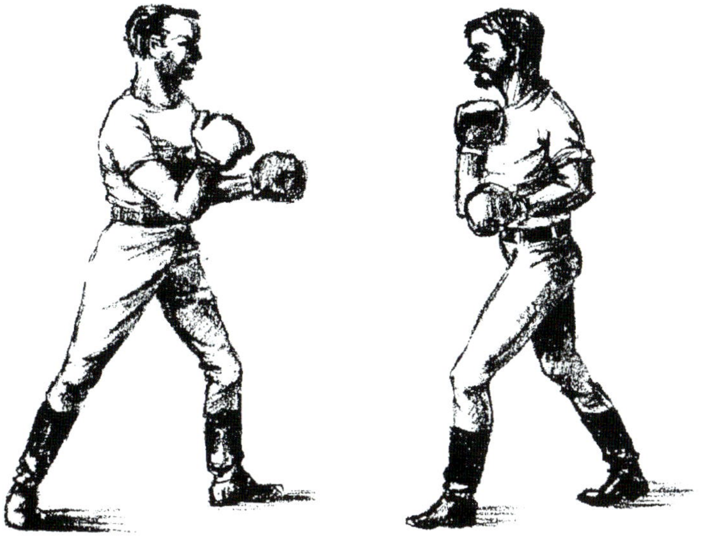

■ **Englische Amateure um 1870**

Angriffshandlungen einführte. Von Engländern wurde dann das Boxen – meist der Faustkampf ohne allgemeingültige Regeln – in den Kolonien verbreitet. Die ersten recht allgemeinen Regeln genügten jedoch den Ansprüchen noch nicht; sie wurden in den folgenden Jahren mehrfach überarbeitet.
1867 wurden dann vom Marquess of Queensberry Regeln für das *Boxen mit Handschuhen* aufgestellt, die einen weiteren Schritt zur sportlichen Ausübung des Boxens bedeuteten. Doch erst die weiteren Verbesserungen der Regeln, die alle Elemente des Ringens und Raufens verboten sowie Boxhandschuhe, Zahl der Runden, Runden- und Pausenzeiten festlegten, erfüllten immer mehr die sportlichen Ansprüche. Und diese Regeln sind bis heute stetig überarbeitet

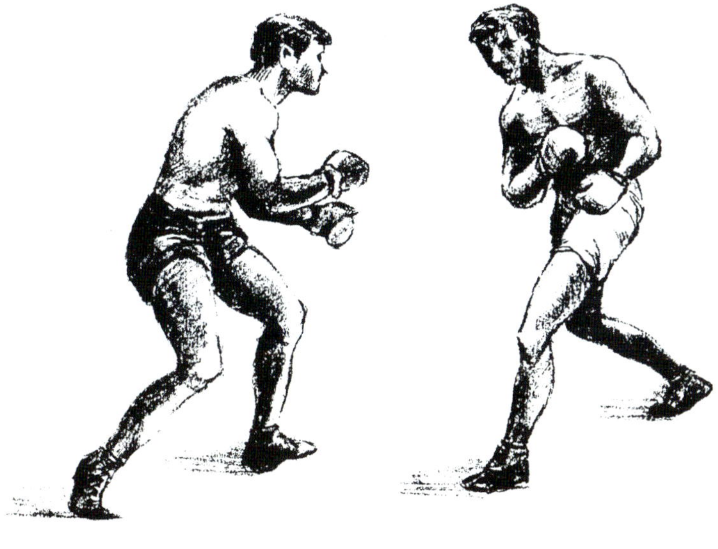

■ **Berufsboxen um 1900**

worden, um eine gute Vergleichbarkeit der sportlichen Leistungen zu erreichen und die Verletzungsgefahr für die Boxsportler immer weiter einzudämmen. Wie groß sie war, lässt sich aus dem längsten Profiboxkampf der Geschichte ablesen, der am 6. April 1893 in New Orleans stattfand: Jack Burke und Andy Bowen standen sich 7 Stunden und 19 Minuten lang gegenüber, bis der Kampf unentschieden gewertet wurde.

Darüber hinaus wurde aber anderswo auf dieser Erde der Faustkampf noch immer in anderen Formen betrieben – als Kampf mit Händen und Füßen, Kampf nur mit den Füßen (Fußfaustkampf), Kampf mit Ringen und Fauststößen: Diese Kämpfe waren Bestandteil religiöser oder kultureller Feste, wie sie im Glauben vieler Völker noch bis heute erhalten sind.

Viele wohlhabende Engländer widmeten sich dem Boxsport, wollten sich aber nicht mit jenen messen, die bei Kämpfen für Geld auftraten: Sie gründeten eine eigene Boxrichtung, die den Sport nur der Freude halber betreiben wollte, und nannten sich *Amateure* – damit grenzten sie sich von denen ab, die mit Boxkämpfen Geld verdienten, und schufen sich eigene Regeln.

Gleichzeitig ist aber auch ein entgegengesetzter Prozess zu beobachten. Langweilige und bei Beginn schon entschiedene Kämpfe konnten Zuschauer und Wettende nicht befriedigen: Sie hätten Einnahmeverlust bedeutet und die Existenz der Berufsboxer gefährdet. Damit nicht gute Berufsboxer gegen Anfänger oder Amateure antraten, bildeten sich Vereine, die Lizenzen vergaben. Beide Richtungen des Boxens haben sich in der Vergangenheit weiterentwickelt – sie treten uns heute als olympischer Boxsport und als Berufsboxen entgegen. Beide Richtungen haben eigene Regeln und sind von Technik wie Taktik her nur begrenzt vergleichbar.

Erstmalig war der Boxsport bei den Olympischen Spielen von 1904 in Saint Louis vertreten – mit sieben Gewichtsklassen. Zwei Jahre später wurde die ärztliche Untersuchung vor Boxwettkämpfen eingeführt.

Der Boxsport fand auch in Deutschland zunehmend Freunde. Bereits am 9. Juli 1899 veranstaltete der Hamburger Athletenklub »Löwe« Boxwettkämpfe. Jedoch war diese Form des Sports überall in Deutschland – bis auf die Freien und Hansestädte – verboten; deshalb wurde meist in geschlossenen Vereinen geboxt. So fand dann auch die erste lokale Meisterschaft am 5. März 1911 in Berlin statt – mit vier Gewichtsklassen. Die 1. Deutsche Amateurmeisterschaft wurde am 5. Dezember 1912 in acht Gewichtsklassen in Hamburg ausgetragen.

Das Cario-Haus in Hamburg war am 14. Dezember 1913 voll besetzt, als die 26 Kämpfer für die Austragung der II. Deutschen Meisterschaft im Boxen in den Ring traten. Die Aufzeichnungen dazu sind recht unterschiedlich. So nennt die Boxwoche (Nr. 377/1931, S.10) die Siegernamen Jorns, Kapitzke, Schmidtke und Sorge. Der Sportler Heß, der selbst am Turnier teilnahm und Sieger im Zwischengewicht bis 145 Pfund war, kennt andere Namen. Bis auf den Stettiner Hauschke stellten die Hamburger Vereine die Sieger. Aber auch in anderen Städten in Deutschland wurde bereits geboxt, ohne sich auf Meisterschaften zu konzentrieren. In München gab es bereits seit 1905 Übungsabende und Schaukämpfe. Aber auch der Verein für Herrenboxsport in Frankfurt/Main, der Magdeburger Sportverein Viktoria und der LC Marathon Leipzig trainierten Boxer.

Der Kriegsausbruch stoppte die Boxentwicklung. Wenn auch Adolf Wiegert im Box-Sport Nr. 68/69 vom 5.1.1920 über Boxwettkämpfe von 1914, 1915, 1916 und 1918 berichtet, an der er teilgenommen hat, war die breite Entwicklung in Deutschland unterbrochen.

Viele Deutsche lernten in den Internierungslagern für Kriegsgefangene den Boxsport kennen und übten intensiv in der Freizeit. Nach dem Ende des Krieges brachten sie einen neuen Impuls für die Boxentwicklung in Deutschland.

Es gab einen Neuanfang, der diesmal in Berlin startete. Bereits 1919 sollte eine reichseinheitliche Regelung mit der Gründung eines Verbandes starten, aber wegen zu geringer Resonanz ließ dieses Projekt sich erst ein Jahr später verwirklichen. Der Berliner Mandlar hatte zur Gründung des Deutschen Reichsausschusses für Amateurboxen im Dezember 1920 nach Berlin eingeladen und verband diese Einladung mit der Austragung der 1. Deutschen Meisterschaft des DRfAB.

Der Deutsche Athletik-Sport-Verband von 1891 hatte bereits vor dem Krieg ein Boxtraining in seinen Schwerathletikabteilungen gefördert. Ab 1921 führte der DASV auch eigene Meisterschaften durch. Es gab somit eine Konkurrenz und einen Kampf der beiden Verbände gegeneinander.

Die jüdischen Boxer fanden sich in den Sportvereinen Makkabi und Vintus zusammen und bildeten Boxmannschaften.

Auch der Arbeiter-Athleten-Bund und der Arbeiter-Turn-und-Sportbund betrieben den Boxsport. Sie lehnten bis um 1924/25 die Ermittlung eines Siegers ab, fanden aber dann zu den allgemeinen Regeln, wie sie in den anderen Verbänden praktiziert wurden. Diese Verbreitung des Boxsports und die intensiven Vorbereitungen führten 1927 mit zu den größten Erfolgen. Die Boxer Dalchow, Dübbers, Domgörgen und Müller konnten den Titel eines Europameisters erringen. Das waren schon Ausnahmeathleten. So konnte Dübbers einen DRfAB-Meistertitel von 1924 im Fliegengewicht, ein Jahr später im Bantam- und 1927 im Federgewicht erkämpfen. Müller begann als Fliegengewichtler, und konnte sich 1925 im Welter-, ein Jahr später im Mittelgewicht und 1927 im Halbschwergewicht den Titel sichern.

Nach einer umstrittenen Meisterschaft, an der sich beide Verbände 1927 in München beteiligten, konnte der DRfAB die besten Platzierungen erreichen. Deshalb wird von Seiten des DRfAB und in der Presse seit 1928 von einer Deutschen Meisterschaft gesprochen und nicht von einem Wettkampf des Reichsausschusses.
Von Fleischerinnungen über Werksmannschaften, Polizeivereine, bis zum Bankensportverein gab es Boxmannschaften.
Nach der Machtergreifung von Hitler 1933 erhielt auch der Sport eine völlig neue Struktur. Der Arbeitersport war mit einem Verbot belegt. Die Boxverbände wurden zusammengefasst, der jüdische Boxsport für die nächsten Jahre auf interne Veranstaltungen begrenzt und dann verboten. Gleichzeitig erhielt der Boxsport durch die Nutzung seiner Potenzen politische Unterstützung durch Hitler und die NSDAP. Bereits der Berufsboxsport diente als Aushängeschild, dem mit der Olympiade 1936 in Berlin auch die Amateursportarten folgen sollten. Nach den Deutschen Meisterschaften 1936 sind in jeder Gewichtsklasse die beiden Besten ausgewählt und im Trainingslager Beneckenstein dann auf die Olympischen Spiele vorbereitet worden. Mit einer Goldmedaille im Schwergewicht durch Runge und Kaiser im Fliegengewicht, den Silbermedaillen durch Murach im Welter und Vogt im Halbschwer und durch Miners Bronzemedaille im Federgewicht konnte der Spitzenplatz im Weltamateurboxen errungen werden.
Der Krieg behinderte den Boxsport und schränkte ihn immer weiter ein, obwohl die offizielle Propaganda immer wieder versuchte, eine existierende Sportwelt darzustellen. Die so genannten Kriegseuropameisterschaften vom 20.–25. Januar 1942 in Breslau dienten diesem Ziel, wenn auch 12 Nationen der mit Deutschland verbündeten Staaten an diesen Wettkämpfen beteiligt waren und der Präsident der Internationalen Förderation Söderlund diese Veranstaltung eröffnete. Von den 16 Endrundenteilnehmern stellte Deutschland sechs Sportler. Es siegten Raeschke im Weltergewicht und ten Hoff im Schwergewicht. Selbst als der Krieg im Juni 1943 bereits wieder in Deutschland sichtbar wurde, fanden noch in Heidelberg und Kassel Deutsche Meisterschaften statt, in der aber nicht mehr alle Gewichtsklassen gleichmäßig besetzt waren.
Von der Front in den Boxring und zurück an die Front hieß es für einen Teil der Teilnehmer an den Meisterschaften in Görlitz und Breslau im April 1944. Hier war wohl die Durchführung der Veranstaltung entscheidend und nicht so sehr die erreichbare Leistung. So starteten unter anderem der 16-jährige Mitter aus der Steiermark und auch der 40-jährige Ernst Krämer. Dennoch sind bekannte Namen unter den Titelträgern des Jahres 1944. So setzte sich Pepper im Mittelgewicht gegen Riemann durch und Hein ten Hoff konnte Olympiasieger Runge auf den 2. Platz verweisen.

Es folgten noch Boxveranstaltungen bis fast zum Jahresende 1944, die aber mehr zur Truppenbetreuung dienten als dem Vergleich sportlicher Leistungen.

Nach 1945 gab es unterschiedliche Startbedingungen für den Boxsport in Deutschland durch die Vorschriften der Besatzungsbehörden. Nachdem bereits einige eifrige Boxsportler unmittelbar nach Kriegsende mit der Neuorganisation begannen, wie zum Beispiel Mühlheim in Leipzig, erfolgte zum 1.1.1946 eine Auflösung aller Verbände. Nun erfolgte bis 1948 ein unterschiedlicher Weg in den Besatzungszonen. Die Franzosen verboten teilweise den Amateursport in ihrer Zone, die Amerikaner waren großzügiger und differenzierter, in der englischen Besatzungszone gab es teilweise Verbote. In der sowjetischen Besatzungszone galt das Verbot, und der Sport sollte weg von den bisherigen Vereinen und stattdessen in der Jugendorganisation gefördert werden. Es folgte ein Weg des Suchens nach neuen Formen. Dieser Prozess der Neuorientierung und des Wiederaufbaus dauerte bis 1948/49 und erhielt erst in den Folgejahren seine volle Ausprägung. Im Rahmen der BRD erhielten in Landesverbänden zusammengefasst die bewährten Vereine wieder die Möglichkeiten der Fortführung und des Neuaufbaus. Viele Boxer errangen Weltspitzenleistungen, aber viele gingen auf dem Höhepunkt ihrer sportlichen Leistungsfähigkeit zu den Berufsboxern über, traten in Konkurrenz zum Amateursport.

In der DDR entstanden zur Förderung des Leistungssports zentrale Leitung und Sportclubs und in späteren Jahren ein System zur Förderung von Kindern und Jugendlichen in Trainingszentren und Sportschulen, deren Erfolge erst Ende der siebziger und in den achtziger Jahren zu kontinuierlichen Höchstleistungen beitrugen.

Gleichzeitig schritt die Entwicklung im internationalen Rahmen voran. Um internationale Kämpfe zu ermöglichen, mussten die nationalen Regeln so gestaltet werden, dass sie überall einsetzbar waren und eine Zusammenarbeit ohne Konflikte möglich wurde. Deshalb war die Gründung des Internationalen Amateurboxverbandes 1920 ein notwendiger und wichtiger Schritt zur Ausbreitung des Amateurboxens. Die Öffentlichkeit wurde mit der ersten Rundfunkübertragung von einem Boxkampf in den USA im Jahre 1921 – es kämpften die Berufsboxer Dempsey und Carpentier – immer mehr mit dem Boxen konfrontiert. Der Arbeitersport führte 1925 die Arbeiterolympiade im Boxen in acht Gewichtsklassen in Frankfurt am Main durch. Erstmals nahmen an den Olympischen Spielen 1928 Boxer aus Afrika teil. 1937 gab es in den Vereinigten Staaten die ersten Boxmeisterschaften zwischen Universitäten. Mit der Gründung kontinentaler Verbände und der Neugründung des Internationalen Amateurboxverbandes AIBA nach dem Zweiten Weltkrieg breitete sich der Amateurboxsport dann mehr und mehr aus.

In der Zwischenzeit hat es viele Veränderungen gegeben. Die Anzahl der Gewichtsklassen hat sich auf zwölf erhöht. Die Schutzbestimmungen sind Bestandteil aller Wettkampfformen. Die medizinische und die wissenschaftliche Betreuung der Sportler ist international standardisiert. Der Boxsport wird von immer mehr nationalen Fachverbänden organisiert. Dadurch treten immer neue Probleme im internationalen Sportverkehr auf, die auf der noch unterschiedlichen Leistungsfähigkeit der Athleten, der unterschiedlichen Ausbildung der Trainer und Funktionäre und der nichtwissenschaftlichen Begleitung von Ausbildung und Training beruhen. Viele dieser Abweichungen im internationalen Sportverkehr bedürfen der Steuerung und der Unterstützung durch die international übergeordneten Fachverbände.
Der Berufsboxsport, der seinen Ursprung vielleicht schon in Ägypten hatte, wo speziell im Faustkampf ausgebildete Athleten Sondergruppen der Soldaten darstellten, war der Träger des Boxgedankens.
Aber auf jeden Fall ist eine historische Linie von den Berufsboxern der Antike über die Schausteller des Mittelalters, die Preiskämpfer in England, Amerika oder Australien bis hin zum modernen Profiboxer zu verfolgen: Auch hier gibt es mehrere internationale Organisationen, die die Bedingungen für die Gestaltung der Vergleichskämpfe festlegen und an die marktwirtschaftliche Organisation gebunden sind.

Der Boxhandschuh

Wer heute einen Boxsportler in den Ring steigen sieht, weiß vielleicht nicht mehr, wie in den vergangenen Jahrhunderten die Faustkämpfer auftraten.
Der Boxhandschuh ist nur wenig über 100 Jahre alt. Erst seit die Regeln des Engländers Queensberry (1868) eingeführt wurden, gab es gepolsterte Wettkampfhandschuhe – nur für Übungen wurden gepolsterte Handschuhe bereits viel früher verwendet. Aus der griechischen Geschichte ist bekannt, dass am Anfang des Faustkampfes die Wettkämpfe ohne Hilfsmittel ausgetragen wurden. Hier ist zu vermuten, dass die Rangkämpfe vielleicht denen aus dem Tierreich noch sehr ähnlich waren, wo man kämpft, droht, eine bestimmte Position einnimmt, sich aber im Kampf nicht ernsthaft verletzten will.
Mit dieser Absicht könnten die Kämpfer angetreten sein und versucht haben, eine Schwäche des Konkurrenten auszunutzen, um einen entscheidenden Schlag am Kopf – und nur am Kopf – anzubringen.
Da aber Verletzungen nicht ausbleiben konnten, wenn die Faust gegen die Knochen des Kopfes schlägt, war es im Interesse der Kämpfer, wenn die Hände mit weichen Lederriemen umwickelt wurden.

Dass diese Riemen später bis zum Unterarm reichten, betont die Schutzfunktion gegen Verletzungen. Andererseits lässt sich daraus auch auf eine Veränderung der Techniken und eine größere Beweglichkeit schließen. Aber auch hart gegerbte Riemen kamen in späteren Jahrhunderten zum Einsatz, als sich der Charakter des Kampfes veränderte.

Welche Einflüsse dazu führten, die einzelnen Riemen zu einem Riemengeflecht – einen »Riemenhandschuh« – zu verbinden, ist nicht zu belegen. Zu vermuten ist, dass er schneller angelegt werden konnte. Ebenso wahrscheinlich ist, dass die Riemen mit starken Lederscheiben verstärkt erst dann zum Einsatz kamen, als der Faustkampf mehr zum Unterhaltungsspiel wurde, das von Berufsathleten durchgeführt wurde. Als die Fäuste noch mit Tonköpfen und Metallplatten oder -kugeln versehen wurden, stand wohl der Tod, als eine andere Art des Lebens in einer anderen Welt, nicht aber der Sport im Vordergrund.

Bereits seit Einführung des Übens an eigens für den Faustkampf konstruierten Geräten verwendeten die Griechen einen Handschuh mit Polsterung. Ob diese Tatsache bei der Neueinführung der Handschuhe um 1850 eine Rolle spielte, lässt sich nicht belegen. Doch die ersten Wettkampfhandschuhe waren nur wenig gepolstert und hatten ein Gewicht von vier Unzen, also etwa 120 Gramm. Erst zehn Jahre später wurden Sechs-Unzen-Handschuhe (180 g) eingeführt. Diese Handschuhe blieben für Berufsboxer fast 50 Jahre lang verbindlich. Die Amateure benutzten Handschuhe mit mehr Polsterung und einem Gewicht von acht Unzen (240 g). Mit der Verbreitung des Boxsports unter Kindern und Jugendlichen und der Suche nach verstärktem Schutz vor Schlagwirkungen wurde im Amateurlager das Gewicht der Handschuhe auf zehn Unzen (300 g) erhöht. Gegenwärtig wird nach einer Polsterung gesucht, die einen Teil der Schlagwirkung absorbiert. Auch Handschuhe mit Luftpolstern sind im Gespräch. Neben den Handschuhen sorgen Kopfschutz, Tiefschutz und Bandagen an den Händen für die Sicherheit der Wettkämpfer. Damit nähert sich der Boxsport wohl wieder jenen antiken Vorvätern an, die den Kampf wollten, aber keine Verletzungen des Kontrahenten beabsichtigten.

Faszination Berufsboxen und Amateursport

Berufssport war in der Antike bei Griechen und Römern weit verbreitet. Ja, es gab bei den Römern bereits einen Art Agentur, die sich für Rechte und Titel der Faustkämpfer sowie ihre Bezahlung einsetzte. Doch dies geriet dann über 1500 Jahre fast in Vergessenheit. Erst

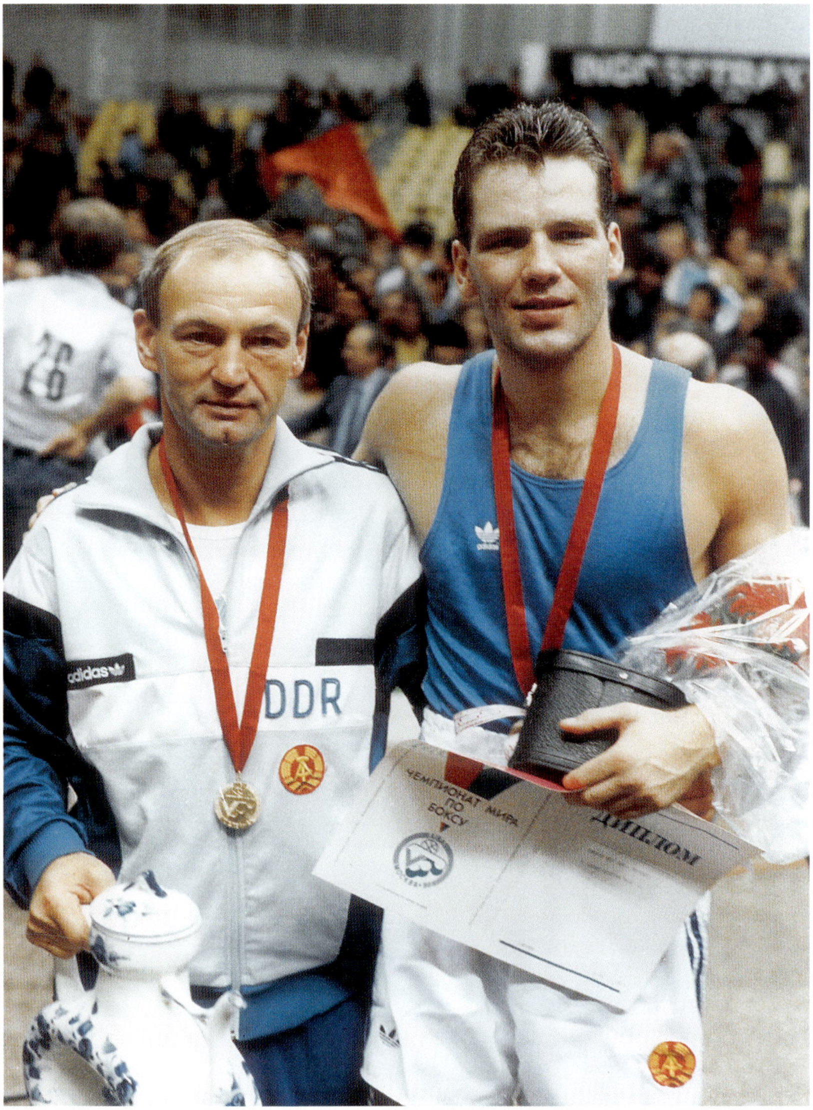

Sie gaben dem Boxsport und dem Berufsboxen neue Impulse: Manfred Wolke und Henry Maske

der selbsternannte »Meister von England« James Figg nannte sich so, verteidigte diesen Titel und übertrug ihn 1730 unbesiegt an Bob Pipes, der ihn erst verlor und dann wiedergewann. England war das Mutterland des Boxens. 1751 bewarb sich der Franzose Petit um den Titel, den der Engländer Jack Slack ein Jahr zuvor von J. Brougton, dem langjährigen Boxmeister und Boxregel-Begründer, errungen hatte: Nach nur 24 Minuten musste sich der Franzose allerdings geschlagen geben. Die Meisterschaft entwickelte sich immer mehr zu einer Weltmeisterschaft, obwohl die Meister in England beheimatet waren. Am 10. Dezember 1810 verteidigte der Engländer Cribb in einer umstrittenen Entscheidung den Titel gegen den Amerikaner Molineaux

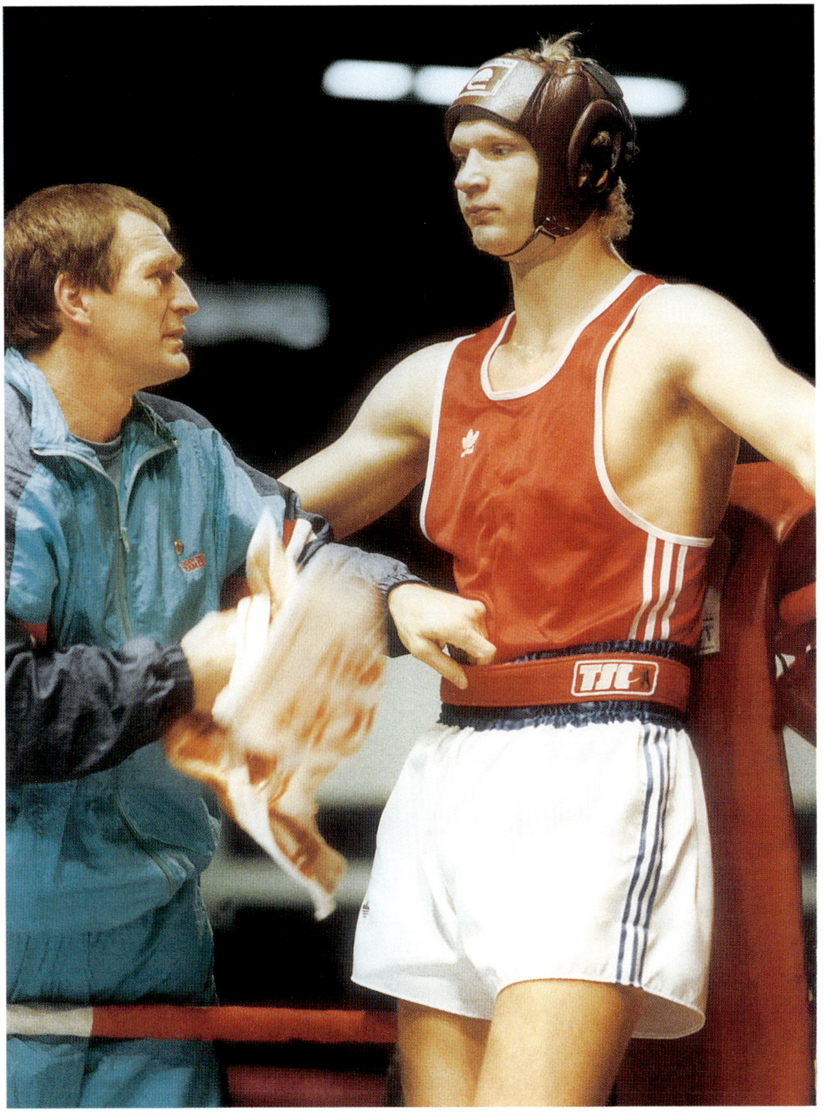

■ **Ohne das Können der Trainer hätte der deutsche Profiboxsport keine Glanzlichter: Trainer K.-H. Krüger mit Torsten May; 1990 in Berlin noch Amateur**

– doch auch im Revanchekampf ein Jahr später konnte Cribb seinen Titel halten. Am 8. Juni 1824 verteidigte der Engländer Tom Spring in einem Kampf über 77 Runden den Titel gegen den Iren J. Langan.
Im April 1860 bewahrte der Amerikaner Tom Savers seinen Titel in einem Kampf von zwei Stunden und 23 Minuten durch ein Unentschieden gegen den Amerikaner J. Heenan.
Am 15. Juni 1869 kämpften in St. Louis, USA, der Engländer Tom Allen und der Amerikaner Coole. Allen wurde wegen Tiefschlags disqualifiziert und der Amerikaner zum Sieger erklärt. Diese Entscheidung erkannten die Engländer nicht an und veranstalteten eine erneute Titelverteidigung. Vier Jahre später konnte Allen den Titel nach Eng-

land zurückholen. Von 1877 bis zum Jahre 1930 verblieb der Titel, manchmal auch umstritten, in Amerika. So verlor der Amerikaner Ryan gegen den Engländer Goss, blieb aber trotzdem Meister. Zwei Jahre später, 1882, wurde Ryan von Sullivan geschlagen, und dieser erhielt den Titel Weltmeister.
Die Engländer veranstalteten 1887 in Paris einen Kampf zwischen dem englischen Meister Smith und dem Amerikaner Kilrain mit einer Börse von 2000 Pfund, der unentschieden endete. Ein Jahr später kämpfte Sullivan gegen den Engländer Mitchell in einem Drei-Stunden-Kampf, der nicht entschieden werden konnte.
Der letzte Weltmeisterschaftskampf *ohne Boxhandschuhe* wurde am 8. Juli 1889 in Richburg (USA) in einem 75-Runden-Kampf zwischen den Amerikanern Sullivan und Kilrain ausgetragen.
In den Kämpfen der Berufssportler ging es bereits seit 1910 um relativ große Börsen: Im Jahre 1919 betrug die Kampfbörse des neuen amerikanischen Stars Jack Dempsey über 452.000 Dollar – die Kämpfe der Berufssportler wurden immer mehr zu einer Finanzquelle der Veranstalter; so betrugen im September 1926 die Einnahmen im Kampf Tunney gegen Dempsey 1.895.000 Dollar. Der Rückkampf ein Jahr später brachte sogar Einnahmen, die noch um eine Million höher lagen.
Am 12. Juni 1930 kämpften der Amerikaner Sharkey und der Deutsche Max Schmeling um den Weltmeistertitel; er blieb nach dem Sieg noch zwei Jahre im Besitz des Deutschen. Über bekannte Profiboxer wie Joe Louis, Ezzard Charles, Joe Walcott und Rocky Marciano führte der Weg später zu Clay, Liston und Tyson.
Da in diesem Bereich viel Geld verdient werden konnte, sind oftmals Vorwürfe der Manipulation erhoben und auch Verbindungen zwischen dem Profiboxen und der Unterwelt nachgewiesen worden.
Seit Beginn der 1990er Jahre hat sich die Profiszene grundlegend verändert. Vielen ehemaligen Amateuren blieb als Unterhalt nur der Einstieg in das Profilager: So sind viele hochklassige und technisch versierte Amateure in das Boxgeschäft eingestiegen.
Viele Organisationen bemühen sich um die Vergabe von Titelkämpfen, um sich so von Fernsehanstalten und Veranstaltergruppen Gewinne zu sichern. So gibt es unter anderem:

- die *World Boxing Association (WBA)* mit Sitz in Venezuela,
- den *World Boxing Council (WBC)* mit über 100 nationalen Berufssportverbänden,
- die *International Boxing Federation (IBF)* mit Sitz in den USA und
- die 1988 gegründete *World Boxing Organization (WBO)* mit Sitz in Puerto Rico.

Den europäischen Boxsport betreut die *European Boxing Union (EBU)* mit Sitz in Rom.

Der *Bund Deutscher Berufsboxer (BDB)* in Köln lenkt die Geschicke der deutschen Profis in den Box-Hochburgen Frankfurt an der Oder, Frankfurt am Main, Hamburg und Berlin.
Die Gewichtsklassen von Amateuren und Berufsboxern sind – auch innerhalb der internationalen Verbände – unterschiedlich.
Beim Berufsboxen geht es um viel Geld, das von allen Beteiligten aber erst »verdient« werden muss. Der Sportler muss hohe Leistungen erreichen, ja fast so »einmalig« sein wie sein Kampfname – ob »Tiger« oder »Gentleman« –, und die Kampfbilanzen sollten nach Möglichkeit viele Siege durch K.o. aufweisen. Wenn die Zuschauer allen Kampfverläufen folgen können und wenn eine vielseitige Werbung einsetzt, findet ein Berufsboxkampf immer genügend Interessenten.
Die Boxer treten an gegen einen Gegner, der eine andere, fremde, unbekannte Macht darstellt, in einem anderen Stil kämpft und der eigenen Entwicklung entgegensteht. Der Kampf gegen den Gegner ist ein Kampf um die eigene Position im Boxen – zu Hause und im Ausland. Boxen kann für die Aktiven die Bestätigung oder den Absturz in der Gesellschaft, Geld und Ehre oder aber Bedeutungslosigkeit und Elend bedeuten. Der Zuschauer wird somit an *Existenz*kämpfen beteiligt und nicht nur an Sieg oder Niederlage.
Das Amateurboxen – und zunehmend auch der Berufssport – wird vom Deutschen Boxsport-Verband geleitet. Schon in der Kleidung unterscheiden sich die Amateure von den Profis. Der Oberkörper ist mit einem Jersey bedeckt, die Handschuhe sind größer (10 uz und für die Gewichtsklasse über 69 kg 12 uz). Die Kampfzeiten betragen in der Regel 3 x 3 Minuten. Bei den Amateuren gibt es bei den Männern und bei den Frauen je 10 Gewichtsklassen. Bei Schülern und Jugendlichen gibt es eine größere Differenzierung.
Die Weltverbände im Berufsboxen haben andere Gewichtsklasseneinteilungen. Auch die Regeln und Wertungen sind unterschiedlich, wobei sich der Amateursport zunehmend an den Wertungen des Berufssports orientiert. Die Zuschauer sehen diese Unterschiede deutlich, wenn ein Kämpfer einen Wirkungstreffer erhalten hat. Bei den Wettkämpfen der Amateure wurde bisher schnell angezählt. Im Berufssport beginnt das Zählen in der Regel erst, wenn der Ringrichter die eingeschränkte Kampffähigkeit des Boxers feststellt.
Es gibt somit *zwei Sportarten, bei denen mit ähnlichen Regeln, aber unterschiedlich vorbereitet* um den Sieg im Boxring gekämpft wird.
Gegenwärtig können wir in Deutschland einen Trend verfolgen, der sich auch schon in Amerika und anderen europäischen Ländern abzeichnet: Boxen ist zur Mode- und Fitnesssportart geworden. Das Boxtraining enthält viele Elemente, die im modernen Fitnesstraining verlangt werden: Es werden Ganzkörperbewegungen trainiert

Gewichtsklassen der Männer und der Jugend (16 Jahre alt und das 18. Lebensjahr noch nicht überschritten)	
Halbfliegengewicht	46–49 kg
Fliegengewicht	–52 kg
Bantamgewicht	–56 kg
Leichtgewicht	–60 kg
Halbweltergewicht	–64 kg
Weltergewicht	–69 kg
Mittelgewicht	–75 kg
Halbschwergewicht	–81 kg
Schwergewicht	–91 kg
Superschwergewicht	über 91 kg

Gewichtsklassen der Frauen und der weiblichen Jugend (16 Jahre alt und das 18.Lebensjahr noch nicht überschritten)	
Halbfliegengewicht	45–48 kg
Fliegengewicht	–51 kg
Bantamgewicht	–54 kg
Federgewicht	–57 kg
Leichtgewicht	–60 kg
Halbweltergewicht	–64 kg
Weltergewicht	–69 kg
Mittelgewicht	–75 kg
Halbschwergewicht	–81 kg
Schwergewicht	über 81 kg

Die 16 Gewichtsklassen der Junioren	
Papiergewicht 1	38–40 kg
Papiergewicht 2	–42 kg
Papiergewicht 3	–44 kg

Papiergewicht 4	–46 kg
Halbfliegengewicht	–48 kg
Fliegengewicht	–50 kg
Bantamgewicht	–52 kg
Federgewicht	–54 kg
Leichtgewicht	–57 kg
Halbweltergewicht	–60 kg
Weltergewicht	–63 kg
Halbmittelgewicht	–66 kg
Mittelgewicht	–70 kg
Halbschwergewicht	–75 kg
Schwergewicht	–80 kg
Superschwergewicht	über 80 kg

Die 15 Gewichtsklassen der weiblichen Junioren	
Papiergewicht 1	–38 kg
Papiergewicht 2	–40 kg
Papiergewicht 3	–42 kg
Halbfliegengewicht	–45 kg
Fliegengewicht	–48 kg
Bantamgewicht	–51 kg
Federgewicht	–54 kg
Leichtgewicht	–57 kg
Halbweltergewicht	–60 kg
Weltergewicht	–63 kg
Halbmittelgewicht	–66 kg
Mittelgewicht	–69 kg
Halbschwergewicht	–73 kg
Schwergewicht	–77 kg
Superschwergewicht	über 77 kg

Die 23 Gewichtsklassen der Kadetten (12–14 Jahre) und Schüler (10–12 Jahre)	
Papiergewicht 1	29,5–31 kg
Papiergewicht 2	–32,5 kg
Papiergewicht 3	–34 kg
Papiergewicht 4	–35,5 kg
Papiergewicht 5	–37 kg
Papiergewicht 6	–38,5 kg
Papiergewicht 7	–40 kg
Papiergewicht 8	–41,5 kg
Papiergewicht 9	–43 kg
Papiergewicht 10	–44,5 kg
Papiergewicht 11	–46 kg
Halbfliegengewicht	–48 kg
Fliegengewicht	–50 kg
Bantamgewicht	–52 kg
Federgewicht	–54 kg
Leichtgewicht	–56 kg
Halbweltergewicht	–59 kg
Weltergewicht	–62 kg
Halbmittelgewicht	–65 kg
Mittelgewicht	–68 kg
Halbschwergewicht	–72 kg
Schwergewicht	–76 kg
Superschwergewicht	über 76 kg

Die 20 Gewichtsklassen der weiblichen Kadetten (12–14 Jahre) und Schülerinnen (12–14 Jahre)	
Papiergewicht 1	–28 kg
Papiergewicht 2	–30 kg
Papiergewicht 3	–32 kg
Papiergewicht 4	–34 kg
Papiergewicht 5	–36 kg
Papiergewicht 6	–38 kg
Papiergewicht 7	–40 kg
Papiergewicht 8	–42 kg
Halbfliegengewicht	–45 kg
Fliegengewicht	–48 kg
Bantamgewicht	–51 kg
Federgewicht	–54 kg
Leichtgewicht	–57 kg
Halbweltergewicht	–60 kg
Weltergewicht	–63 kg
Halbmittelgewicht	–66 kg
Mittelgewicht	–69 kg
Halbschwergewicht	–73 kg
Schwergewicht	–77 kg
Superschwergewicht	über 77 kg

und große Anforderungen an Kondition, Kraft und Beweglichkeit gestellt – gleichzeitig werden psychische Eigenschaften wie Mut und Durchhaltewillen gefördert. Es ist auch die beste Möglichkeit für alle, die bereits einmal geboxt haben, sich weiterhin sportlich zu betätigen. Der Inhalt dieses Fitnesstrainings zielt auf die Nutzung der Trainingsmittel. So wird nach Erwärmung des Körpers die Muskulatur gelockert und entspannt. Es folgen Übungen mit dem Partner, um technische Abläufe zu erlernen, und dann folgt die anstrengende Art des Kämpfens gegen sich selbst an den Boxgeräten: Vom Sandsack reicht die Auswahl über Maisbirne, Plattformbirne, Doppelendball bis hin zum kleinen faustgroßen Punchingball. Um die Schnelligkeit und Lockerheit der Beinarbeit zu erreichen, wird das Seilspringen – in den unterschiedlichsten Formen – in fast keiner Trainingsstunde fehlen. Auch das Boxen gegen einen gedachten Gegner – das Schattenboxen – fehlt selten. Je nach Intensität und Belastung ist *diese Art des Boxens* sowohl *für die Kreislaufbelastung als auch für die Gewichtsreduktion gut geeignet*.

Frauenboxkämpfe

Wettkämpfe zwischen Frauen sind seit Anfang der 1990er Jahre Gesprächsthema – bei den Berufboxern bereits seit längerer Zeit, bei den Amateuren seit der AIBA-Tagung 1994.

Die Stellung der Frau in der Gesellschaft durchlief viele Etappen. Selten jedoch sind Frauen in Kampfsportarten so einbezogen worden wie Männer.

Wir wissen aus der griechischen Geschichte, dass im Stadt-Staat Sparta auch die jungen Frauen in den damals bekannten Kampfsportarten unterwiesen wurden. Wie sie aber gekämpft haben und gegen wen, ist leider in keiner der uns überlieferten Quellen dokumentiert.

In einigen Büchern wird der Eindruck vermittelt, dass es Frauenfaustkämpfe auf der Insel Tonga gegeben haben soll. Die Frauen werden mit freiem Oberkörper und leichten Riemen an den Händen dargestellt. Die Haltung lässt jedoch nicht auf einen Faustkampf nach den heutigen Vorstellungen schließen. Auch aus Asien sind Berichte über kämpfende Frauen bekannt. Derartiges ist aber nur denkbar, wenn die Frauen aus den traditionellen Rollenvorstellungen der Gesellschaft ausbrechen konnten. An der Selbstverteidigung haben sich sicher auch Frauen beteiligen können, aber vermutlich nahmen ihre Kämpfe mehr die Form eines Unterhaltungsspiels an. So wird von Frauen-Savatekämpfen zwischen den beiden Weltkriegen berichtet.

In einigen Büchern zur Geschichte des Boxens wird auf die Zeit der Neuentdeckung des Kampfes mit der Faust verwiesen: So sollen sich auch die Fischweiber auf dem englischen Märkten einen Faustkampf geliefert haben, wenn es um die Behauptung eines guten Standplatzes ging. Aus der Zeit der Anfänge des Boxsports, der über einen Zeitraum von 100 Jahren zurückreicht, sind Aktivitäten des Frauenboxsports bekannt: Bilddokumente belegen Frauenboxen in Berlin um 1900, und bereits 1904 sind in St. Louis in USA auch Frauen in den Ring gestiegen. Wenn heute auch Frauen Übungen aus dem Boxprogramm empfohlen werden, ist auch das nicht neu: Bereits in den zwanziger Jahren des letzten Jahrhunderts haben junge Frauen den Boxsport als Körpertrainingsmittel entdeckt. In den USA ist in einigen Staaten Frauenboxen sogar im Profibereich möglich: Virginia City im Staat Nevada erteilt frühzeitig die Erlaubnis zur Vergabe von Lizenzen.

Die Einstellung zum Frauenboxen hat sich in den vergangenen Jahren teilweise verändert. Auf der einen Seite gibt es die Front der Ablehner, die Frauen aus bestimmten Sportarten fernhalten wollen. Als Begründungen müssen sowohl die Traditionen, die Härte des Sports als auch die Gefährdung des weichen weiblichen Körpers herhalten. Auf der anderen Seite stehen die Befürworter. Doch die Frauen haben sich bereits international einen Platz als Punktrichter, in einigen Ausnahmefällen auch als Ringrichter erkämpft. In Deutschland sind die Frauen im Amateursport noch selten am und im Ring zu sehen. Dagegen finden die Frauen im Berufssport ein sich ausbreitendes begeistertes Publikum.

Im internationalen Rahmen setzte sich der Frauen-Boxsport ebenfalls immer mehr durch. Die Profizulassungen haben sich vervielfacht. Auch im Amateurlager sind die regionalen und nationalen Meisterschaften feste Bestandteile des Wettkampfprogramms im Boxen. Aber auch wenn heute die besten weiblichen Nachwuchsboxerinnen an den Sportschulen eingeschrieben werden können, bedarf es noch enormer Anstrengungen, um eine größere Breite zu erreichen und den Anschluss an die Weltspitze herzustellen.

Bei den I. Deutschen Meisterschaften der Frauen im Boxen 2003 in Meppen starteten in acht Gewichtsklassen die 36 Bewerberinnen um die Meistermedaille. Unter ihnen auch die Europameisterschaftsteilnehmerinnen Sonja Dürr (Vizeeuropameisterin) und Dagmar Koch (Bronzemedaille), die sich dann auch in ihren Gewichtsklassen durchsetzten.

Die ersten Deutschen Meisterschaften im Frauenboxen 2003 gewannen:

bis 48 kg:	Rebekka Hermann (1. BC Speyer)
bis 52 kg:	Dagmar Koch (KC Memmingen)
bis 54 kg:	Alesia Graf (RW Stuttgart)
bis 57 kg:	Sonja Dürr (BC Hanseat Hamburg)

bis 60 kg: Ina Menzer (Mönchengladbach)
bis 63 kg: Eva Niederbühl (PBC Bruchsal)
bis 66 kg: Rola El Halabi (Gym Neu-Ulm)
bis 70 kg: Sybille Marks (ATSV Kulmbach)
Mit neuen Regeln für das Frauenboxen, der Einteilung in Gewichtsklassen und den Startmöglichkeiten für Mädchen in ihren Altersklassen sind die Rahmenbedingungen geschaffen für den Aufbau des Frauenboxens in Deutschland.

Boxsport und Selbstverteidigung

Als die Engländer den Amateur-Boxsport neu entdeckten, feierten sie ihn als männliche Kunst der Selbstverteidigung.

In der Zwischenzeit sind über 120 Jahre vergangen, und auch die Selbstverteidigung hat ihren Platz im Bereich des Sports gefunden. Sie bedient sich dabei sportlicher Techniken aus mehreren Sportarten. Auch Elemente des Boxsports – Gerade, Haken, Meiden, Parade und Block – sind integraler Bestandteil der Selbstverteidigung.

Haben sich die im Boxsport gesammelten wissenschaftlichen Erkenntnisse mit der Übernahme in andere Formen der Selbstverteidigung durchgesetzt?

Wir wissen, dass ein schneller Stoß nur möglich ist, wenn die Muskulatur locker und entspannt ist. Sollen die Hände jedoch auf dem Weg ins Ziel gedreht oder geschraubt werden, ist dazu zusätzliche Muskelspannung notwendig. In manchen Kampfsportarten wird empfohlen, die Hand leicht im Gelenk zu beugen, um mit den Knöcheln treffen zu können. Dabei wird vergessen, dass in einem gut trainierten Stoß so viel Kraft steckt, dass ein gebeugtes Handgelenk schwer geschädigt werden kann, wenn es auf einen harten Gegenstand trifft.

Der gerade Boxstoß ist die einfachste Art, sich zu verteidigen. Diese Art des Stoßens ist schnell erlernbar und kann in vielen Varianten ausgeführt werden. Besonders wegen der Vielseitigkeit kann der gerade Boxstoß auch gut im Notfall eingesetzt werden. Da die Stoßtechniken eine Ganzkörperbewegung darstellen, können auch Frauen damit eine Kraft entwickeln, die weit über die bloße Armkraft hinausgeht.

Das wichtigste ist jedoch, dass die Übenden durch diese Stoß- und Schlagbewegungen die Fähigkeit erhalten, einen Stoß zu beobachten und nicht die Augen zu schließen oder den Kopf abzuwenden. Dieses Verhalten ist bei über 50 Prozent der Bevölkerung als natürliche Schutzreaktion zu beobachten, verhindert aber eine effektive Selbstverteidigung.

Die Beschäftigung mit einer Kampfsportart, das Bewusstsein der eigenen Körperbeherrschung und die Fähigkeit, sich den Angriffen anderer zu entziehen, führen zu einem Selbstbewusstsein, das sich auch in der Körpersprache ausdrückt. Es signalisiert Durchsetzungsvermögen, Mut und Selbstbehauptung.

Die Verteidigungselemente, die im Boxsport gelehrt werden – ob mit der Hand als Parade oder dem Unterarm als Block –, dienen jedoch immer der Vorbereitung einer eigenen aktiven und verdeckten Abwehrreaktion. Dabei muss betont werden, dass der Boxsport von seiner Anlage her eigentlich eine Verteidigungssportart ist: Für einen Angriff stehen mindestens sechs bis acht Verteidigungstechniken zur Verfügung, die leider viel zu wenig bekannt sind.

Die Verteidigungsfähigkeit ist bei Kampfsportlern unterschiedlich ausgeprägt: Boxer lassen nicht gern jemand so nahe an sich herankommen, dass sie angefasst werden können. Judoka und Ringer hingegen benötigen eine solche Nähe, einige asiatische Sportarten ebenfalls. Distanzgefühl erlernen Boxer mit den ersten Schlagübungen. Und noch eine andere Eigenheit spricht für die Beschäftigung mit Kampfsportarten – und insbesondere mit dem Boxen: Jede Technik kann nur mit Hilfe eines Partners erlernt werden. Dabei darf keine Kraft in den Schlägen stecken, auch wenn man einen Schlag abbekommt: Sonst schlägt der Partner hart zurück, und effektives Lernen ist nicht mehr möglich. So entwickelt sich beim Boxtraining eine Form der Selbstbeherrschung. Das führt auch unter den Bedingungen der Selbstverteidigung dazu, die Übersicht zu bewahren, angemessen zu reagieren und der Brutalität vorzubeugen.

Ist Boxen noch zeitgemäß?

Die Diskussion um die Werte des Boxsports wird auf zwei Ebenen geführt. Auf der einen Seite werden die medizinische und die psychische Gefährdung hervorgehoben – und auf der anderen Seite wird insbesondere die Förderung der körperlichen und charakterlichen Entwicklung betont. Da wir die gesundheitlichen Aspekte des Boxens in einem eigenen Kapitel behandeln, beschäftigen wir uns hier besonders mit dem Wert für die Persönlichkeitsbildung.

Wenn wir hier über den Amateurboxsport sprechen, so meinen wir die längerfristige Ausübung, die erst zu einer Ausschöpfung der Möglichkeiten führen kann, wenn Trainingsanforderungen und Umfeld dies begünstigen. Der Sport selbst hat durch taktische und technische Anforderungen und die Arbeit mit dem sportlichen Gegner und dessen Leistungsniveau einen eigenständigen Anteil an der Persönlichkeitsbildung, der negativ oder positiv auf die körperliche Entwicklung einwirkt.

Entscheidend sind die Forderungen des Trainers, die Bedingungen für die Umsetzung des Sports und die Normen des Umfeldes. Wenn der K.o.-Schlag als das wichtigste Können im Boxsport bewertet wird, kann sich ein guter Techniker nicht mit dem gleichen Ruhm schmücken, das gleiche Ansehen genießen wie ein Sieger durch Knockout, obwohl seine Leistungen nicht von einem »Glücksschuss« abhängig sind: Je mehr Wissen über sportliche Technik vorhanden ist, um so eher begeistern auch technische Leistungen Zuschauer und Umfeld.

Was bringt der Boxsport dem Aktiven?

1. Steigerung der körperlichem Leistungsfähigkeit, insbesondere der Schnellkraft, der speziellen Schnellkraftausdauer, der Koordination und der Beweglichkeit.
2. Besseres Sozialverhalten: Einhalten der Regeln, auch wenn dadurch die erwartete Leistung nicht erreicht wird; Beherrschung von Affekten, den Gegner also nicht anschreien oder treten oder unkontrolliert stoßen; Wahrung von Selbstdisziplin, um bei ungerechter Wertung durch die Ringrichter oder bei einem Foul durch den Gegner nicht die vorgeschriebenen Normen zu verlassen.
3. Respekt vor dem Gegenüber – die Würdigung seiner Leistungen, den Willen, voneinander zu lernen und dem Schwächeren zu helfen.
4. Selbstvertrauen in die eigene Leistungsfähigkeit, also Schwierigkeiten zu überwinden, die sich durch Trainerforderungen, einen schlagstarken Gegner oder durch taktische Aufgaben in Wettkampf oder Training ergeben.

Mittels eines Fragebogens zu Verhaltens- und Lebensvorstellungen befragten wir Boxsportler der höchsten Leistungsklasse (30 nationale und internationale Meister) und 70 Boxer, die den Sport über einen längeren Zeitraum ausübten: Wir stellten fest, dass alle, die sich dem Leistungssport – und hier dem Boxen – zugewandt hatten, im Durchschnitt bessere Werte aufwiesen, als zufällig ausgewählte Vergleichspersonen (auch besser als Volleyballer und Fußballer).

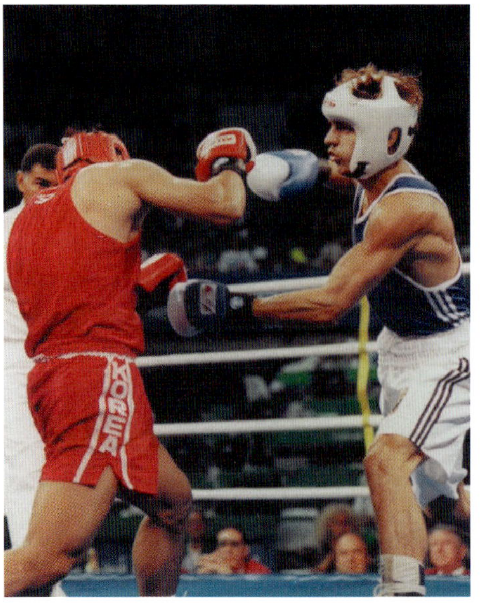

Olympiasieger Andreas Tews mit einem rechten Haken auf der Außenbahn gegen Duk Park (Korea)

Boxsport und Streben nach sportlicher Leistung wirken sich also positiv auf die Persönlichkeiten der Sportler aus.

Der Amateurboxsport aus Sicht der Sportmediziner

Der Boxsport hat mit einem Klischee zu kämpfen, das viele vor Augen haben, wenn sie den Begriff »Boxen« hören: Es geht um die blutende und meist breite Nase. Einige Zeitungen berichteten über Todesfälle, und es werden Zahlen genannt, die Überprüfungen nicht standhalten. Andere sehen heute das Boxidol Cassius Clay alias Muhammad Ali mit zitternden Händen und Sprachstörungen vor sich. Sind das typische Folgen des Boxsports? Oder sind das die berühmten Ausnahmen, die Presse und Fernsehen besonders gern hervorheben? Denn es war der Wille des aktiven Berufsboxers gewesen, im fortgeschrittenen Alter nochmals Kämpfe zu bestreiten, die ihn erneut zu Höchstleistungen im sportlichen Wettkampf zwangen, als die Ärzte bereits deutlich »nein« gesagt und von Hochleistungen abgeraten hatten.
Im Boxsport stehen sich zwei gleich gute Aktive gegenüber, die den sportlichen Gegner unter Aufbietung aller Kräfte und Fähigkeiten besiegen wollen. Beide gehen bis an die Grenze der eigenen Leistungsfähigkeit. Das allerdings setzt voraus, dass:
- sie auf den Wettkampf und seine Anforderungen gut vorbereitet sind
- Trainer oder Sportarzt bei Leistungsschwächen oder Verletzungen sofort einschreiten
- stets gleichwertige Boxer gegeneinander antreten und
- im Falle einer Niederlage oder eines K.o. ausreichend Zeit für die vollständige Wiederherstellung des Sportlers eingeräumt wird.

Schutzmaßnahmen im Boxsport

- Umwickeln der Hände mit einer elastischen (genormten) Binde (Bandage) von 2,5 m Länge zum Schutz von Fingern, Knöchel, Mittelhand und Gelenken
- Tragen eines Tiefschutzes (bei Frauen nicht Pflicht)
- Tragen eines Zahnschutzes, um eine Verletzung von Zähnen und Mundschleimhäuten zu verhindern
- Tragen größerer Handschuhe, um die Kraftentfaltung zu begrenzen und gleichzeitig durch Verstärkung der Polsterung eine Dämmwirkung zu erreichen.

An der Entwicklung hin zu mehr Sicherheit im sportlichen Wettkampf haben die Sportmediziner entscheidenden Anteil.
Ziel des Amateurboxsports ist es, den sportlichen Gegner mit technischen Mitteln zu besiegen. Die oft als Gefahr für das Boxen angeführte K.o.-Entscheidung, die gemeinhin als Synonym für

Verrohung, Feindseligkeit und Verletzungen steht, spielt nur noch eine untergeordnete Rolle.
Durch die Mitwirkung des Sportarztes am gesamten Boxablauf erhöht sich der Grad der medizinischen Betreuung in einem Maße, wie ihn keine andere Sportart aufzuweisen hat.
So muss der Arzt zunächst die sportliche Tauglichkeit untersuchen: Diese Untersuchung soll vor Beginn des Trainings vorgenommen werden und wird jedes Jahr wiederholt. Vor jedem Wettkampf muss der Arzt die Wettkampftauglichkeit bestätigen – das erfordert die Anwesenheit eines Arztes bei jedem Wettkampf. In den Regeln ist ein Mitspracherecht des Arztes bei Beendigung des Kampfes aus medizinischen Gründen festgelegt.
Wenn über die Gefahren des Boxsports gesprochen wird, muss gleichzeitig betont werden, dass sie nicht größer sind als in anderen Sportarten auch: Die Anzahl der Verletzungen ist sogar geringer als beispielsweise bei einigen Ballspiel-Sportarten.
Auf keinen Fall dürfen die positiven Auswirkungen des Boxsports auf die Körperbeherrschung vergessen werden. Jede Boxtätigkeit – ob am Sandsack oder mit dem Partner, in der Trainingshalle oder im Boxring – erfordert Grundfähigkeiten und -fertigkeiten: Sie reichen von Schnellkraft über Ausdauer bis hin zu über 50 verschiedenen Technikbausteinen.
Für die Persönlichkeitsentwicklung noch wertvoller sind die physischen Anforderungen: Eine Übung geht über einen festgelegten Zeitraum und belastet den Sportler bis an die Grenze seiner Leistungsfähigkeit – all das bildet den Körper aus, formt eine schlanke Muskulatur und baut durch Belastung schnell Fettreserven ab.

Übungen

Boxen spielend erlernen

Kinder, Jugendliche und auch Erwachsene, die gern einmal zu den Boxhandschuhen greifen, sollten nicht gleich versuchen, einen Boxkampf nach den Regeln und unter den Bedingungen der Leistungssportler zu absolvieren: Jeder erfahrene Sportler weiß, dass ein solches Unterfangen den Beteiligten nur Enttäuschungen bringt – besser ist es, entsprechend der jeweiligen Leistungsfähigkeit Kämpfe anzusetzen, die wie kleine Spiele schrittweise an den Sport heranführen. Schwerpunkt jeder Ausbildung wird dabei die Trainingsform sein, die sich an den Wettkampfbedingungen orientiert.
Varianten des Boxens sind jene Formen, die Boxen unter eingeschränkten Bedingungen zulassen, aber eigene Bildungs- und Erziehungspotenzen besitzen. Man kann sie weglassen, ohne dass die Qualität der Ausbildung leidet, aber der Spaß am Training ist an vielseitiges Üben mit unterschiedlichen Leistungspartnern gebunden. Deshalb sind viele Übungen Grundlage für eine vielseitige Ausbildung. Vor allem im Kinder- und Jugendbereich sowie in der Schule lassen sich so einzelne Bildungs- und Erziehungsabsichten akzentuierter entwickeln.

Übung des Boxstoßes (Üben der Führungshand)

Die hier vorgestellte Reihung geht vom Einsatz einfachster Mittel aus und klammert nicht die Arbeit an den Geräten aus, sondern will diese durch die Partnerarbeit ergänzen. Die Übungen werden immer zuerst im Stand und dann in der zu übenden Boxschrittbewegung ausgeführt. Boxschrittbewegungen können mit der Einführung in die Technikschulung bereits ausgeführt werden.

Übung für die Einnahme der richtigen Entfernung zum Partner:
In der Schrittbewegung – Schulung der Koordination von Stoß- und Fortbewegung (Beinabdruck rechts, Hüft- und Schulterdrehung links, mit gleichzeitigem Armstrecken).
Die Partner stehen einen Schritt weit auseinander: Nur der linke Fuß wird vorgesetzt und gleichzeitig erfolgt ein Stoß mit der linken und – nach einer Fußbewegung nach rechts – ein Stoß mit der rechten Hand. Nach dem Zurückziehen des linken Fußes ist wieder ein Schritt Platz zwischen den Partnern.

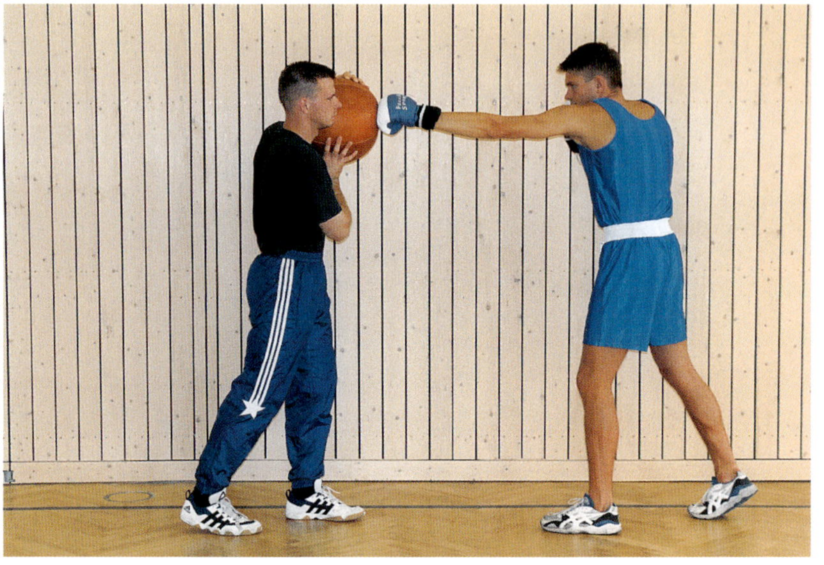

■ Boxstoß gegen einen Ball

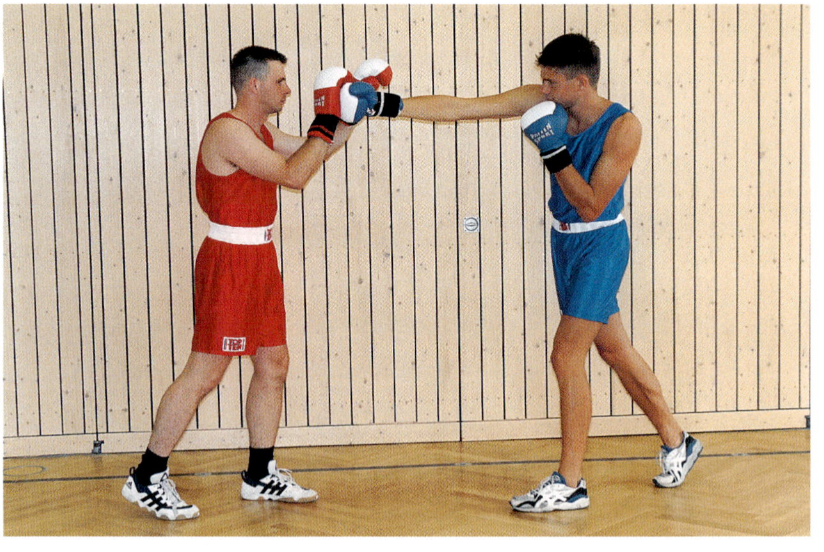

■ Boxen in die Handschuhe des Partners

Auch der Diagonalschritt mit Schlag lässt sich gut üben, dabei lernen die Sportler, dass harte Schläge meist nicht sonderlich schnell sind.

Übung im Stand und in der Bewegung: Die Linke oder die Rechte wird schnell angehoben, und sofort muss ein diagonaler Stoß mit der Führungs- oder Schlaghand erfolgen (es wird also z.B. mit der Rechten diagonal in die linke Hand gestoßen). Wenn beide Hände gehoben werden, liegen die Zielpunkte weit auseinander: Dann ist ein Nachsetzen des linken Beines in die Schlagrichtung notwendig.

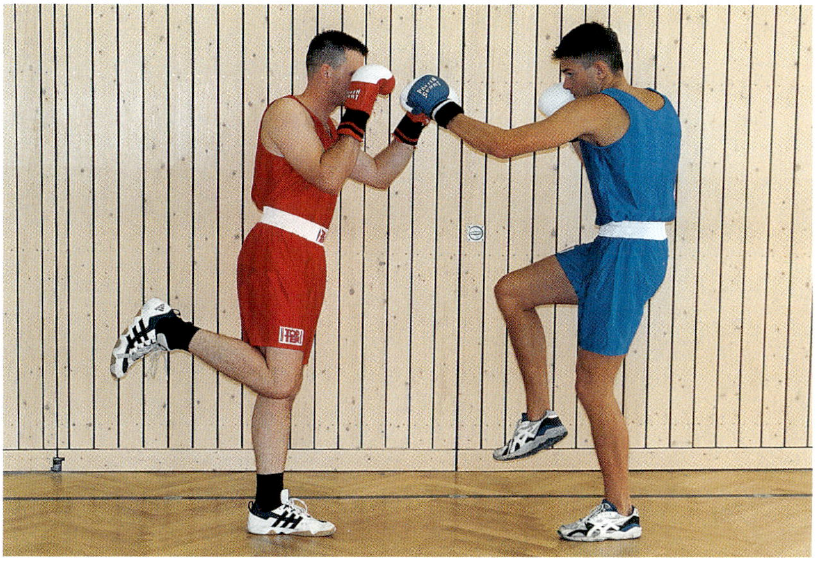

■ **Boxen auf einem Bein stehend**

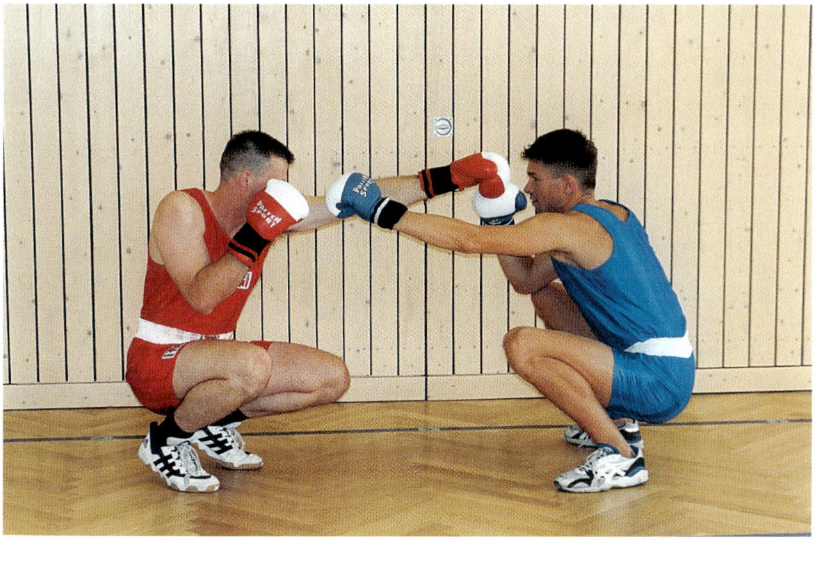

■ **Boxen in der Hocke**

Boxen auf einem Bein stehend: Durch die Haltung des angezogenen Beines sind Beweglichkeit und Schlaghärte eingeschränkt

- Linksausleger heben das linke Bein nach vorn im rechten Winkel; Boxen in dieser Stellung ist nur mit sehr eingeschränkter Beweglichkeit und begrenzter Schlaghärte möglich
- linkes Bein nach hinten anheben, Schlag härter aber langsam
- rechtes Bein im rechten Winkel vorn anheben, Schlag nicht hart, da Hüft- und Schultereinsatz nicht möglich
- rechtes Bein nach hinten angewinkelt: Stoß hart, da rechtes Bein den harten Stoß unter Einsatz von Schulter und Becken ermöglicht.

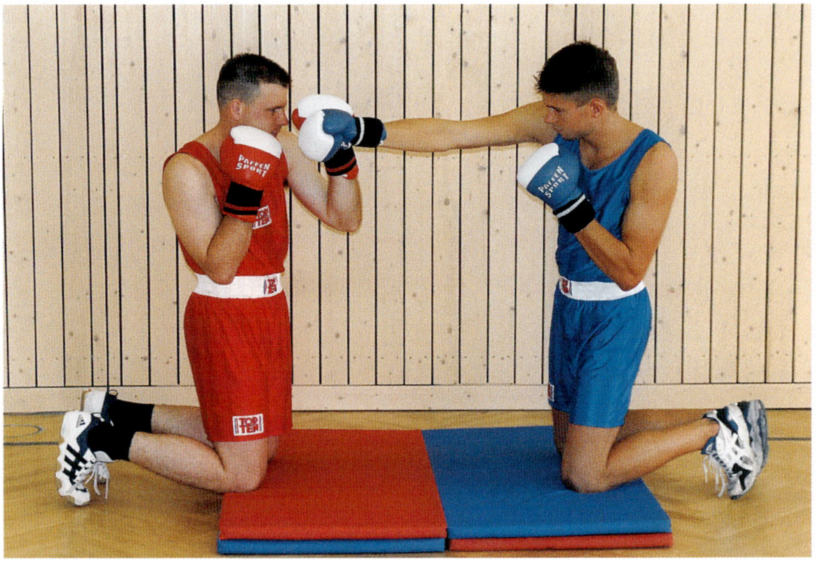

■ **Boxen im Kniestand**

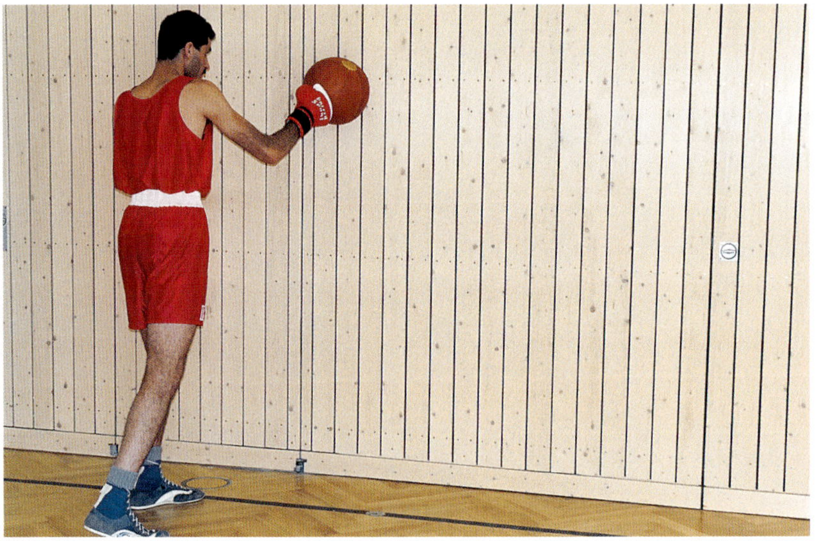

■ **Medizinball durch Boxstöße an der Wand halten**

Boxen in der Hocke: Die Belastung der Oberschenkel wird nach 40 Sekunden so groß, dass nicht mehr an Kampf gedacht wird, die Sportler wollen aufhören. Hier schult man das Durchhaltevermögen; die Übung sollte aber nicht über zwei Minuten hinausgehen.
In dieser Form ist kein richtiger Krafteinsatz möglich, da nur aus dem Arm heraus gestoßen werden kann.

Boxen im Kniestand: Beide Partner sind so weit voneinander entfernt, dass sie sich bei voller Drehung des Oberkörpers und bei Armstreckung gerade berühren können.

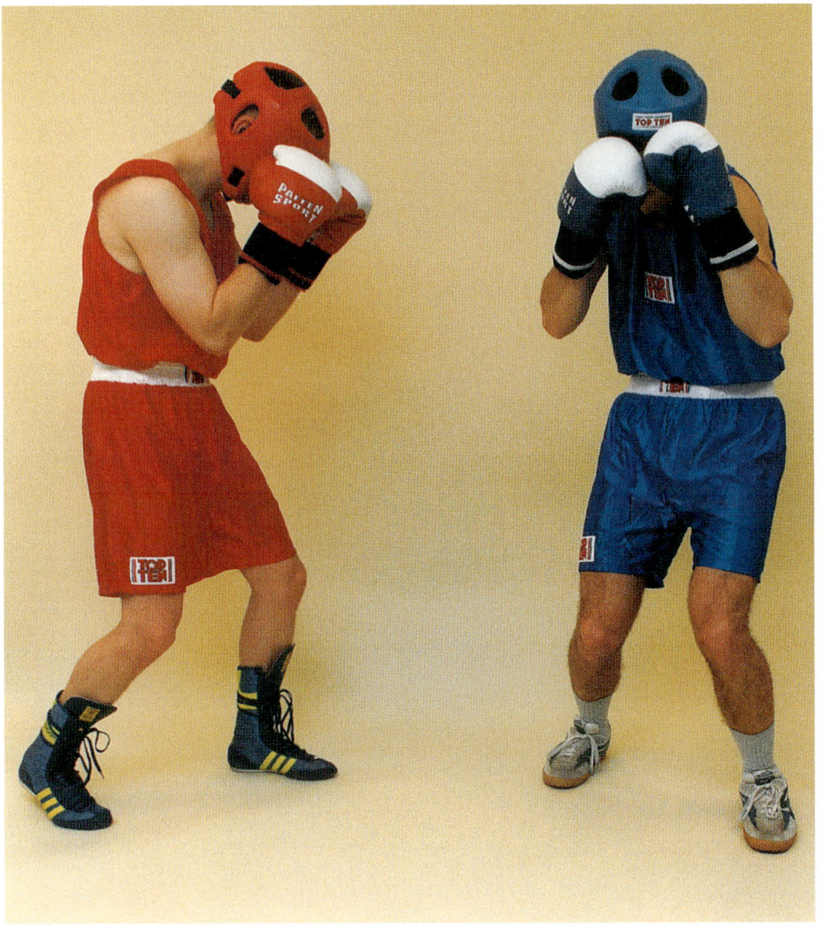

■ Doppeldeckung

Diese Übung ist eine gute Schulung für die Anwendung der Verteidigungstechniken – Block und Parade in ihren unterschiedlichen Formen – und die sofortige Einnahme der Grundstellung.

Vollball durch Boxstöße an der Wand halten: Das ist nur möglich, wenn schnell geschlagen und keine Pause eingelegt wird. In der Ecke lässt sich der Ball leichter halten als an der Wand.

- Ball durch Halbdistanzstöße an der Wand halten (eventuell Zeit vorgeben)
- Turnbank oder Kastenteil an die Wand stellen, so dass es nicht mehr möglich ist, unter den Ball zu treten: Der Ball kann jetzt nur durch eine höhere Schlagfrequenz an der Wand gehalten werden.

Ziel: Schulung der Schlagschnelligkeit, des notwendigen Krafteinsatzes und der Schlagausdauer (gegebenenfalls Ballgewichte verändern)

■ **Hüpfender Kreis**

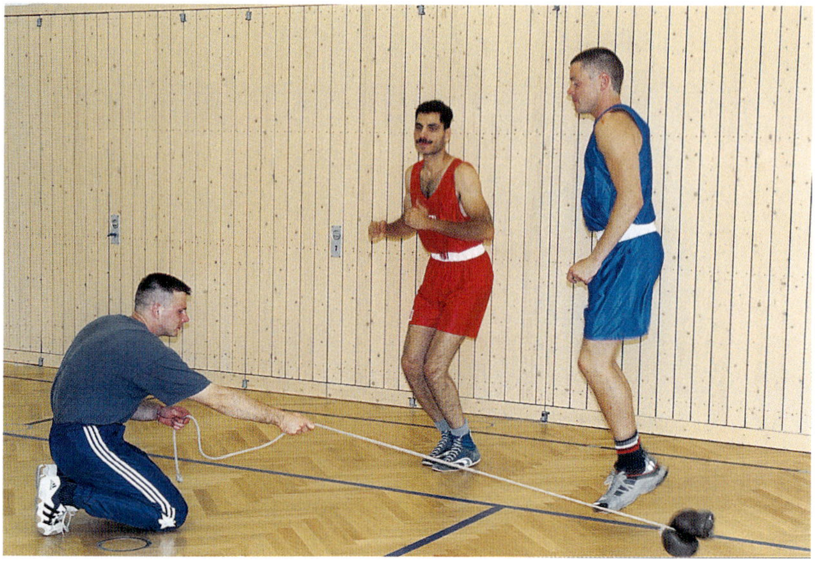

■ **Boxen in der Rückenlage zur Kräftigung der Bauchmuskulatur**

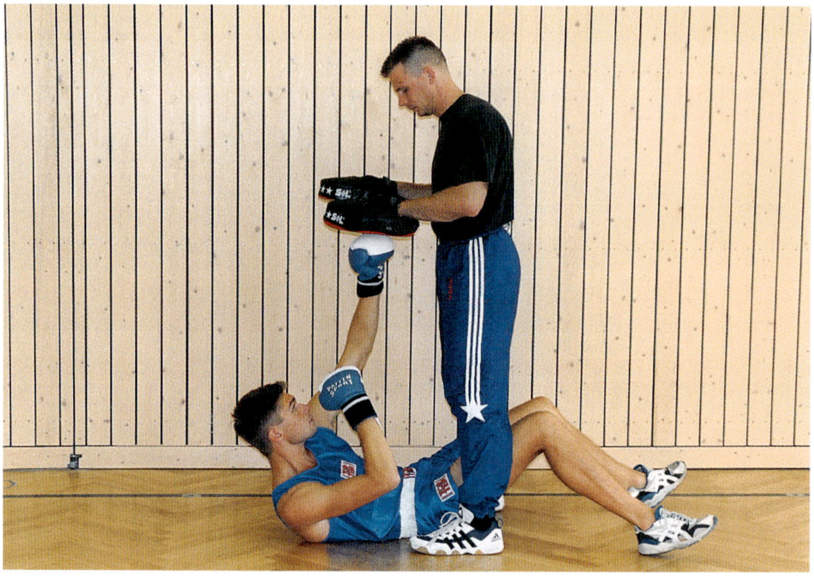

Einnehmen der Doppeldeckung und Beobachten des Partners durch die Hände:

Partner 1 stößt mit der Führungshand im Abstand von mindestens drei Sekunden zum Kopf des in Doppeldeckung stehenden Partners. Partner 2 weicht diesen Stößen aus.

Der in Doppeldeckung stehende Partner pendelt von einer Seite zur anderen und weicht den Schlägen aus. Dabei muss ein ungleichmäßiges Schlagen und Pendeln erreicht werden, sonst bildet sich ein Rhythmus heraus!

Pendeln: Wer auf der linken Seite getroffen wird, stößt sofort mit der Rechten, wer beim Pendeln auf der rechten Seite getroffen wird, stößt sofort mit der Linken zum Partner, der diese Hand dann auffangen soll.

Hüpfender Kreis

Für diese auflockernde Spielform (Bezeichnung nach Döbler *Kleine Spiele*, Berlin 1966) wird ein Boxhandschuh an ein Hanfsprungseil gebunden. Die Sportler bilden vor dem Trainer einen Halbkreis und stehen in Entfernung der Seillänge. Der Trainer lässt den Handschuh kreisen, und die Aktiven müssen aus unterschiedlichen Stellungen springen und landen.
Das Sprungseil kann knapp über den Boden oder in Kopfhöhe kreisen. Der Trainer führt das Seil in kreisender Bewegung immer aus dem Kniestand über seinem Kopf. Das ist eine konditionell sehr ansprechende Trainingsform, die durch unterschiedliche Armhaltungen der Aktiven noch erschwert werden kann.
Diese Form eignet sich sehr gut zur Festigung der Boxbeinstellung, zur Konditionierung und zur Reaktionsschulung.

Boxen in der Bauchlage

Beide Partner liegen sich in Bauchlage in Armlänge gegenüber. Arme und Beine werden angehoben, nur der Bauch berührt den Boden. Beide Partner versuchen nun über einen festgelegten Zeitraum, so oft wie möglich gegen den Boxhandschuh des anderen zu boxen, ohne dass Arme und Beine abgesetzt werden.
Ziel: Das Boxen in der Bauchlage kräftigt die Rückenmuskulatur und wirkt dem durch das Boxen begünstigten Rundrücken entgegen. Da die Armmuskulatur schneller ermüdet als die Rückenmuskeln, neigen die Sportler schnell dazu, aufgeben zu wollen. Diese Übung fördert Durchhaltewillen und Härte gegen sich selbst.

Boxen aus der Rückenlage

Partner 1 liegt auf dem Rücken und hebt Kopf und Oberkörper etwa 10 cm an. Partner 2 steht in Höhe der Schultern über Partner 1 und hält seine Hände nach unten. In diese soll nun der liegende Sportler boxen, wobei er ständig versucht, unter Drehung der Schultern mit Härte in die Hände des Partners zu schlagen.

■ Partnerübung

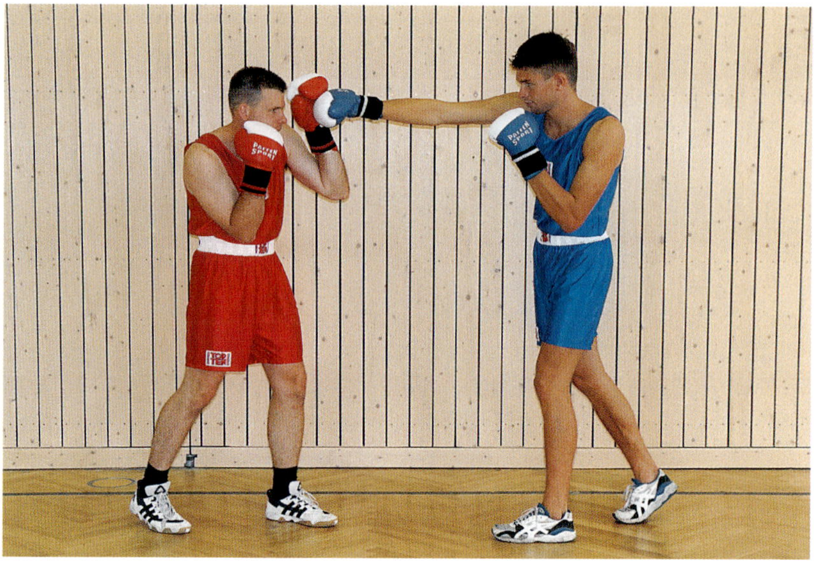

■ Zugbewegungen in der hohen Hocke

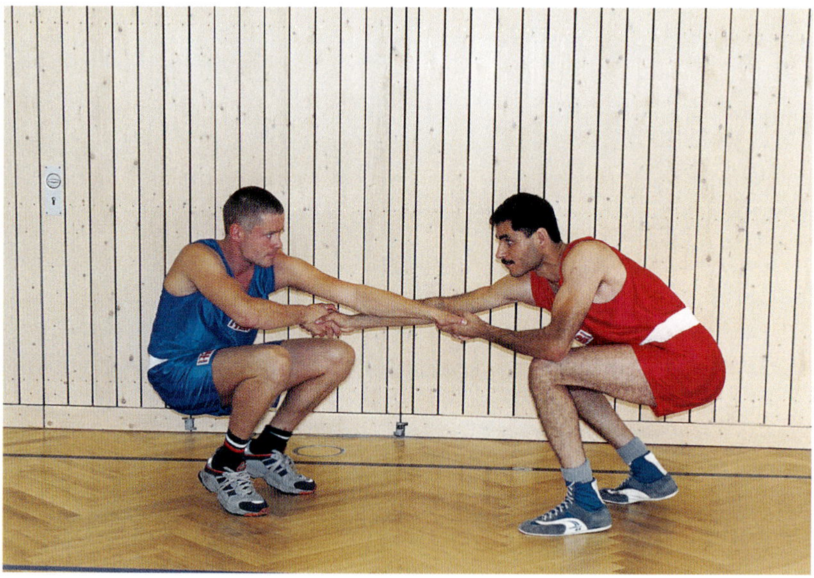

Ziel: Kräftigung der geraden und schrägen Bauchmuskulatur. Auch diese Übung dient der Schulung des Durchhaltewillens.

Boxen als Partnerübung

Beide Partner stehen sich entsprechend ihrer Reichweite gegenüber. Diese Reichweite darf vom anderen nicht verändert werden, wenn sich beide in vorgegebener Boxstellung oder Schrittart und un-

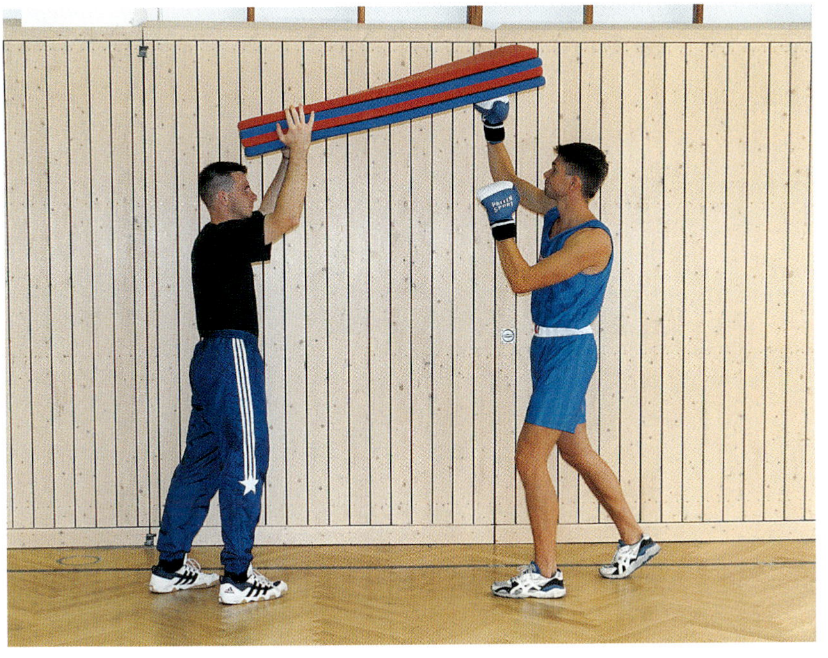

■ **Boxen gegen eine stabile Turnmatte**

terschiedlicher Geschwindigkeit in der Halle bewegen: Boxstellung, Diagonalschritt, Passgang und Wechselschritt sind möglich.
Ziel: Schulung der Distanzfähigkeit, der Boxtechniken und der Beinschnelligkeit.
Beide Partner stehen sich gegenüber und fassen sich an den Händen. Unter wechselseitigen Drehungen des Oberkörpers und Armstreckung werden Boxstöße ausgeführt. Erfolgen diese Boxstöße in der Bewegung, werden Koordinationsfähigkeit und konditionelle Entwicklung gefördert. Werden die Bewegungen in der hohen Hocke ausgeführt, werden Oberschenkel- und Rumpfmuskulatur besonders gekräftigt. Schrittübungen und Sprünge in der gleichen Position erfordern einen enormen Durchhaltewillen.

Boxen gegen eine stabile Turnmatte

Eine stabile Turnmatte (etwa 2 x 1 m) wird auf die kurze Seite gestellt. Der Sportler versucht, durch Boxstöße ein Umfallen der Matte zu verhindern.
Ziel: Schulung der konditionellen Fähigkeiten. Schläge in gerader Form sind besonders anstrengend. Diese Übung eignet sich besonders für die Schulung der Aufwärtshaken. Hohe konditionelle Anforderungen stellt das Halten des oberen Mattenteils an der Wand.

Umspringen

Der Sportler steht in leichter Grätsche. Er stößt die rechte Faust nach vorn und verlagert sein Gewicht stark auf das linke Bein. Dann erfolgt ein Stoß mit der linken Faust und eine Gewichtsverlagerung auf das rechte Bein. Dieser Wechsel wird ständig – alle zwei Sekunden – vorgenommen. Ziel: Konditionelle Ausbildung und Koordination von Beineinsatz und Schulterdrehung.

Sprungseilübungen

Im Boxkampf sind schnelle und kräftige Bewegungen erforderlich, die nur eine lockere Muskulatur ausführen kann. Beim schnellen Springen wird aber häufig die Schultermuskulatur sehr angespannt: Es ist deshalb notwendig, sie zu entspannen. Daher ist nicht nur eine Form des Seilspringens, sondern ein häufiger Wechsel zwischen den Varianten des Springens – ohne Tempoverlust – notwendig.

Varianten:

- Bei diesem Seilspringen wird immer nur ein Bein voll belastet; der andere Fuß tippt nur mit den Zehenspitzen auf. Beim nächsten Durchschlag wird das andere Bein belastet. Damit wird erreicht, dass die Muskulatur jedes Beines sich immer wieder entspannt: Diese Übung fördert die Schnellkraftentwicklung.
- Seilspringen mit gekreuzten Armen, Seilspringen mit gekreuzten Beinen.
- Seilspringen auf einem Bein; das andere Bein schwingt im Rhythmus nach vorn und nach hinten.
- Seilspringen mit vollem Armkreis: Wenn das Seil nach oben geht, werden die Arme zu einem vollen Armkreis mitgenommen.
- Seilsprungübungen zu zweit: Beide Partner stehen nebeneinander und ergreifen jeweils ein Seilende; dann wird gesprungen. Dabei müssen die Arme einen vollen Kreis mitgehen, sonst reicht die Seillänge nicht. Variante: Beide Partner stehen sich gegenüber. Partner 1 hält das Seil, Partner 2 legt die Hände auf die Schultern von Partner 1 und passt sich dem Sprungrhythmus des Partners an.

Boxen gegen einen geworfenen Medizinball

Ein Partner wirft einen Medizinball in kleinem Bogen aus rund 3 m Entfernung auf den anderen in Boxstellung stehenden Partner. Dieser boxt mit links/rechts gegen den Ball: Der muss durch die Treffer wieder zurück zum anderen Partner fliegen.

Ball ausweichen

Zwei Partner stehen sich in einer Entfernung von etwa 6 m gegenüber. Sie spielen sich einen Volleyball zu. Tritt nun ein dritter Spieler in die Mitte, wird versucht, diesen ohne Täuschung mit einem Druckwurf zu treffen. Dabei darf nur auf Kopf oder Beine gezielt werden. Der in der Mitte stehende dritte Spieler muss sich ständig dem jeweiligen Ballbesitzer zuwenden und dem geworfenen Ball ausweichen.

Ball prellen

Ein Ball – Tennisball, Fußball oder Volleyball – wird mit einer Hand oder beiden Händen ständig geprellt, also auf den Boden geschlagen. Dabei sind die Boxbeinbewegungen einzunehmen:

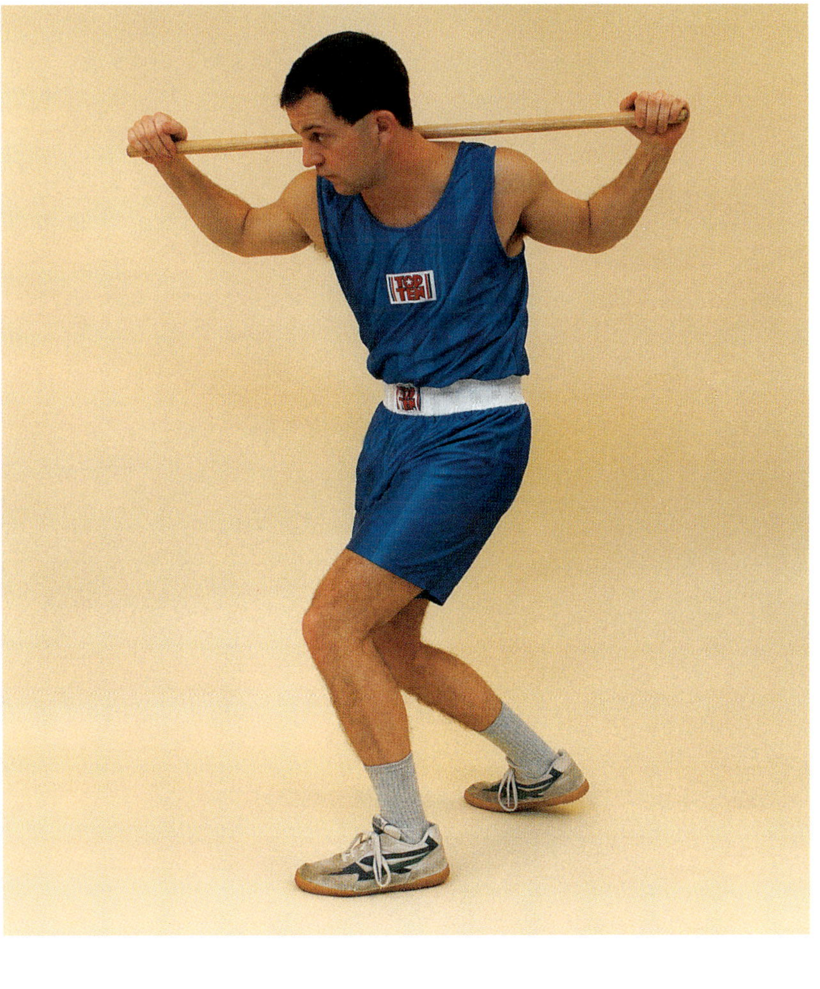

■ **Übung mit dem Stab**

Diagonalgang, Wechselschritt oder Passgang. Größe und Gewicht des Balles bestimmen die Schnelligkeit der Ausführung und damit den erforderlichen Krafteinsatz. Diese Übung dient sowohl der Koordinationsschulung als auch der konditionellen Förderung.

Kraftschulung mit dem Medizinball

Wird der Ball mit gebeugtem Arm in Hüfthöhe gegen die Wand geworfen, wird vor allem die Hüftmuskulatur gestärkt.

Übungen mit dem Stab

Diese Übungen sind eine wertvolle Ergänzung der koordinativen und konditionellen Ausbildung.

Varianten:
- Der Stab wird über dem Kopf gehalten, die Muskulatur von Arm und Rücken gespannt: Es folgen Bewegungen im Diagonalschritt, Passgang und Wechselschritt.
- Wird der Stab in den Nacken gelegt, werden Dehnungs- und Kräftigungseffekt noch vergrößert.
- Rumpfbeugen und Drehbewegungen fördern Dehnung und Kräftigung der Rumpfmuskulatur.
- Wird der Oberkörper nach hinten gebeugt, wird die Bauchmuskulatur gedehnt und gekräftigt.

Da die Rückenmuskulatur durch ständige Dehnung nicht genügend angespannt wird, sind Übungen mit dem Stab eine wertvolle Ergänzung des Trainings.

Liegestütze

Sie sind in vielen Varianten möglich, aber es handelt sich dabei nicht um boxspezifische Übungen, sondern sie dienen der allgemeinen Kräftigung. Den Anforderungen für den Boxsport an nächsten kommen Liegestütze, die aus der Tieflage (Nasenspitze am Boden) zu einer schnellen Streckung und wieder zurück zur Ausgangslage führen. Das könnte auch als »Ganzkörpersprung« aus dem tiefen Liegestütz – mit Lösen der Hände und der Beine von der Matte – ausgeführt werden.

Technik

Die erste Technik, die erlernt wird, ist die Boxstellung. Sie wird in einer Form gelehrt, die eine Umstellung auf die individuelle Art des Faustkampfes ermöglicht: Jeder Aktive hat spezielle Fähigkeiten oder Besonderheiten, die im Lauf der Jahre seine Boxhaltung prägen. Bereits bei Anfängern ist auf die Boxhaltung zu achten; sie ergibt sich aus den Körpermaßen. Die Praxis zeigt viele Beispiele für effektive und individuelle Boxhaltungen. Allen gemeinsam jedoch sind das Einnehmen einer optimalen Deckung und die Einhaltung einer optimalen Beinstellung, die eine schnelle und kraftsparende Beweglichkeit zulässt und die Bewegungen von Armen und Oberkörper unterstützt.

Beinstellung

Die Boxstellung wird geprägt durch Beinstellung, Haltung des Oberkörpers, Kopfhaltung und Haltung von Armen und Fäusten.
Erlernt wird zuerst die Beinstellung. Sie soll ermöglichen, dass der Aktive sich im Ring schnell bewegen kann. Jede Beinbewegung wird mit Entlastung eines Beins, Gewichtsverlagerung auf das andere Bein und Abdruck mit den Zehenballen eingeleitet. Der Abdruck soll immer in Richtung des später auszuführenden Schlages erfolgen. Somit müssten Boxer eigentlich die Beine stets schulterbreit gestellt haben – die Zehenspitzen zum Gegner gerichtet und immer auf den Zehenballen stehend. Dann wäre mit nur geringer

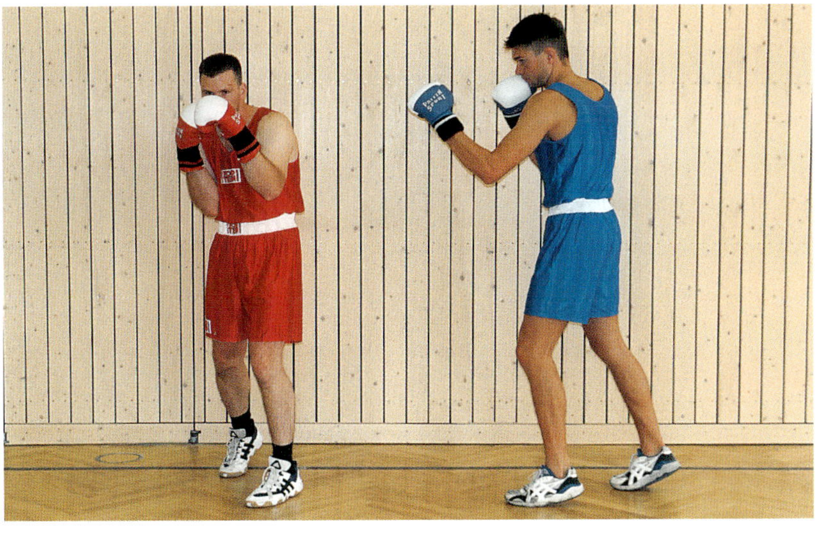

Boxstellung

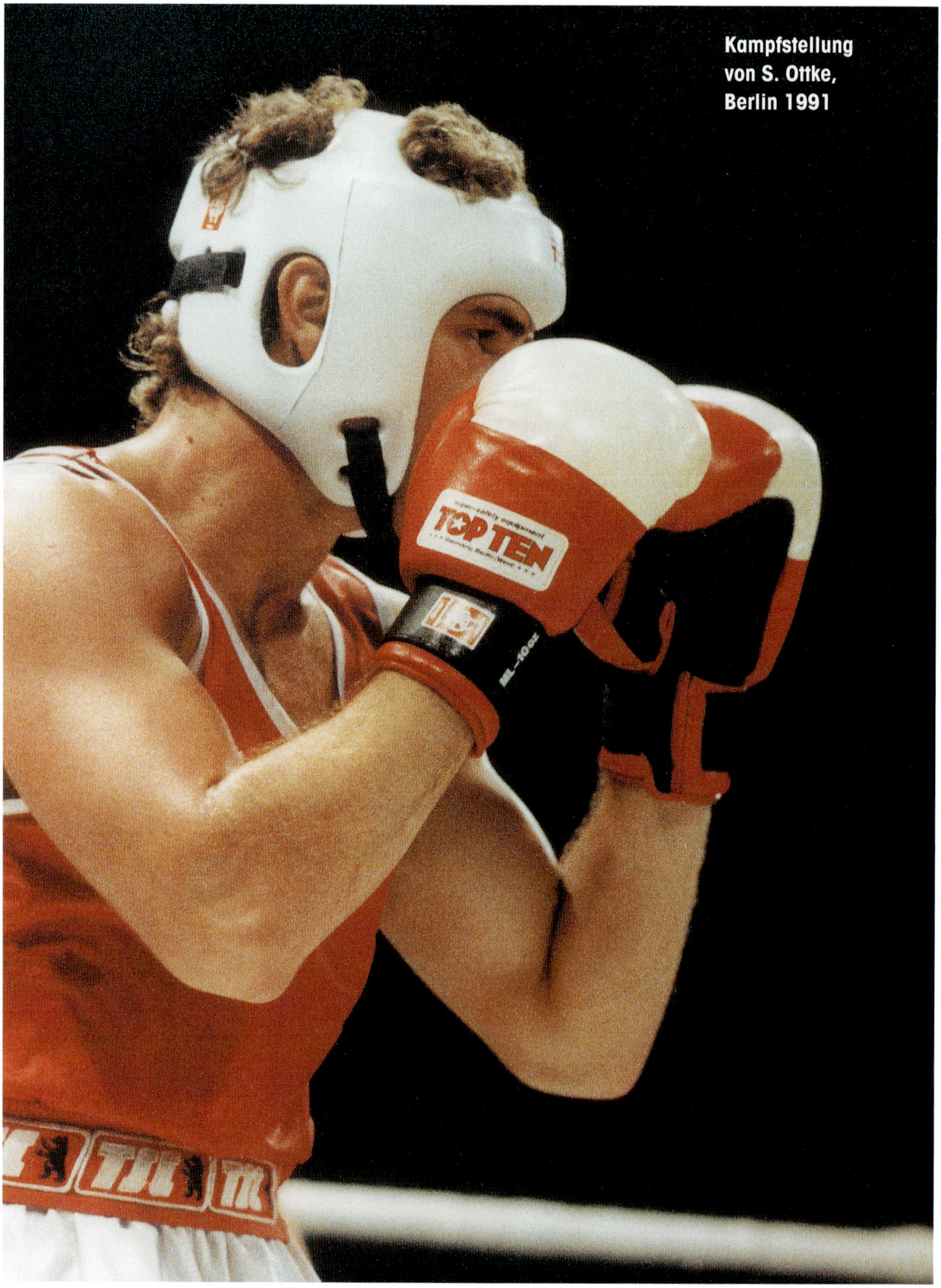

Kampfstellung
von S. Ottke,
Berlin 1991

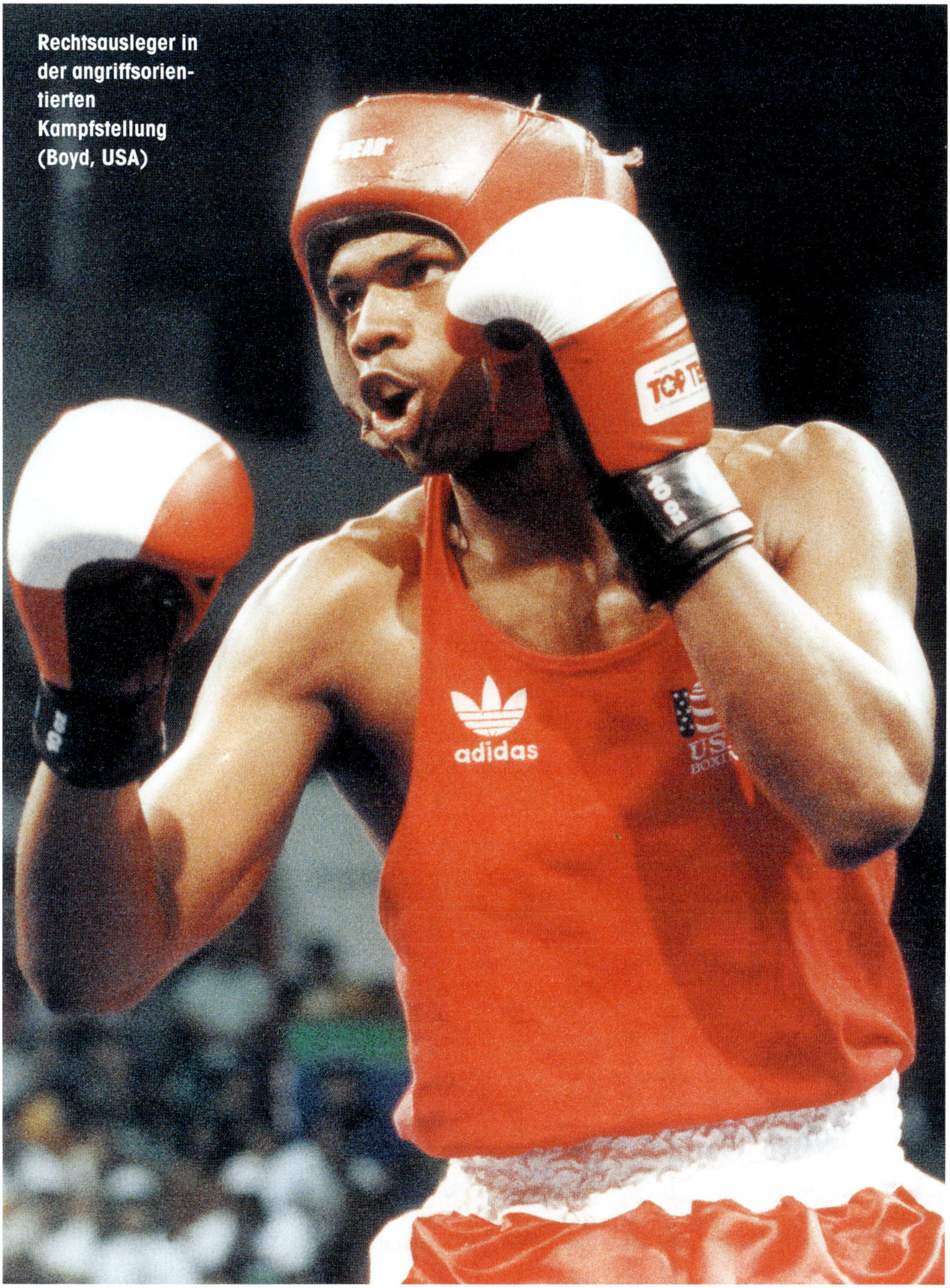

Rechtsausleger in der angriffsorientierten Kampfstellung (Boyd, USA)

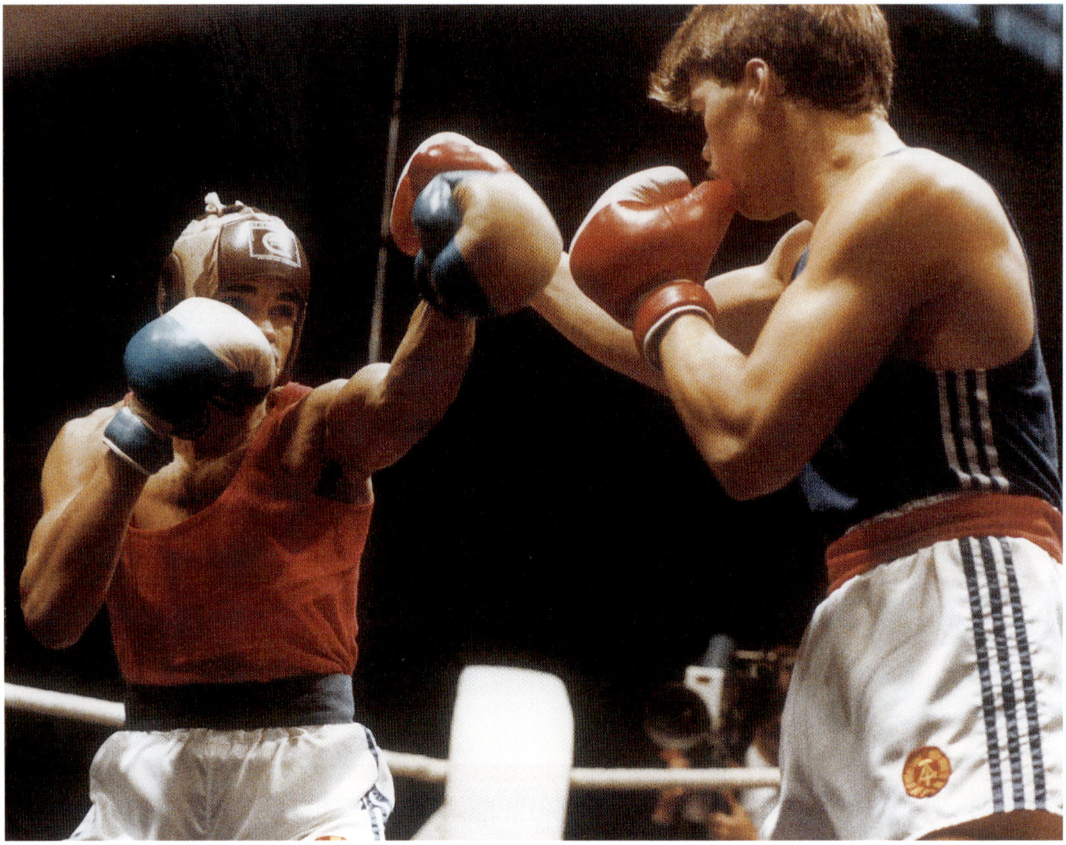

■ **Boxstellung von vorn; Links- und Rechtsausleger (R. Rühl, links – R. Suetovius); der Rechtsausleger drückt die Führungshand des linken Boxers nach unten**

Gewichtsverlagerung sofort ein Schritt möglich, und der Fuß müsste nicht erst auf die Zehenballen gestellt werden. Das jedoch ist in der Praxis nicht oder nur selten machbar: Deshalb wird eine praktischere Beinstellung eingenommen, bei der der vordere Fuß mit der ganzen Fläche und der hintere nur mit den Zehenballen aufgesetzt wird. **Je breiter die Beinstellung, desto größer die notwendige Gewichtsverlagerung und desto langsamer die Gesamtbewegung.** Schulterbreite und normale Schrittlänge sind in der Regel nicht zu überschreiten.

Bei Rechtshändern ist der linke Fuß um eine Fußlänge nach vorn versetzt, und die linke Hand befindet sich etwa 20 cm vor der rechten Hand. Bei Linkshändern sind rechter Arm und rechter Fuß vorn – man spricht hier von einer *Rechtsauslage*.

Lehrweise (für Trainer)

Demonstration der Beinstellung:

Beine schulterbreit, linkes Bein um Fußlänge vorgezogen. Hinterer Fuß setzt nur mit den Zehenballen auf – somit bleibt das Körpergewicht gleichmäßig auf beide Beine verteilt.

Übung: Schrittübung nach vorn – vorderes Bein wird um Fußlänge oder weniger nach vorn gesetzt, der andere Fuß um die gleiche Länge nachgezogen.
Schritte üben lassen nach vorn, hinten, rechts und links.
Doppelschritte üben lassen. Der Fuß, der der Bewegungsrichtung am nächsten steht, wird zuerst gesetzt. Schrittübung nach hinten – hinterer Fuß wird zuerst zurückgesetzt, dann wird der vordere Fuß nachgezogen. Schrittübung nach rechts – rechter Fuß wird zuerst ... siehe oben.
Partner stehen sich gegenüber: Partner 1 geht mit Schritten zurück – Partner 2 folgt ihm vorwärtsgehend – diese Übung erst langsam, dann immer schneller ausführen lassen. Die Aufgabenstellung mehrmals wechseln. Einem Partner können auch zwei Verfolger zugeordnet werden. Die Boxschritte sind somit Nachstellschritte, bei denen der Fuß zuerst bewegt wird, der der Bewegungsrichtung am nächsten steht. Damit sind in dieser Bewegung zwei unterschiedliche Schrittarten enthalten: Gehen linker Arm und linker Fuß gleichzeitig nach vorn, so sprechen wir vom *Passgang;* gehen beim nächsten Schritt linker Fuß und rechter Arm nach vorn, so sprechen wir vom *Diagonalschritt.* Diese Schrittarten können natürlich auch einzeln geübt werden.

Körperhaltung

Die Arme werden so an den Körper angelegt, dass die Unterarm-Innenseiten am Körper anliegen. Die Handschuhe liegen mit den

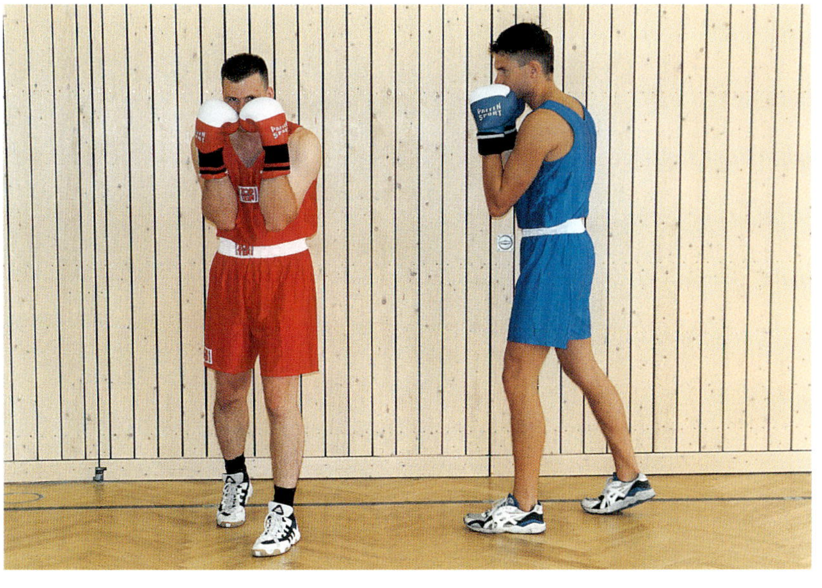

Boxstellung der Anfänger: Hände am Gesicht

Innenseiten am Gesicht an. Das Kinn wird leicht angezogen; der Rücken ist leicht gekrümmt: Mit einer solchen Haltung hat der Anfänger immer das Gefühl, durch die anliegenden Arme und Fäuste gedeckt zu sein.

In dieser Haltung werden jetzt die unterschiedlichsten Bewegungsaufgaben gestellt: Lauf – Einnehmen dieser Haltung; Sprungfolgen – Landung stets in dieser Boxstellung; Schrittgestaltung – in dieser Boxhaltung; Partnerübung in dieser Boxhaltung als Partnerverfolgung oder hüpfender Kreis.

■ **Stefan Koeber vs. Poevnov**

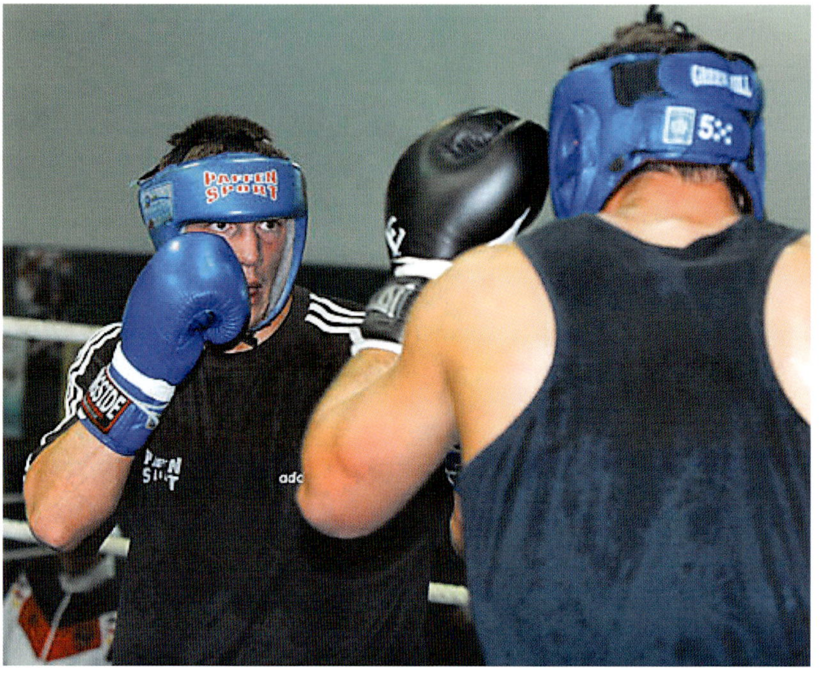

Erhöhung der Reichweite

Die Beinstellung wird länger; die Fäuste werden vom Gesicht genommen; Handgelenk und Unterarm bilden keine Gerade, sondern werden im Handgelenk gebeugt; die Unterarme liegen nicht mehr am Körper an – ist ein Sportler für seine Gewichtsklasse zu klein, empfiehlt es sich, andere Boxstellungen zu wählen, die trotz geringerer Reichweite effektives Boxen ermöglichen:

Die Schrittweite wird vergrößert, das Gewicht mehr auf den hinteren Fuß verlagert. Durch Streckung des hinteren Beins wird bei einem Schlag das ganze Körpergewicht auf den vorderen Fuß verlagert: Der Schlag wird härter, und durch die Gewichtsverlagerung wird die Reichweite vergrößert. Nachteilig allerdings wirken sich

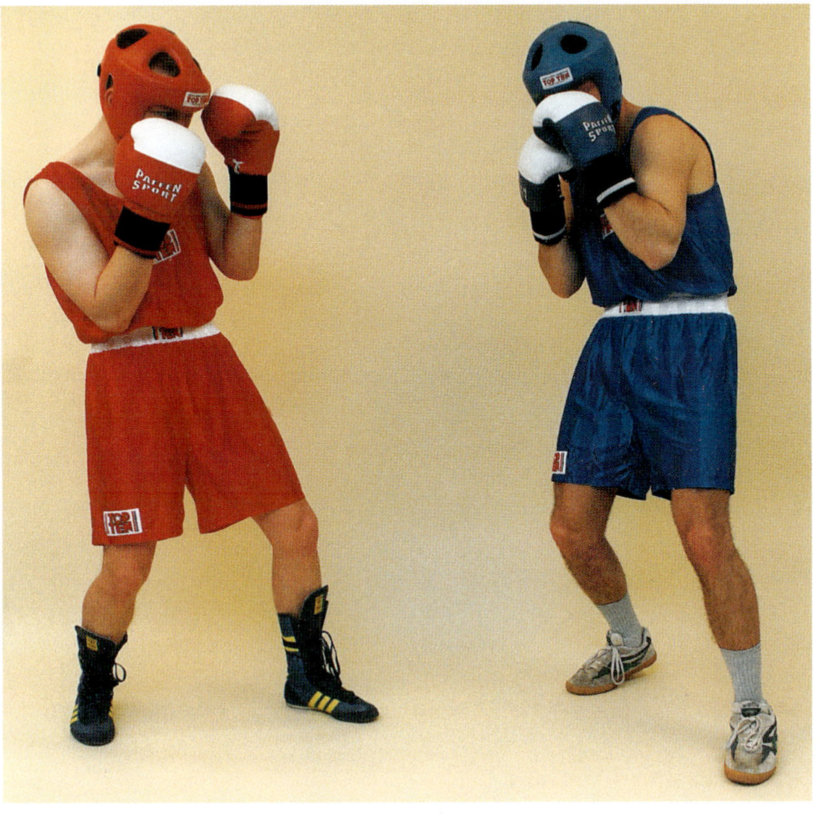

■ **Boxstellung für kleinere Boxer**

die höhere Belastung des hinteren Beines und eine kaum noch mögliche schnelle Beinarbeit aus. Die Vorteile wiederum liegen im Ausgleich der geringeren Reichweite durch Körpereinsatz und damit erhöhter Schlaghärte.

Führungshand

Nach dem Erlernen der ersten Abwehrhandlungen wird die Haltung der Führungshand verändert. Normal große und reaktionsschnelle Sportler halten sie bis zu 20 cm vor dem Gesicht: Damit lassen sich auf das Gesicht keine geraden Stöße mehr abgeben, und das Gesicht kann nur noch aus seitlichen Positionen getroffen werden – Stellung und Haltung der Führungshand als taktisches und technisches Mittel werden so bereits in den ersten Stunden gelehrt und gelernt (s.a. Abb. S. 47).
Die optimale Haltung der Führungshand liegt somit etwa 20 cm vor dem Gesicht und in der Höhe, so dass man über dem Handschuh gerade noch die Fäuste des Übungspartners sieht. Der Oberarm liegt dabei soweit wie möglich am Körper an.

Der Stoß der Führungshand: die linke Gerade

Führungshand ist diejenige »Hand«, die bei der täglichen Arbeit weniger eingesetzt wird – bei den meisten Menschen ist es die linke Hand, die ungeschickter ist. Im früheren Boxsport diente sie nur der Vorbereitung für den Einsatz der kräftigeren Hand, der sogenannten *Schlaghand*. Die Führungshand soll den Einsatz der Schlaghand vorbereiten, kann aber auch selbst enorme Kraft entwickeln.
Der Schlag der Führungshand ist keine Armstreckung, sondern eine Ganzkörperbewegung. Verbunden mit dem Strecken des linken Arms ist der Zehenballenabdruck des rechten Beins, der eine Gewichtsverlagerung auf den linken Fuß einleitet. Linke Beckenseite und linke Schulter werden gleichzeitig mit der Armstreckung nach vorn gebracht. Die linke Schulter berührt dabei die linke Seite des Kinns.
Wird der Kopf nicht in diese Gesamtbewegung einbezogen, entwickeln sich Fehler, die später nur noch schwer zu korrigieren sind. Wird der Schlag mit einem Schritt ausgeführt, verlagert sich das Gewicht ruckartig auf den vorderen Fuß, der kurz vor dem Auftreffen beim Stoß der linken Faust fest stehen muss. Unter extremen Bedingungen werden so die Kraft des hinteren Beines, die Rumpfkraft und die Armkraft in die gesamte Stoßkraft eingebracht. Dabei gilt aber, dass die Schrittgröße die Schnelligkeit des Schlages bestimmt: Je größer der Schritt, desto langsamer die Gesamtbewegung und somit der Schlag.

Lehrweise (für Trainer)

Zunächst Demonstration, dann Erklärung der Schwerpunkte: Streckung hinteres Bein, Drehung von linker Hüfte und Schulter bei gleichzeitigem Armstrecken nach vorn.

Führungshand von vorn und von der Seite

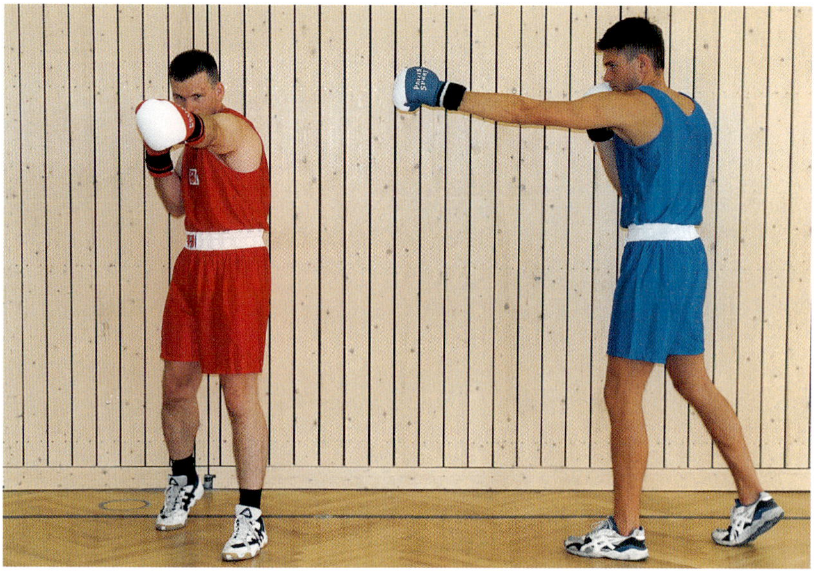

Üben der Bewegungen nacheinander, dann gleichzeitiges Üben der Bewegungen.

Partnerübungen:

- Partner 1 stößt die Führungshand auf Kommando in die linke in Kopfhöhe gehaltene Hand von Partner 2 und zieht sie danach sofort in die Ausgangslage zurück.
- Dieselbe Übung: Der Schlag erfolgt, wenn Partner 2 die Hand öffnet.
- Schrittübung nach vorn: Schlag der Führungshand, Beinbewegung etwa 10 cm nach vorn, gleichzeitig Stoß der Führungshand.
- Schrittübung nach hinten: Schlag der Führungshand; Zurücksetzen des rechten Fußes bei Stoß der Führungshand, bei Zurücknahme der linken Hand Heranziehen des linken Beins.

Diese Bewegungen sollten nach Demonstration und Erklärung zunächst nacheinander, dann gleichzeitig und erst danach in Partnerarbeit geübt werden.

Gewichtsverlagerung

In den vergangenen Jahren haben sich im Boxsport unterschiedliche Arten der Körperhaltung herausgebildet:

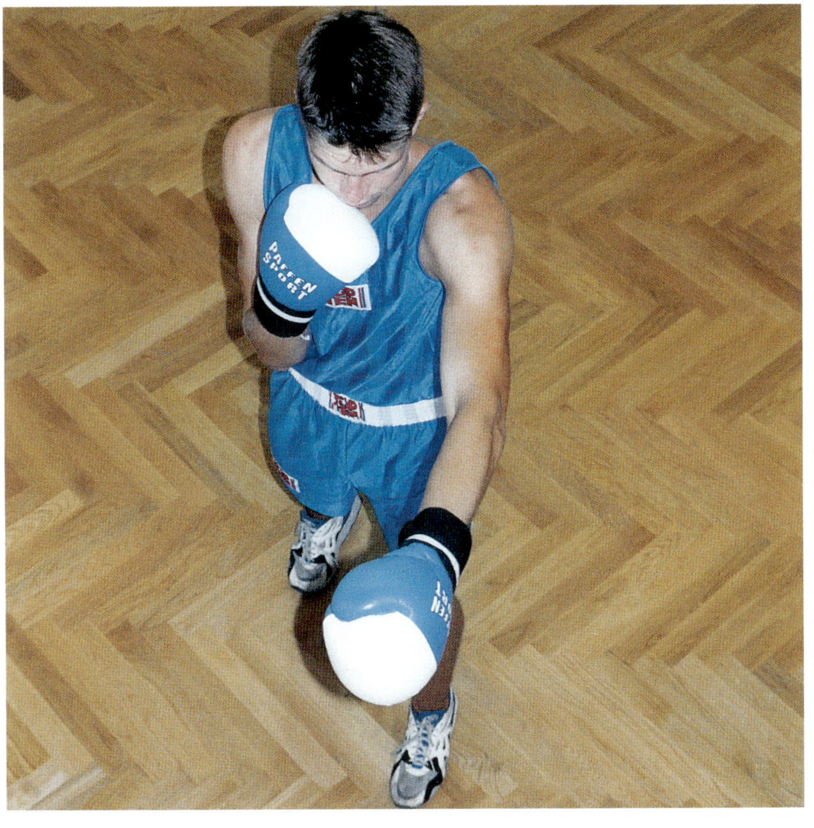

Boxstellung von oben betrachtet: Deutlich sichtbar sind Schulterdrehung und Lage der Schlaghand – ein Verdrehen der Schlaghand führt zu zusätzlicher Anspannung der Muskulatur und schränkt die Schnelligkeit ein

Auf der einen Seite gibt es den Stil, der die linke Schulter weit nach vorn bringt, um mit der Führungshand viel zu arbeiten und die Schlaghand nur mit viel Kraft und über einen längeren Weg einzusetzen. Unterstützt wird diese Haltung durch eine optimale Beinstellung – auf den Zehenballen – des rechten Beins. Wird die Rechte gestoßen, verändert sich die Lage der Schultern, die rechte Schulter kommt nach vorn.
Die im Bild gezeigte Haltung hat zum Ziel, mehr mit der linken Hand zu stoßen als mit der rechten – Spitzenathleten jedoch arbeiten mit beiden Händen: Deshalb stehen sie frontaler, in Knien und Oberkörper gebeugter. Soll die Führungshand härter gestoßen, ein Haken mit der linken Hand vorbereitet werden, muss die linke Schulter zurückgenommen werden (verdeckte Ausholbewegung). Auch Pendeln oder Durchrollen von der linken zur rechten Seite verlangt ein Zurücknehmen der Schultern sowie in der Regel eine Fußstellung, bei der beide Beine auf gleicher Höhe sind. Zu beachten ist, dass – bis auf wenige technische Ausnahmen – immer die Schulter höher liegt, die den Stoß ausführt: Damit wird der Körperschwerpunkt über die Mitte der Unterstützungsfläche verlagert, um einen optimalen Einsatz der Körpermasse zu erreichen.
Erst die Gewichtsverlagerung ermöglicht im Boxen eine optimale Schlaghärte. Auf der einen Seite kann man durch Beinabdruck – mit einem oder beiden Beinen – eine Vorwärtsbewegung und gleichzeitig mit dieser Bewegung einen Stoß ausführen. Auf der anderen Seite kann man mit dem Oberkörper um den gedachten Schwerpunkt pendeln: Die Schulter der stoßenden Hand liegt dann höher und über dem vorderen Fuß – und der Körperschwerpunkt auf einer Linie von der Schlaghand bis zum stützenden hinteren Fuß.

Paraden

Aus der Vielzahl der möglichen Verteidigungen stellen wir exemplarisch stets nur eine Variante vor, die in unterschiedliche Richtungen geübt werden kann. Wir benennen jedoch möglichst alle Techniken, denn nur so ist es möglich, Wissen zu vermitteln und es zu überprüfen.

Parade nach innen

Wenn die Führungshand auf den Boxer zukommt, öffnet er die rechte Hand, um eine größere Deckungsfläche zu erreichen, und zieht sie unter Drehung von Becken und Schulter ruckartig vor das Gesicht; der Oberarm liegt fast am Körper an: Mit dieser Aktion wird

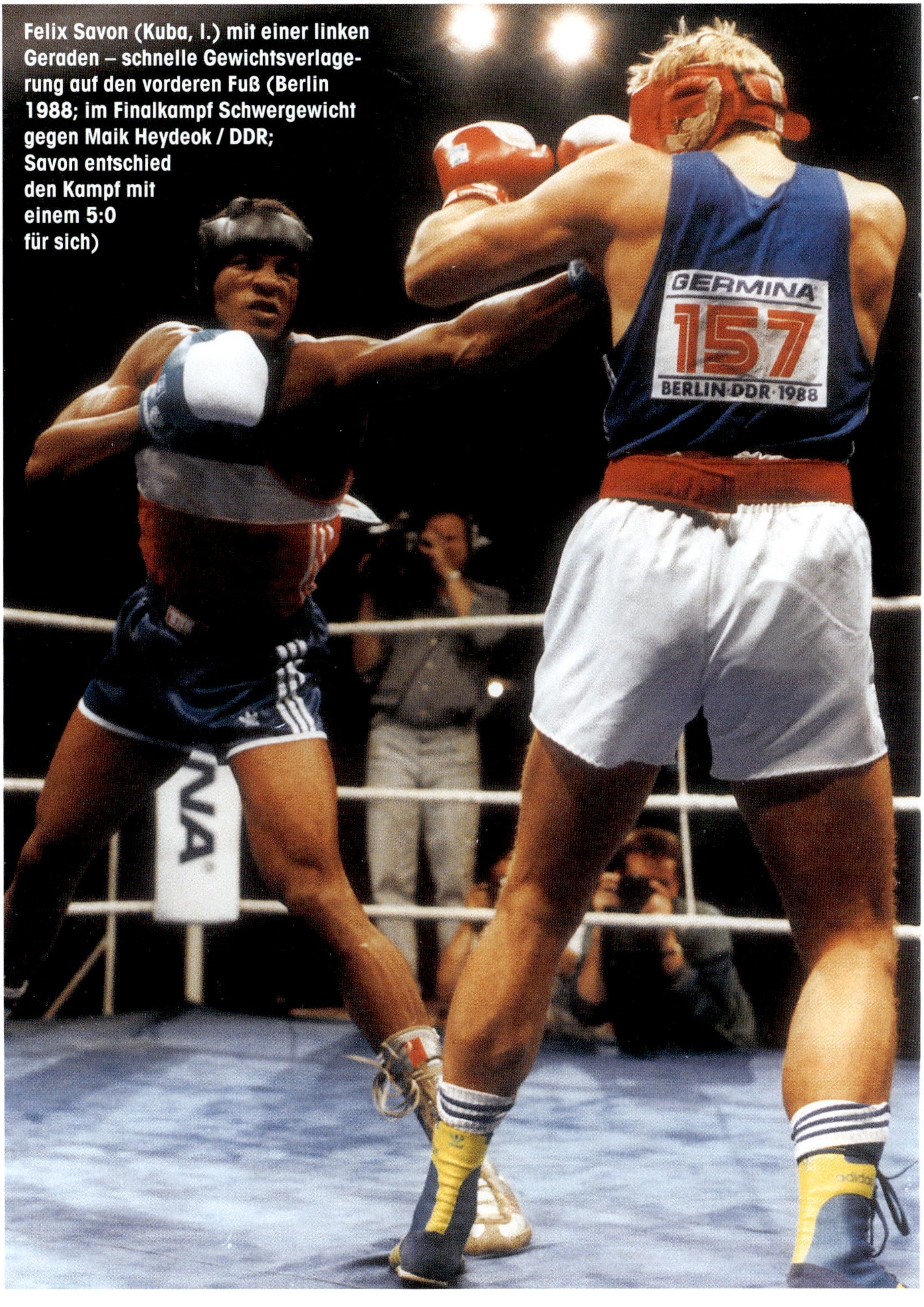

Felix Savon (Kuba, l.) mit einer linken Geraden – schnelle Gewichtsverlagerung auf den vorderen Fuß (Berlin 1988; im Finalkampf Schwergewicht gegen Maik Heydeok / DDR; Savon entschied den Kampf mit einem 5:0 für sich)

■ **Parade mit der Schlaghand nach außen**

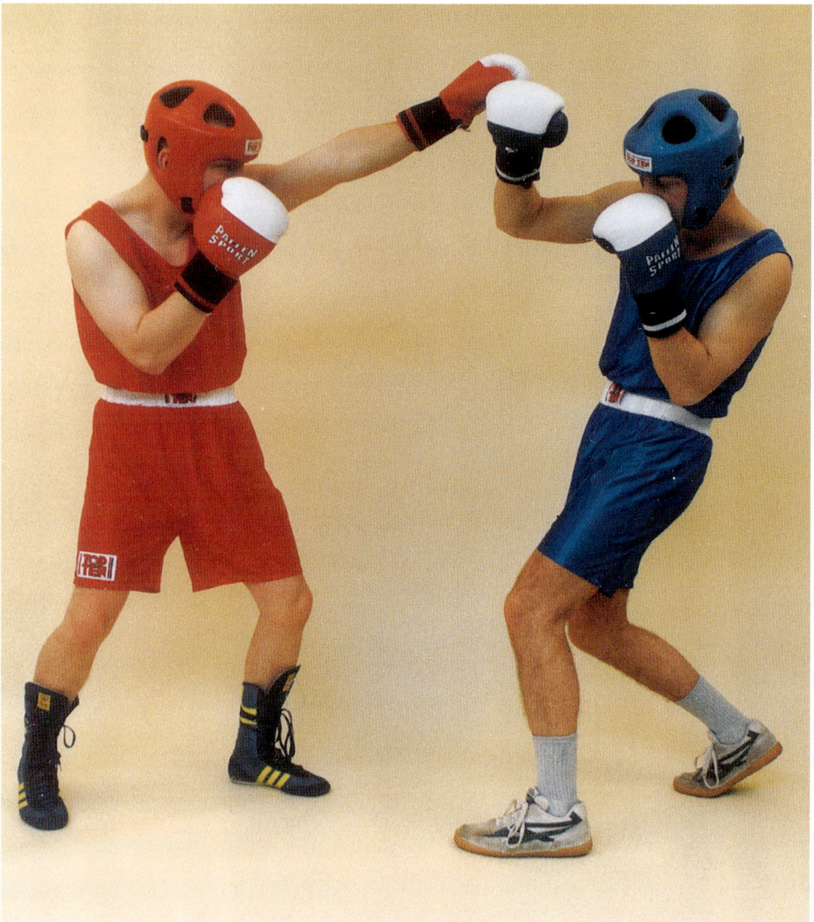

die Führungshand am Gesicht vorbeigelenkt. Gleichzeitig deckt ihn des Gegners Unterarm so ab, dass dieser seine Schlaghand nicht einsetzen kann: Seine Führungshand stört – es wäre eine Gewichtsverlagerung notwendig.

Lehrweise (für Trainer)

Demonstration, dann Erklärung: Hand öffnen und Oberkörper mit Beckeneinsatz drehen, dabei bleibt der Oberarm fast am Körper.

Übungen:

- Übung im verlangsamten Ablauf
- Übung im schnellen Ablauf
- Übung mit linkem Schritt auf den Partner zu
- Übung mit Schritt des rechten Beines zur Seite (10 cm), um aus der Angriffsrichtung herauszugehen.

Für den weiteren Leistungsaufbau kann man dann – nach vorausgegangenen Abwehraktionen – Haken zum Körper üben.

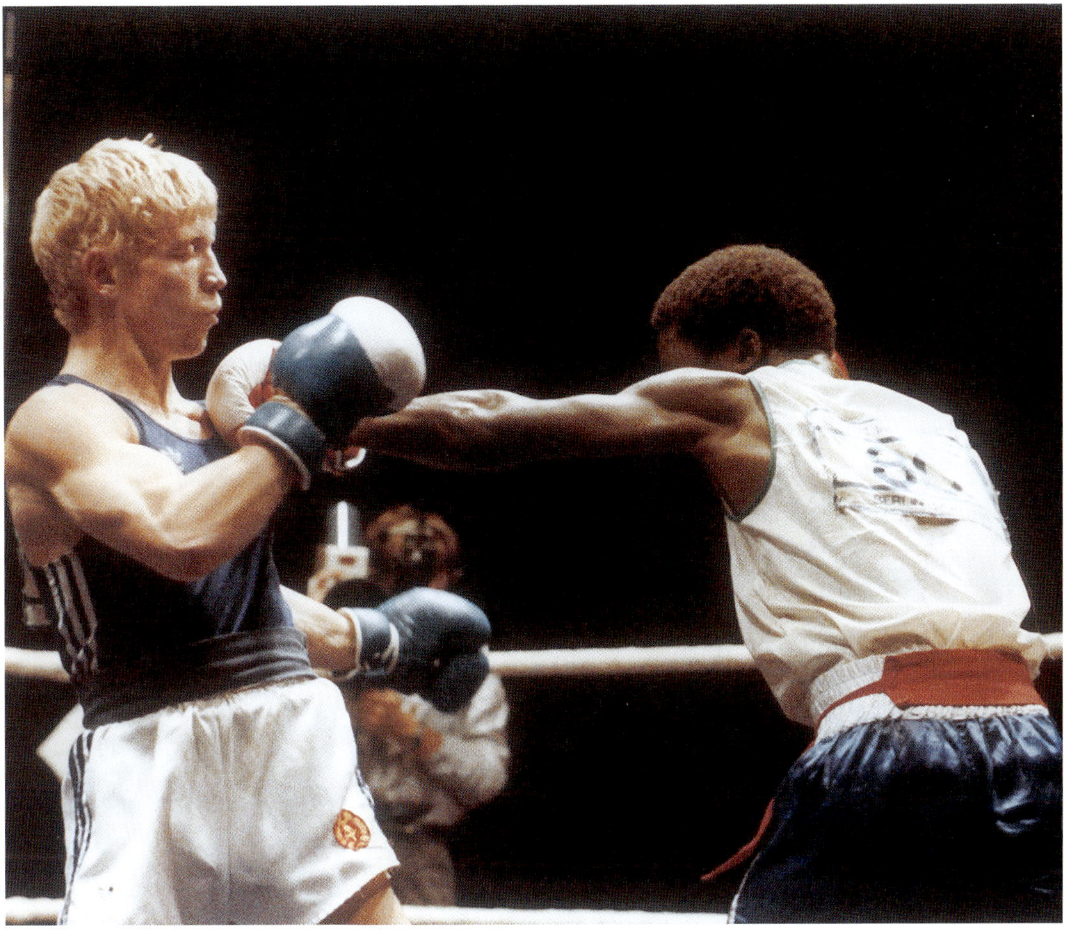

Parade nach außen

Die Endstellung der Parade nach innen ist die Ausgangsstellung für die Parade nach außen. Es muss erraten werden, wann der Partner seine Führungshand schlagen will. In diese Bewegung hinein wird die Ausgangslage erreicht und der Handschuh des Partners mit dem Handrücken unter Drehung von Schulter und Becken nach außen gedrückt: Ziel ist es, eine Vordehnung für den Einsatz der Führungshand zu erhalten, die dann eingesetzt werden kann. Bei dieser Übung muss man sich bewusst sein, dass man selbst von der Schlaghand getroffen werden kann. Der Arm bleibt angewinkelt, und die Parade wird durch Drehung der Schulter und Abkippen des Oberkörpers nach vorn ausgeführt.

■ Parade mit der rechten Hand mit gleichzeitigem Schritt des linken Beines nach vorn rechts (Klaus-Dieter Kirchstein vom SC Dynamo Berlin, links, verlor gegen Patrick Mwamba, Sambia, rechts, 0:5 im Bantam-Finale)

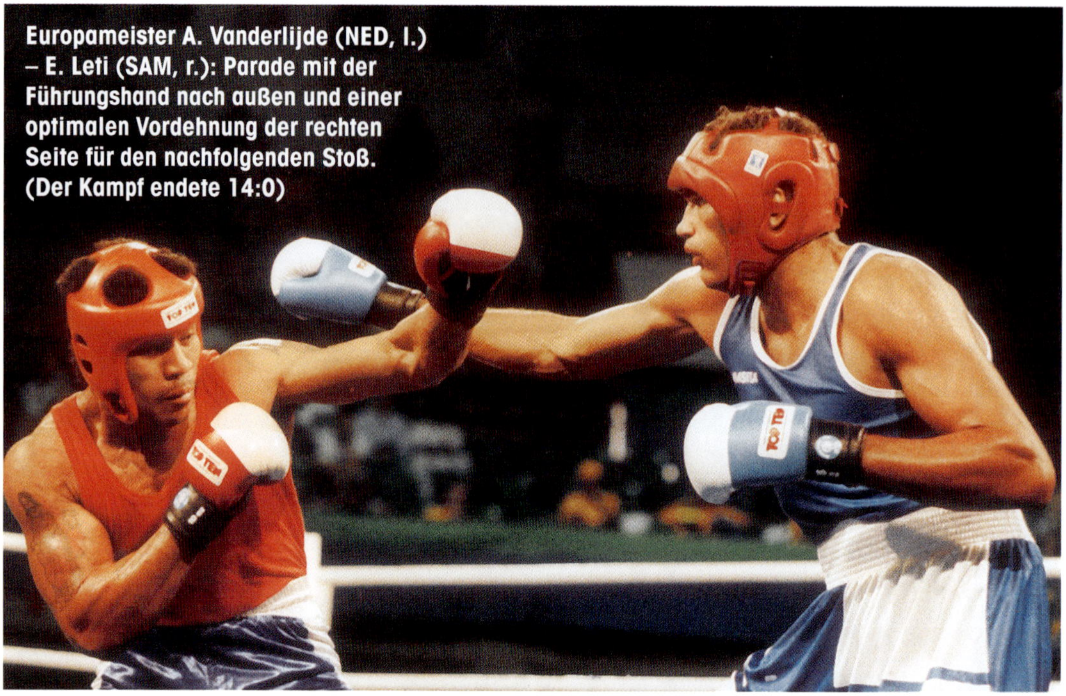

Europameister A. Vanderlijde (NED, l.) – E. Leti (SAM, r.): Parade mit der Führungshand nach außen und einer optimalen Vordehnung der rechten Seite für den nachfolgenden Stoß. (Der Kampf endete 14:0)

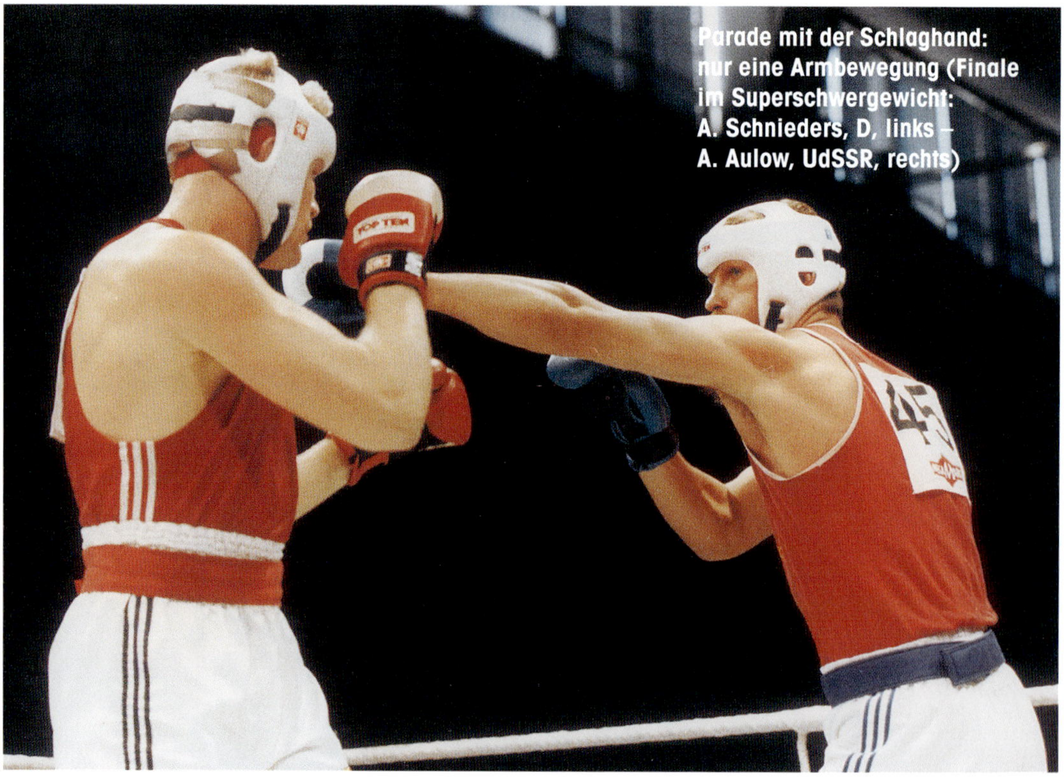

Parade mit der Schlaghand: nur eine Armbewegung (Finale im Superschwergewicht: A. Schnieders, D, links – A. Aulow, UdSSR, rechts)

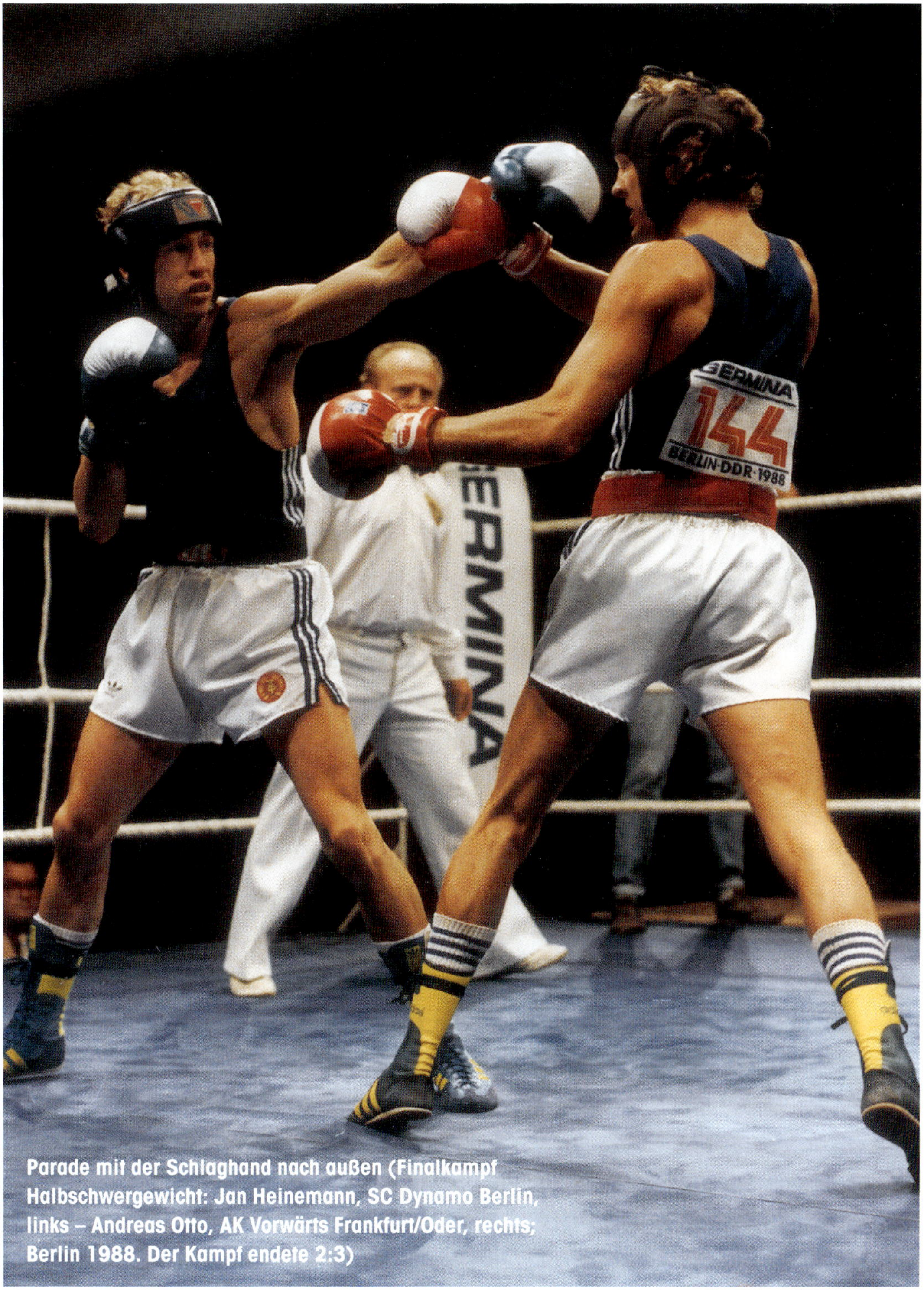

Parade mit der Schlaghand nach außen (Finalkampf Halbschwergewicht: Jan Heinemann, SC Dynamo Berlin, links – Andreas Otto, AK Vorwärts Frankfurt/Oder, rechts; Berlin 1988. Der Kampf endete 2:3)

Varianten:
- Schritt des rechten Beines nach vorn rechts unter gleichzeitigem Vorbringen der linken Schulter
- Schritt mit dem linken Bein nach vorn rechts unter gleichzeitigem Vorbringen von Schulter und angewinkeltem Arm.

Parade mit Schritt

Bei Erkennen eines Schlagansatzes wird der Oberkörper ganz leicht nach hinten geneigt, so dass er fast aufrecht steht; gleichzeitig wird die Führungshand nach vorn gebracht. Sie trifft die ankommende gegnerische Hand mit der Innenseite an ihrer Innenseite und lenkt sie dadurch ab. Wird diese Technik mit einem Schritt nach vorn verbunden, ist ein gerader Stoß der Führungshand zum Kopf möglich (s.a. Abb. S. 50).
Diese Technik ist auch als Verteidigungs- und Angriffstechnik über die Außenbahn möglich.

■ **Parade nach außen – Führungshand**

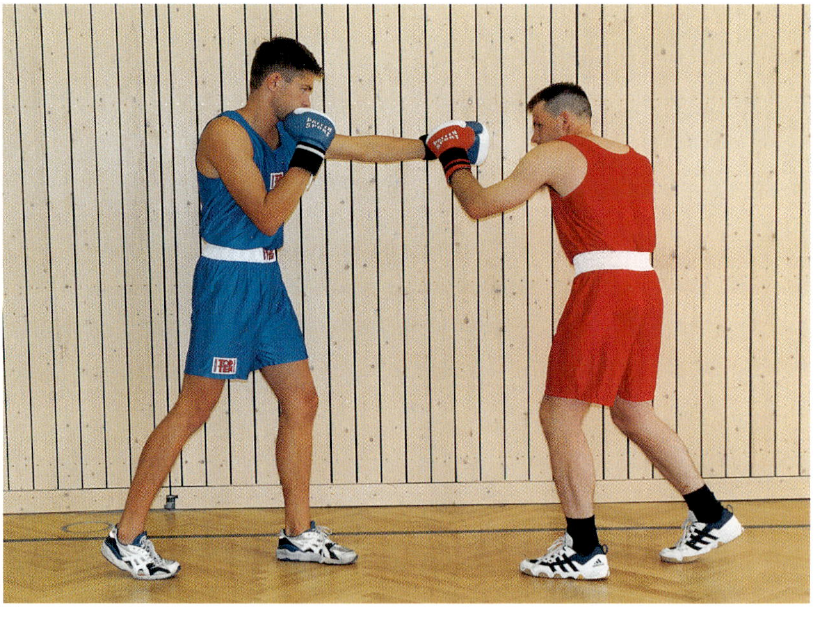

Parade nach oben

Durch ganz leichtes Beugen beider Beine kommt es zu einer »Verkleinerung« des Körpers. Unter leichter Drehung der rechten Schulter und der rechten Hand nach vorn wird die fast gestreckte Führungshand von unten am Handschuh getroffen und nach oben

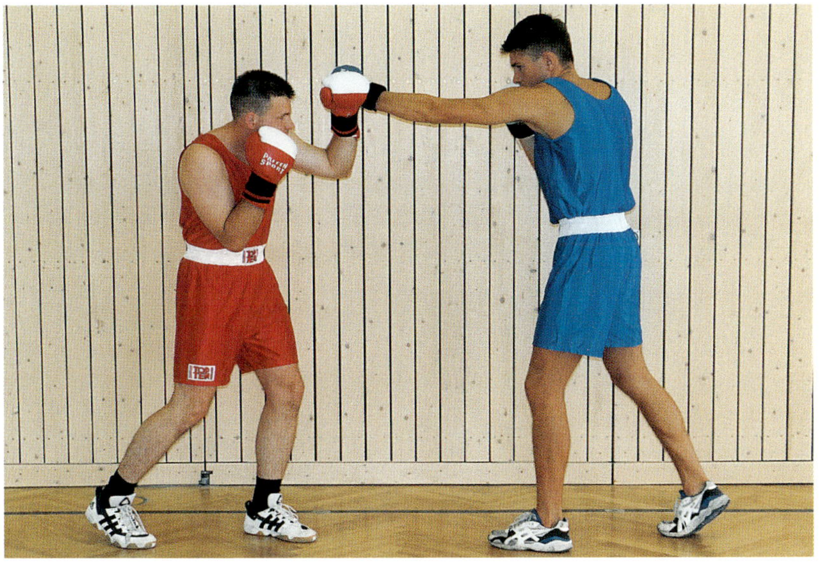

■ **Parade von außen**

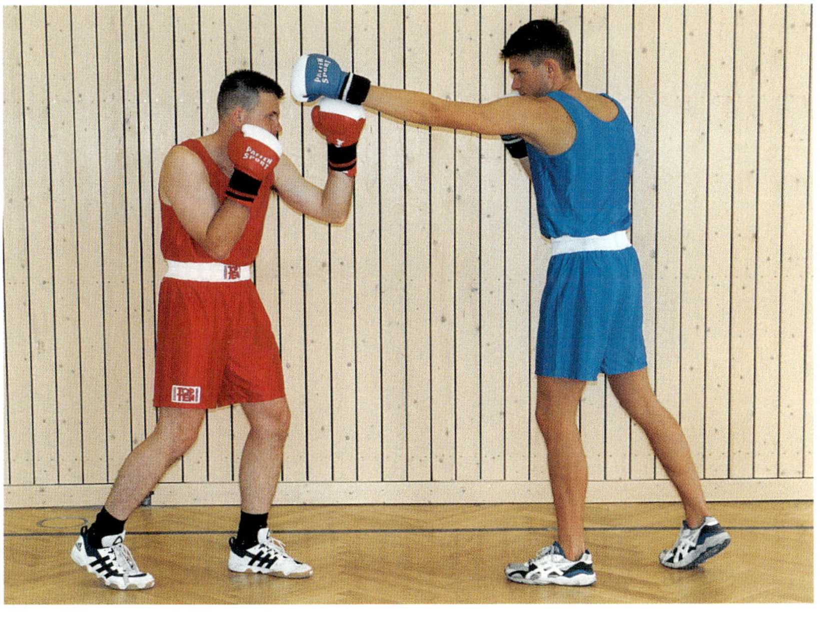

■ **Parade nach oben**

abgeleitet – eine spezielle Technik für kleinere Boxer: Sie haben damit gleichzeitig eine verdeckte Ausholbewegung mit der Führungshand eingeleitet, deren Explosivität durch die Beinstreckung noch vergrößert wird.

Blöcke

Unter Blocken verstehen wir ein Auffangen des Schlages, bevor der Körper getroffen wird. Dabei wendet der Sportler diejenige Form des Blockes an, die seiner Kampfweise, seiner physischen und psychischen Entwicklung entspricht.
Unter leichter Drehung von Schultern und rechter Hand nach vorn – wobei der Handschuh geöffnet wird – erfolgt die Deckung des Gesichts durch Abfangen des Schlages. Der Ellbogen liegt fast am Körper an.

Block mit der Schlaghand

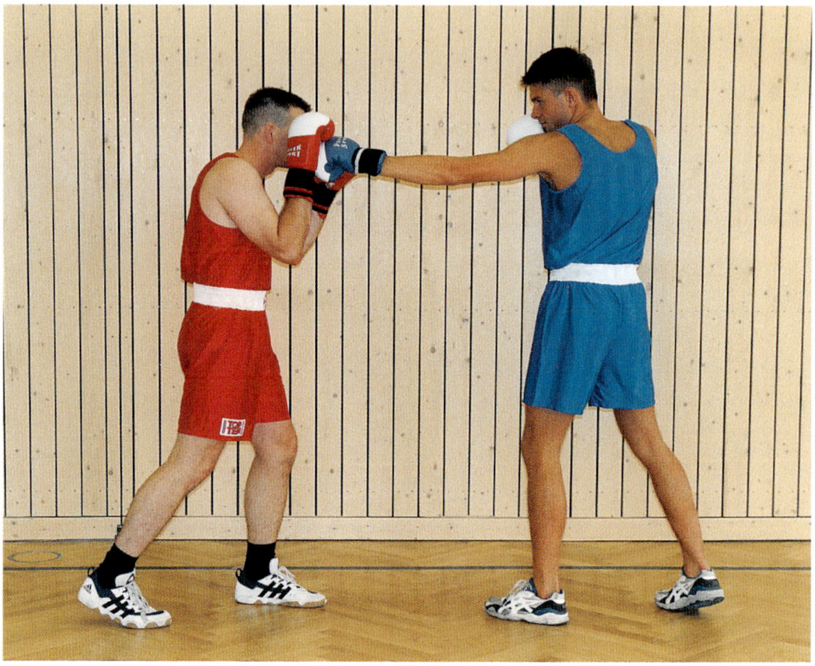

Durch die leichte Schulterdrehung erfolgt eine verdeckte Ausholbewegung.
Eine ganz andere Art des Blockierens von Schlägen nimmt ein Boxer vor, der schon einige Erfahrungen im Kampf gesammelt hat: Er vermutet, wann sein Boxpartner einen Stoß anbringen will. Um diesen Stoß zu unterbinden, wird ein Block auf halber Distanz oder direkt am Partner in dessen Boxhaltung angesetzt.

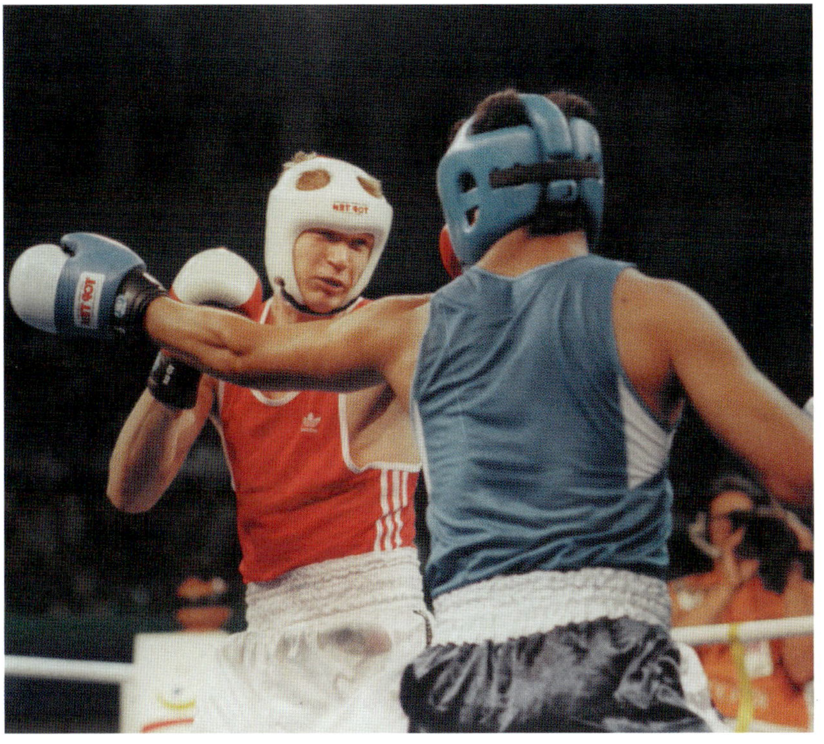

■ Olympiasieger Torsten May mit einem Block der Schlaghand gegen die Führungshand im Kampf gegen Gil Kim

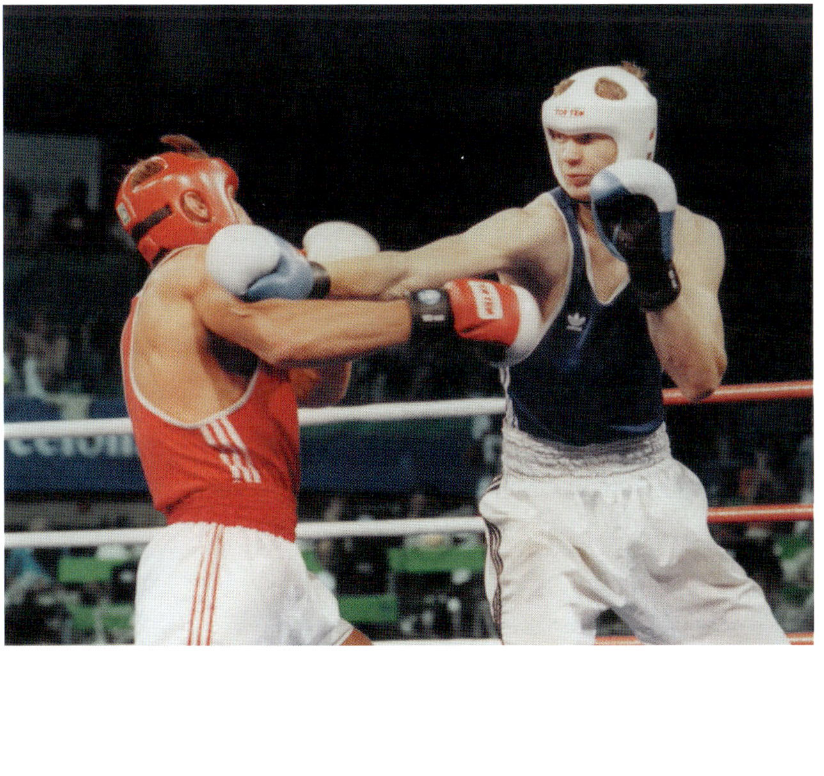

■ Olympiasieger Torsten May blockt mit der Schlaghand die Schlaghand von Rostislav Zaoulitchnyi

Unterarmblock

Wenn die Führungshand geschlagen wird, geht die eigene Führungshand unter Drehung der Schulter im rechten Winkel nach vorn. Durch eine leichte Drehung des Ellbogens nach außen wird die ankommende Führungshand mit der Schnürung am Handgelenk des Partners getroffen. Die Führungshand wird abgelenkt, die eigene Hand jedoch könnte die begonnene Bewegung weiterführen.

■ **Unterarmblock**

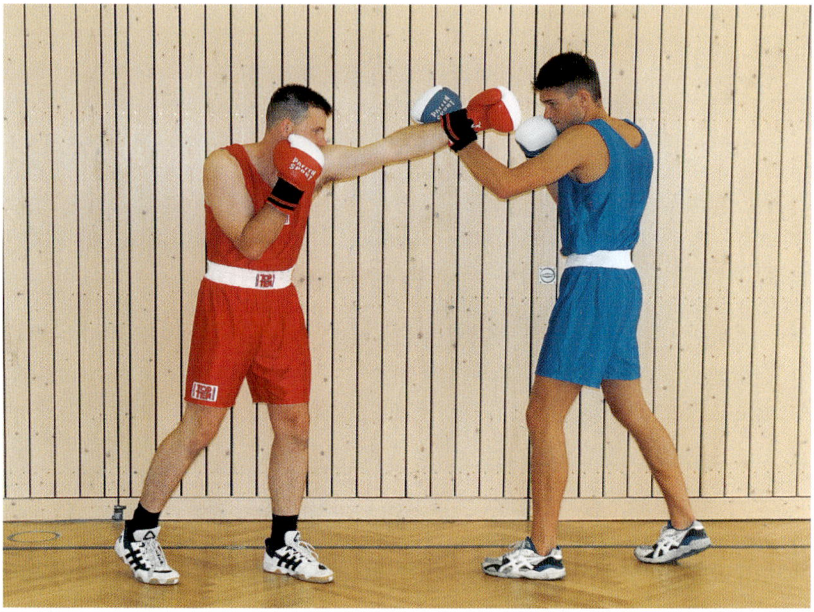

Block an der Handschuhseite

Wenn verhindert werden soll, dass der Partner seine Führungshand stoßen kann, muss verhindert werden, dass diese die angewinkelte Position der Boxstellung verlassen kann. Das kann durch einen leichten Stoß an die Seite des kleinen Fingers seiner Führungshand geschehen: Durch diese Bewegung wird die Führungshand um nur wenige Zentimeter in Richtung Ohr bewegt – und unter diesem Winkel ist keine Kraftleistung mehr möglich.

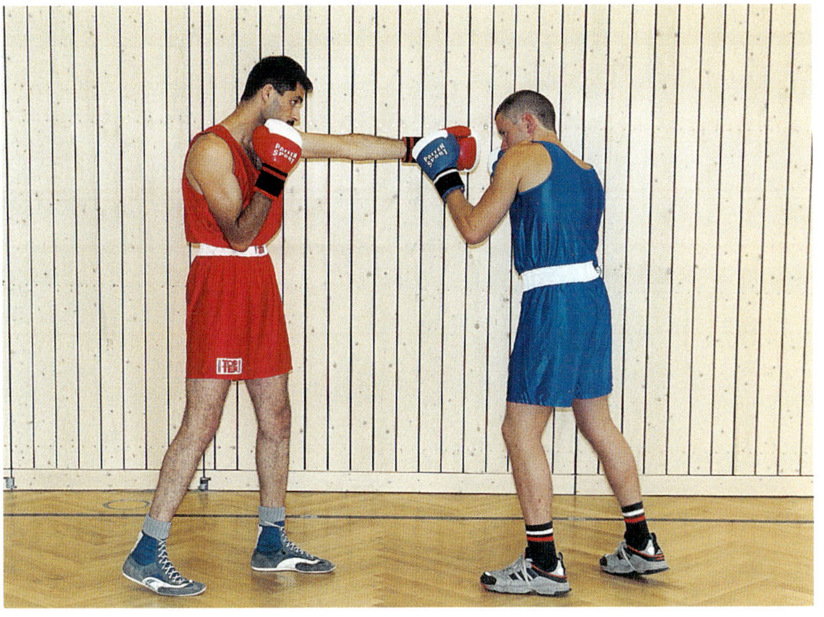

■ **Block an der Handschuhinnenseite**

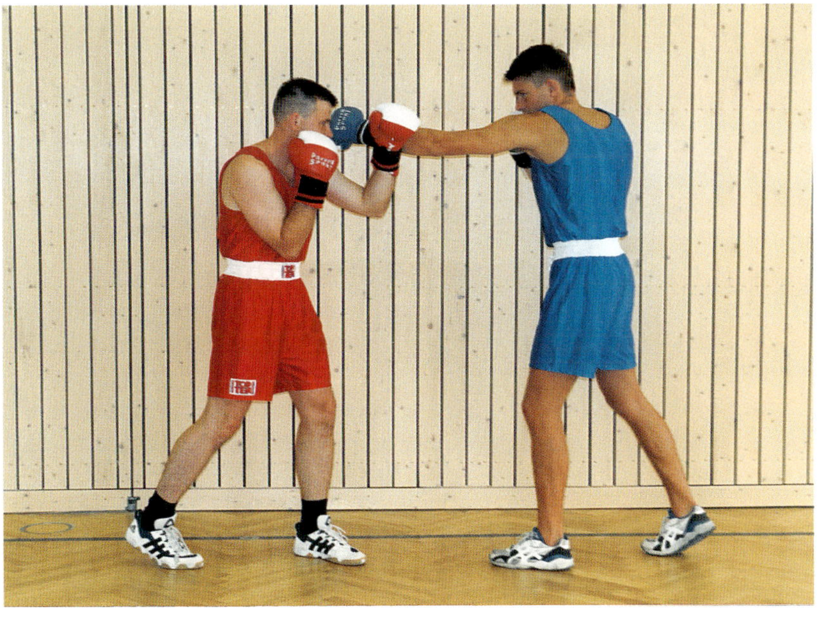

■ **Block an der Handschuhaußenseite**

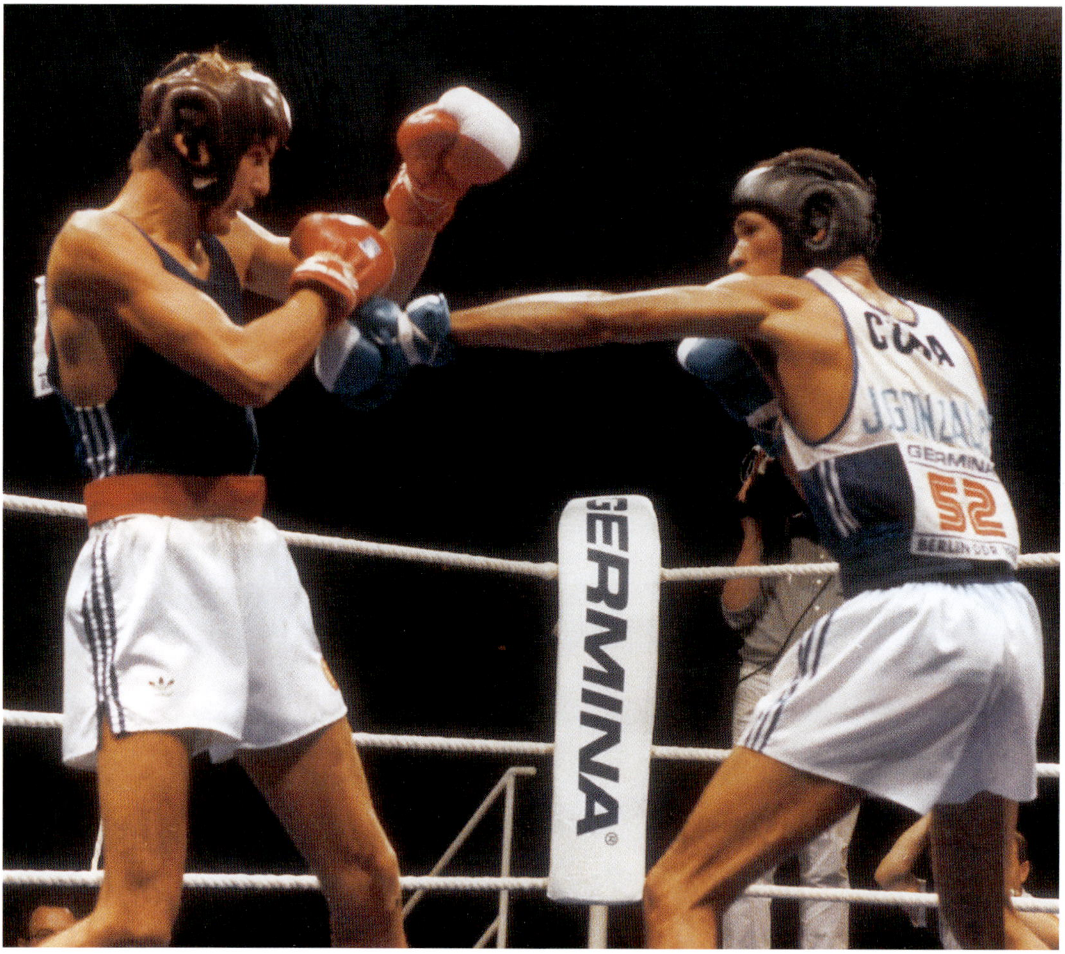

■ **Unterarmblock mit der Schlaghand (Finale im Leichtgewicht: Julio Gonzales, Kuba, rechts – Andreas Zülow, DDR, links, Berlin 1988. Der Kampf endete 4:1)**

Block am Ellbogen

Wenn erkannt wird, dass die Führungshand gestoßen werden soll, geht die eigene Führungshand in Richtung des gegnerischen Ellbogens. Es wird versucht, ihn kurz über dem Gelenk zu treffen. Ein gerader Stoß ist jetzt nicht mehr möglich.

Block an der Schulter

Ist der Gegner gleich groß oder kleiner, kann ein Stoß gegen das Schultergelenk angesetzt werden: Damit wird verhindert, dass die Schulter in den Schlag gedreht wird. Somit ist die stoßende Hand zu kurz, um noch zu treffen, und hat gleichzeitig keine Kraftwirkung mehr, da der Einsatz der Schulter fehlt.
Um einen ankommenden Schlag aufzufangen, wird die linke Schulter so weit nach vorn gebracht, dass sie das Kinn und einen

Der Schulterblock

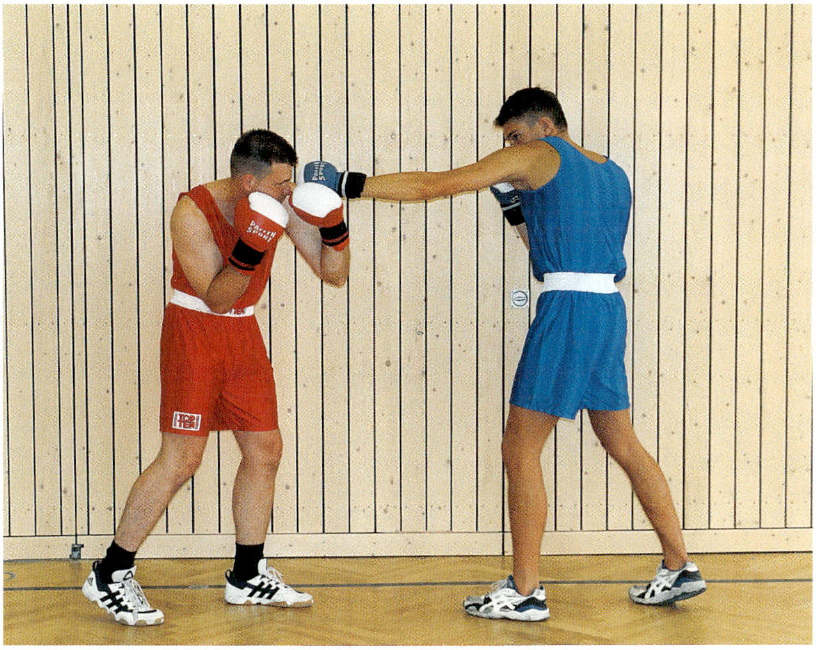

Teil des Gesichts abdeckt. Dabei entsteht wieder die verdeckte Ausholbewegung für die Schlaghand, da die rechte Schulter weit nach hinten verlagert wird. Ein solcher Block kann allerdings erst gelehrt werden, wenn der Sportler in der Lage ist, den kommenden Schlag zu beobachten, und nicht die Augen schließt.

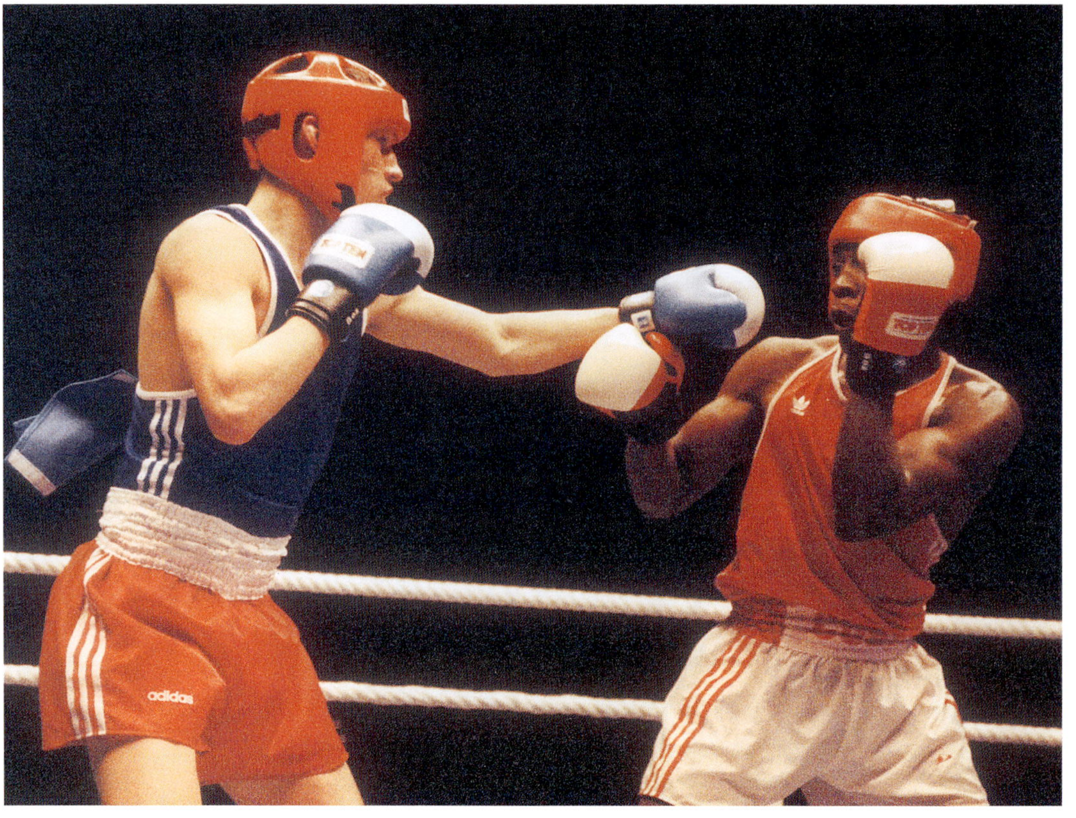

■ **Parade eines Rechtsauslegers mit der Führungshand nach außen (Halbweltergewicht: Olympiasieger Hector Vinent, Kuba, rechts, besiegt Oleg Saitow, Russland, 8:2; Berlin 1993)**

Meiden der Führungshand

Statt »meiden« müsste es eigentlich »vermeiden« heißen: Es wird erreicht, indem man das Zielgebiet des gegnerischen Stoßes außerhalb dessen momentaner Reichweite bringt.

Rückschritt/Rücksprung

Bei Erkennen des Ansatzes für einen Stoß der Führungshand wird mit dem rechten Fuß ein kleiner Schritt (etwa 10 cm) nach hinten ausgeführt. Durch diese Bewegung wird der Abstand des eigenen Körpers zum Boxpartner um wenige Zentimeter vergrößert. Der Oberkörper kann durch ein leichtes Zurückbeugen (10 cm) diesen Schritt noch unterstützen. Da der hintere Fuß nur mit den Zehenspitzen aufsitzt und die rechte Schulter nur wenig gedreht wird, erhält der Körper durch diese Bewegung eine Bogenspannung: Das ist eine perfekte verdeckte Ausholbewegung, die sofort in einen Stoß nach vorn umgesetzt werden kann.

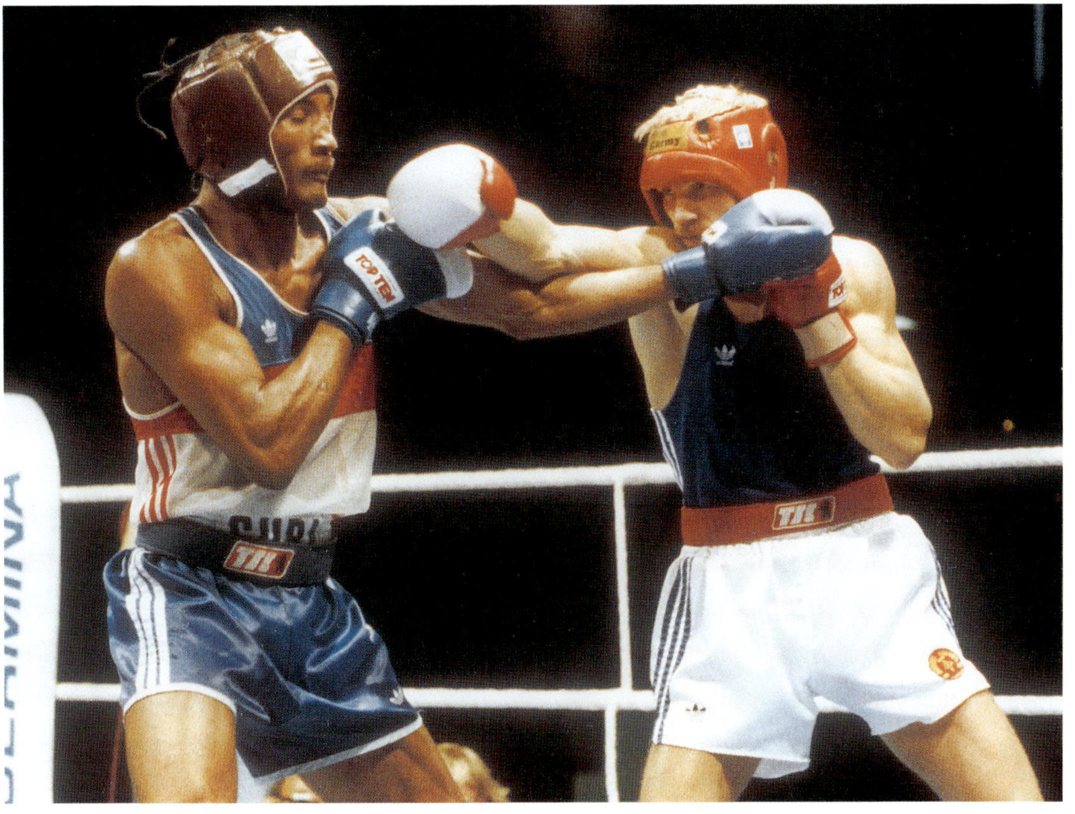

■ **Seitschritt eines Rechtsauslegers nach vorn rechts (Finale Weltergewicht: Juan Carlos Lemus, Kuba, links, unterliegt Siegfried Mehnert, rechts, 35:74; Berlin 1989)**

Abducken nach rechts vorn

Bei Erkennen des Schlagansatzes wird der rechte Fuß einige Zentimeter nach vorn rechts gesetzt. Gleichzeitig erfolgt eine Beugung des Oberkörpers nach vorn rechts und ein Vorbringen der linken Schulter: So schafft man sich sowohl eine Ausholbewegung für die Schlaghand als auch eine Angriffsmöglichkeit auf den Körper.

Abducken nach unten

Mit dieser Technik soll ein Treffer der Führungshand am Kopf verhindert werden, indem der Kopf bis auf die Brusthöhe gebracht wird. Dazu gibt es unterschiedliche Techniken. Aus der Boxstellung heraus wird der linke Fuß 20 cm nach vorn bewegt – oder der rechte Fuß etwa 20 cm nach hinten; gleichzeitig werden beide Knie gebeugt. Eine andere Methode ist es, beide Knie in der Zeit der Beugung kurz zusammenzudrücken, die Boxstellung aber beizubehalten – diese Bewegung ist schneller und weniger kraftintensiv. Erfolgt in diesem Augenblick ein Vorbringen der rechten oder linken Schulter, ist ein kraftvoller Stoß mit Gewichtsverlagerung möglich.

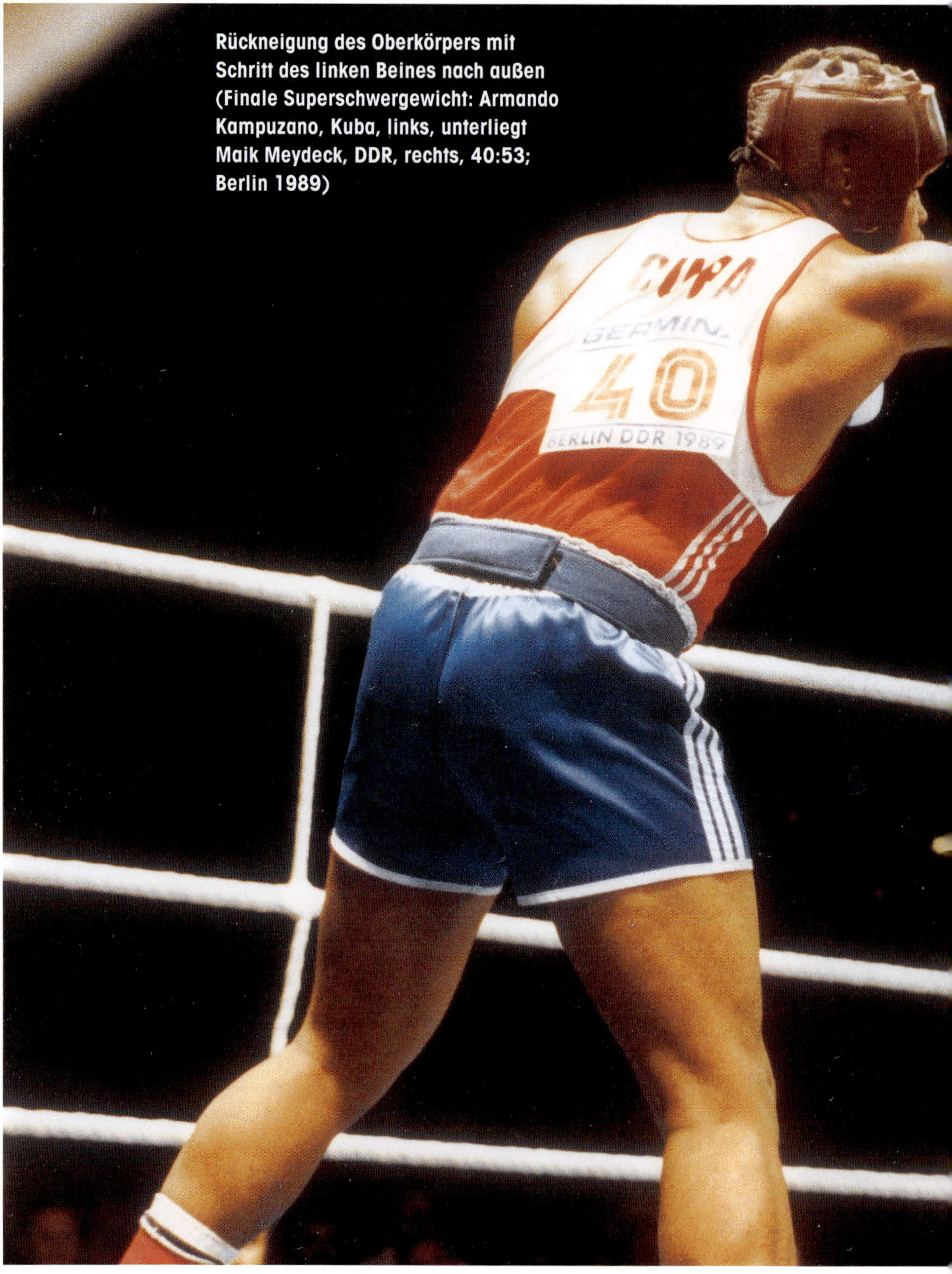

Rückneigung des Oberkörpers mit Schritt des linken Beines nach außen (Finale Superschwergewicht: Armando Kampuzano, Kuba, links, unterliegt Maik Meydeck, DDR, rechts, 40:53; Berlin 1989)

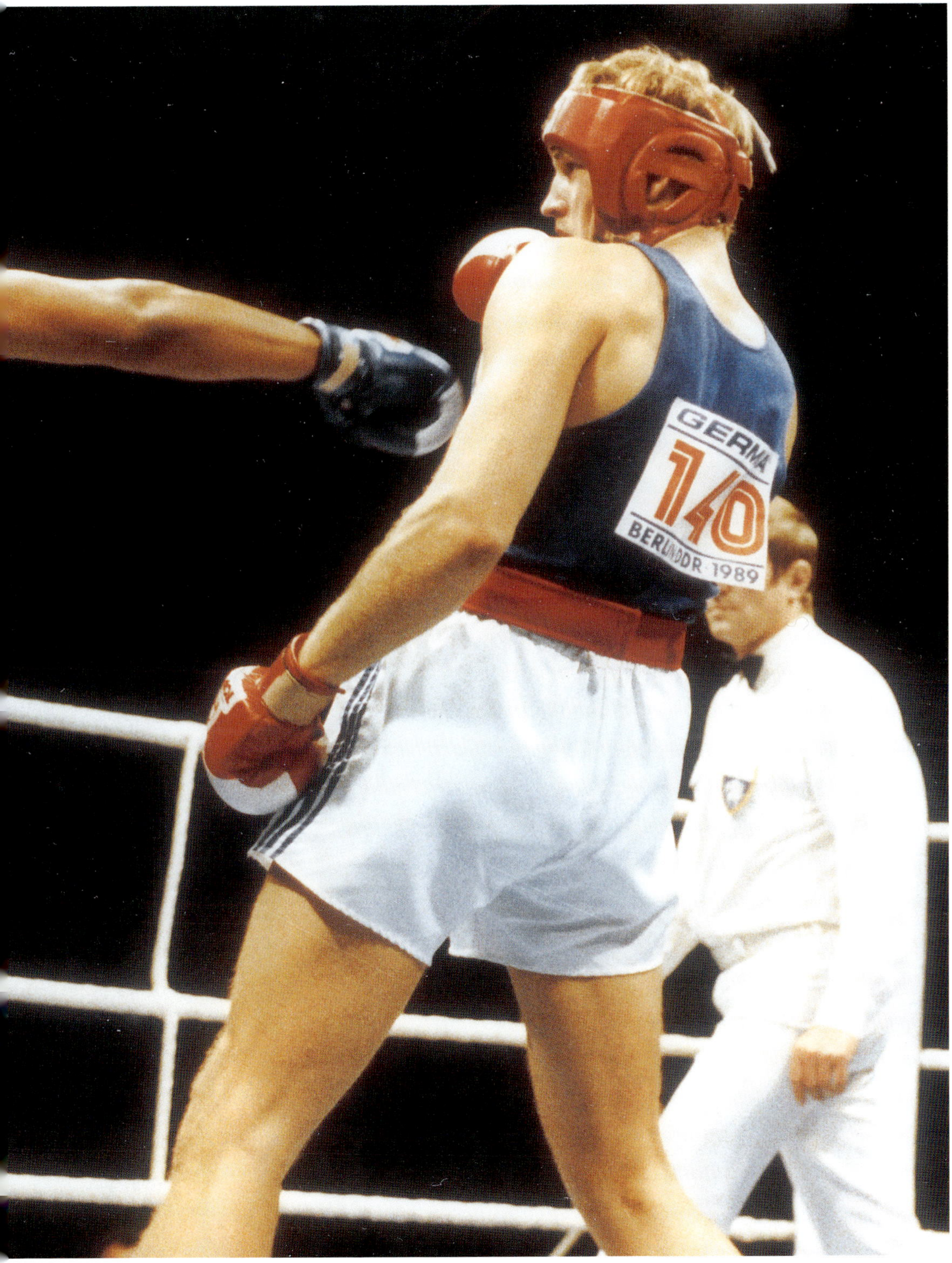
GERMA
140
BERLIN DDR 1989

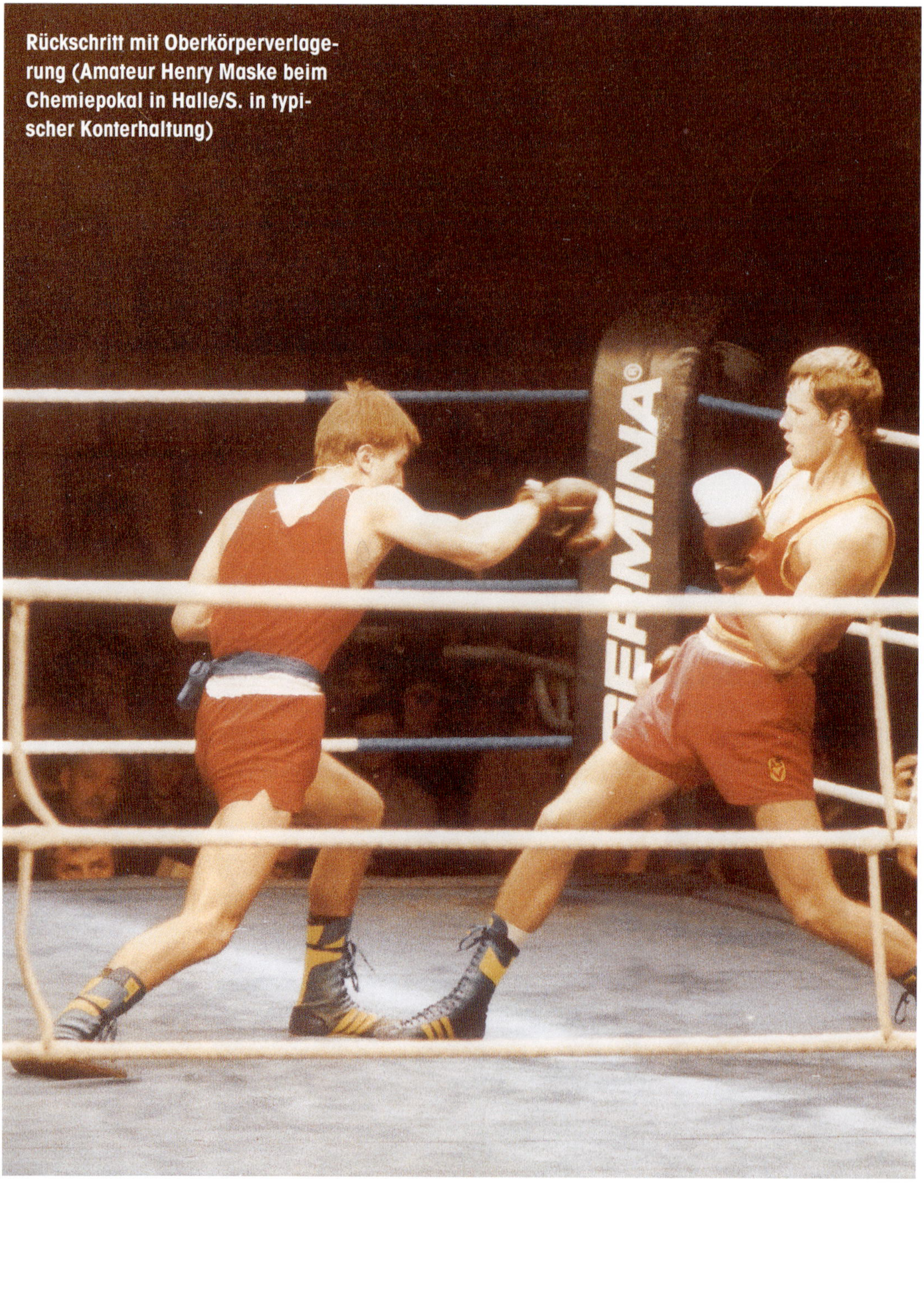

Rückschritt mit Oberkörperverlagerung (Amateur Henry Maske beim Chemiepokal in Halle/S. in typischer Konterhaltung)

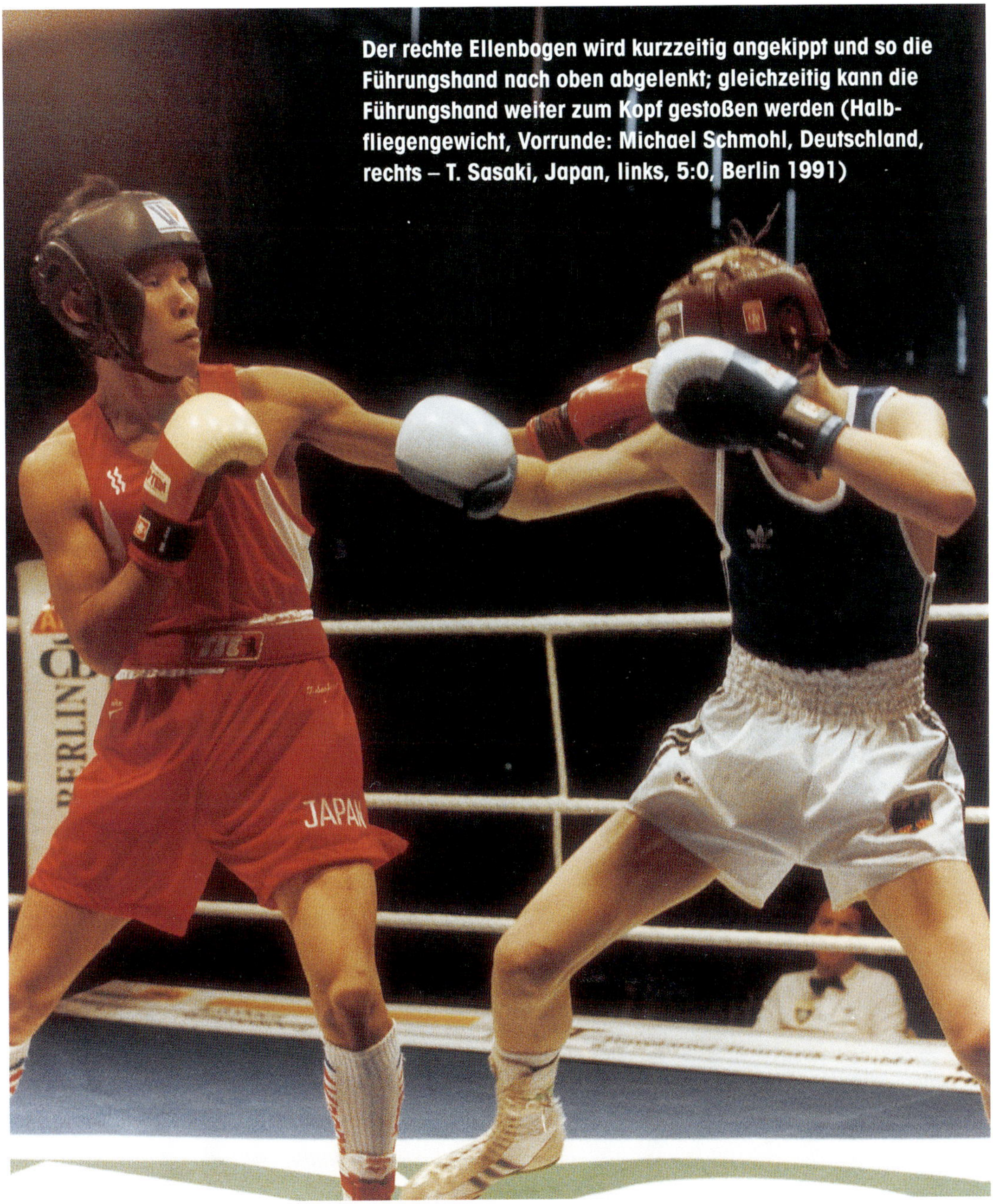

Der rechte Ellenbogen wird kurzzeitig angekippt und so die Führungshand nach oben abgelenkt; gleichzeitig kann die Führungshand weiter zum Kopf gestoßen werden (Halbfliegengewicht, Vorrunde: Michael Schmohl, Deutschland, rechts – T. Sasaki, Japan, links, 5:0, Berlin 1991)

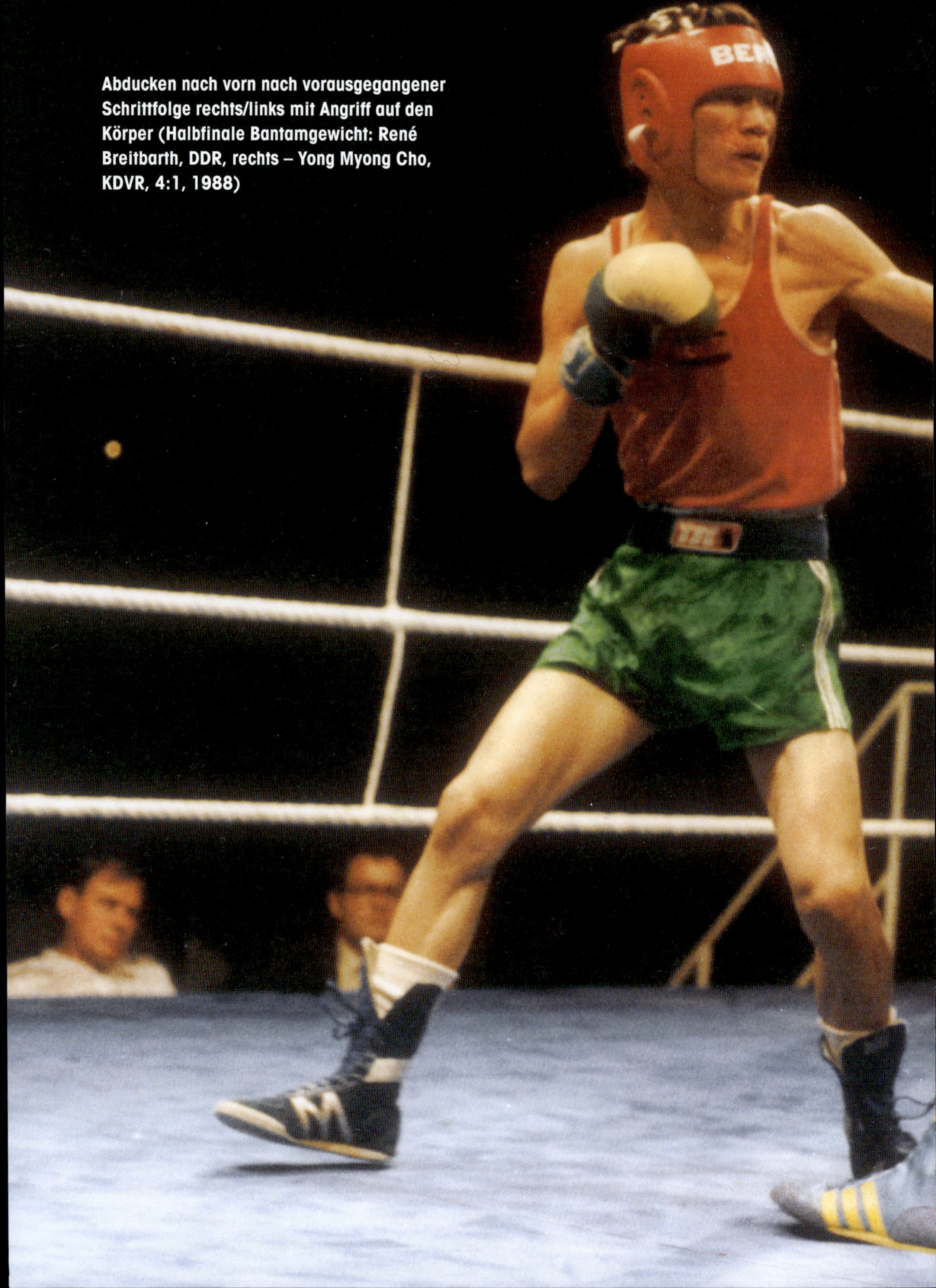

Abducken nach vorn nach vorausgegangener Schrittfolge rechts/links mit Angriff auf den Körper (Halbfinale Bantamgewicht: René Breitbarth, DDR, rechts – Yong Myong Cho, KDVR, 4:1, 1988)

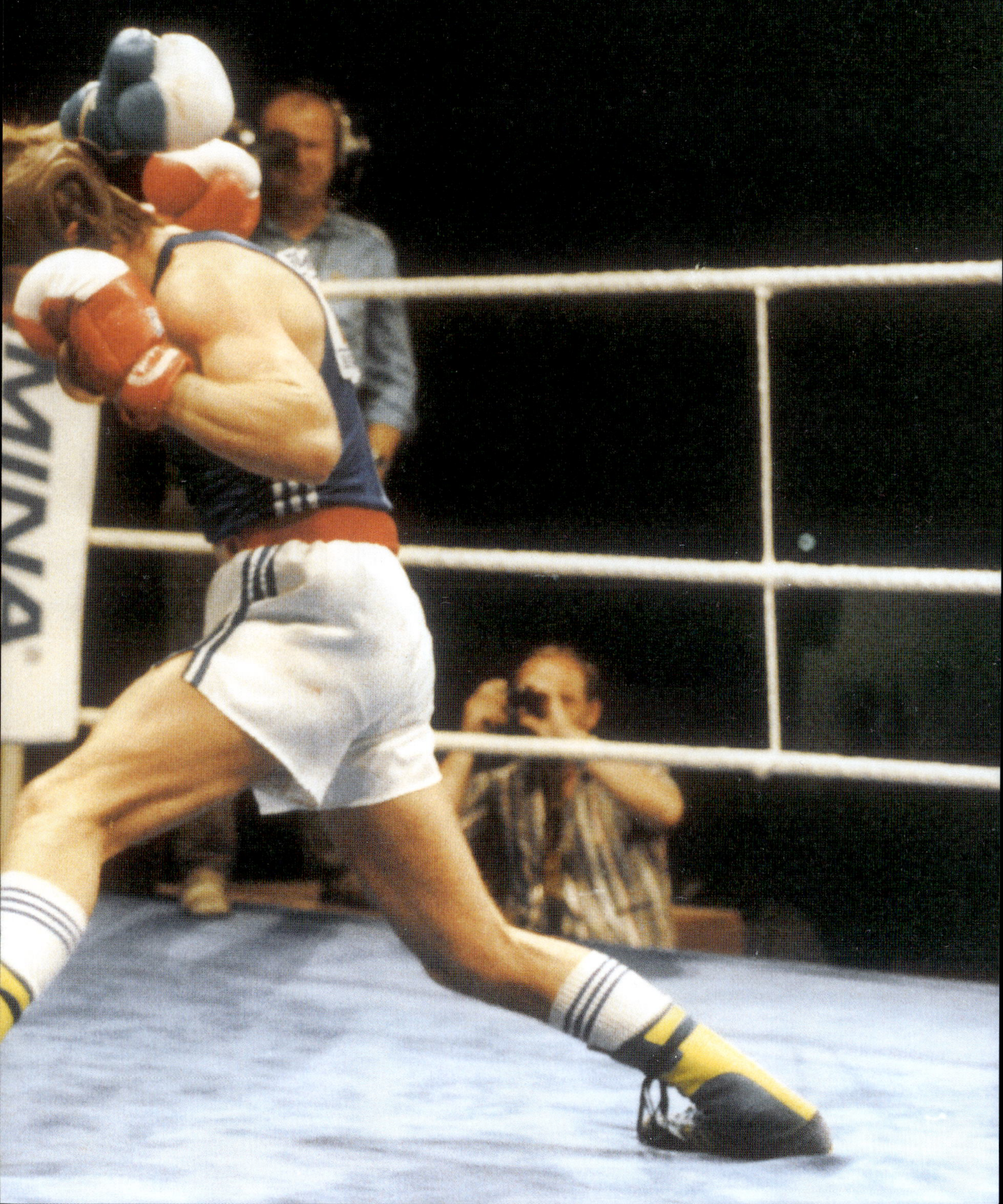

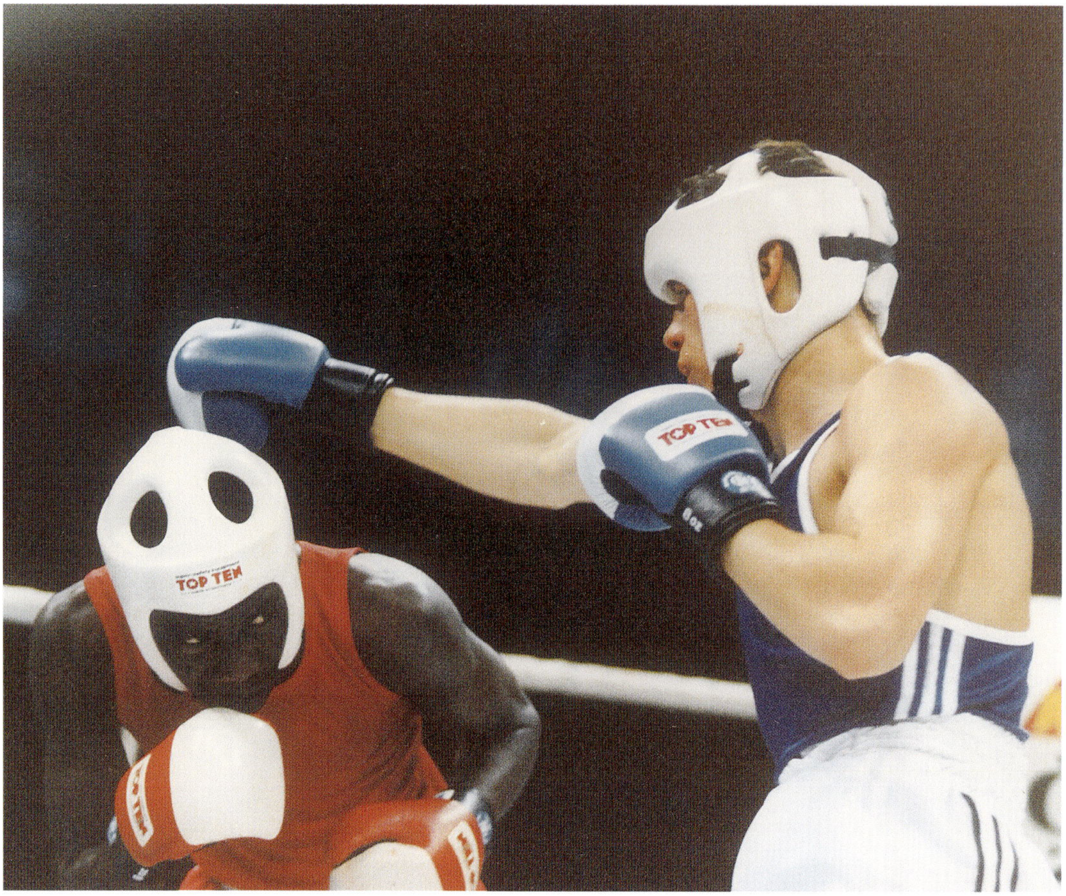

■ **Abducken nach vorn innen (Finalkampf Bantamgewicht: Baloyi, RSA, links – Krüger, D, rechts, 6:2, Berlin 1992)**

Stoß zur Abwehr

Die einfachste Art, einen Boxpartner aufzuhalten, der gerade einen Stoß ausführt, ist es, diesen Stoß mit einem Block aufzufangen. Gleichzeitig mit dem Zusammenstoß der beiden Handschuhe erfolgt der Stoß der eigenen Führungshand: Es ist somit ein geringfügig zeitversetzter Stoß.

Erfolgen beide Führungshandstöße gleichzeitig, spricht man von einem *Mitschlag*.

Wird die Technik von Block und Stoß um einen weiteren Stoß nach vorn und einem kleinen Schritt mit dem hinteren Fuß erweitert, ergibt sich aus der Verteidigung eine Angriffstechnik.

Eine andere Form des Mitschlags ist der Cross: Die Führungshand des Gegners wird durch eine Bewegung nach hinten oder rechts außen vermieden, und danach wird die rechte Gerade von außen geschlagen. Statt des Meidens der Führungshand ist auch ein Block möglich.

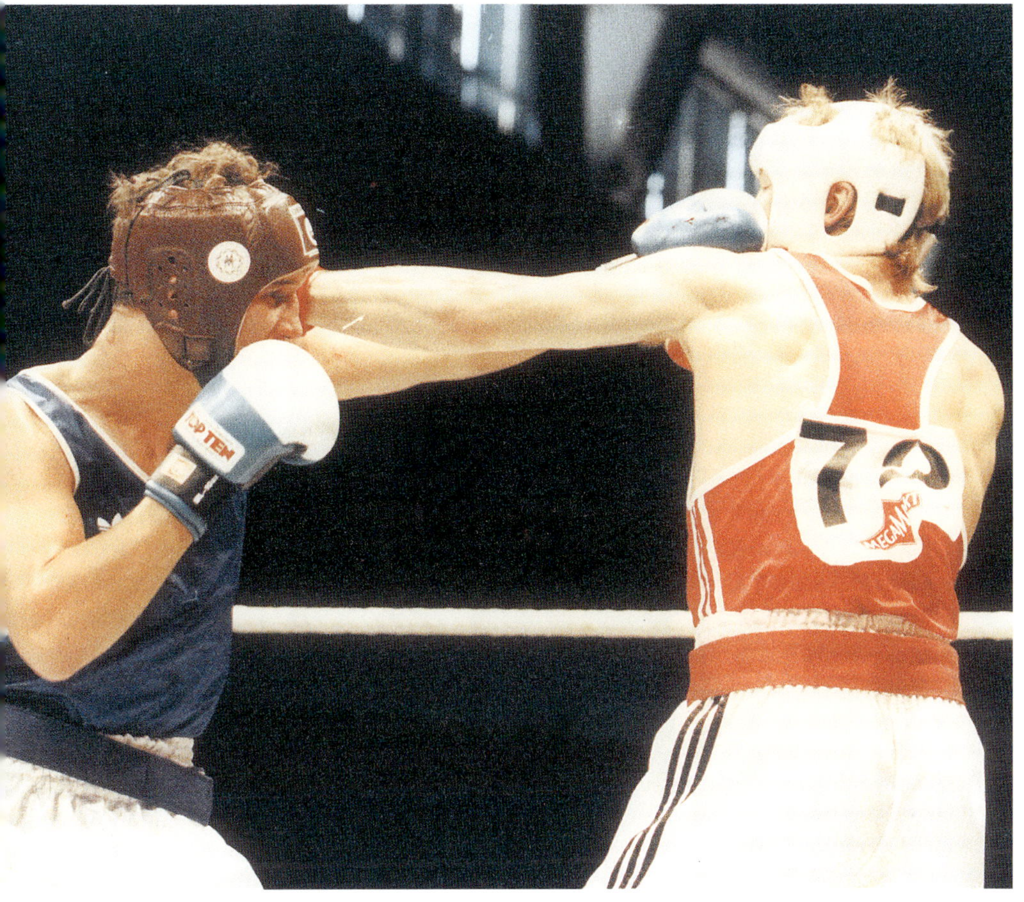

■ **Mitschlag mit der Führungshand (Finalkampf Halbmittelgewicht: Wolfram Schmidt, rechts – Marcel Bellade, links, 34:29, Berlin 1991)**

Doppeldeckung

Für den Lernprozess ist die Doppeldeckung sehr wichtig – sie spielt jedoch im Kampfgeschehen nur im taktischen Verhalten eine Rolle. Bei der Doppeldeckung werden die Ellbogen fest an den Körper gepresst. Der Rücken wird rund gemacht. Das Kinn ist angezogen. Die Hände werden geöffnet und mit den Fingerspitzen an den Haaransatz gepresst. Das Handgelenk wird leicht nach außen gepresst. Somit entsteht an den Handschuhenden eine Auflagefläche und in der Mitte eine Spannung, die jeden Schlag aufnimmt und ihn nicht auf Körper oder Kopf überträgt. Die Knie werden ein wenig gebeugt.

Wird die Führungshand geschlagen, lässt sich der Schlag auf diese Weise gut auffangen. Gleichzeitig sollte bereits zu diesem Zeitpunkt darauf hingewiesen werden, dass diese Stellung auch taktische Vorteile bietet: Sie ermöglicht verdeckte Ausholbewegungen mit der Führungs- und auch der Schlaghand.

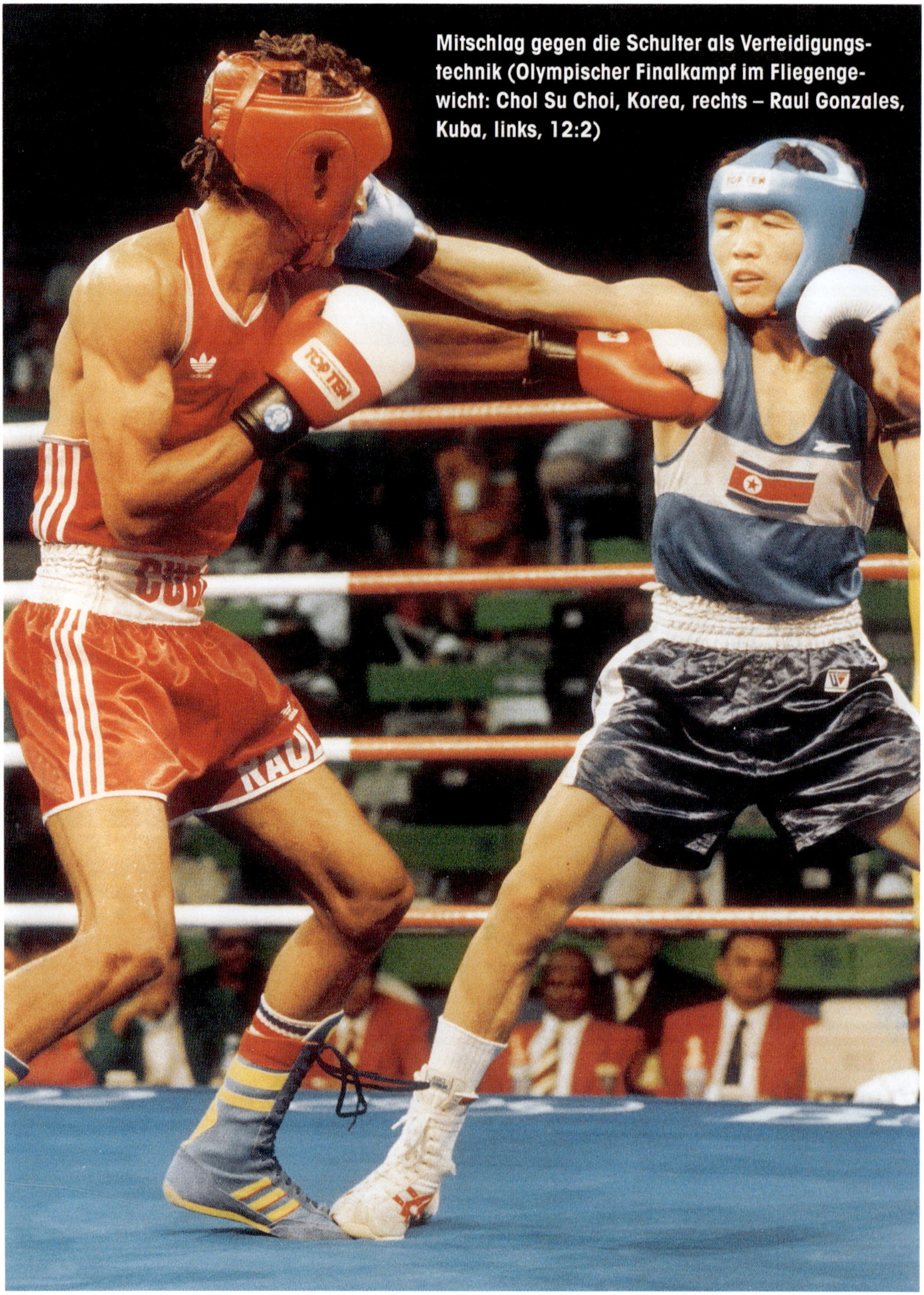

Mitschlag gegen die Schulter als Verteidigungstechnik (Olympischer Finalkampf im Fliegengewicht: Chol Su Choi, Korea, rechts – Raul Gonzales, Kuba, links, 12:2)

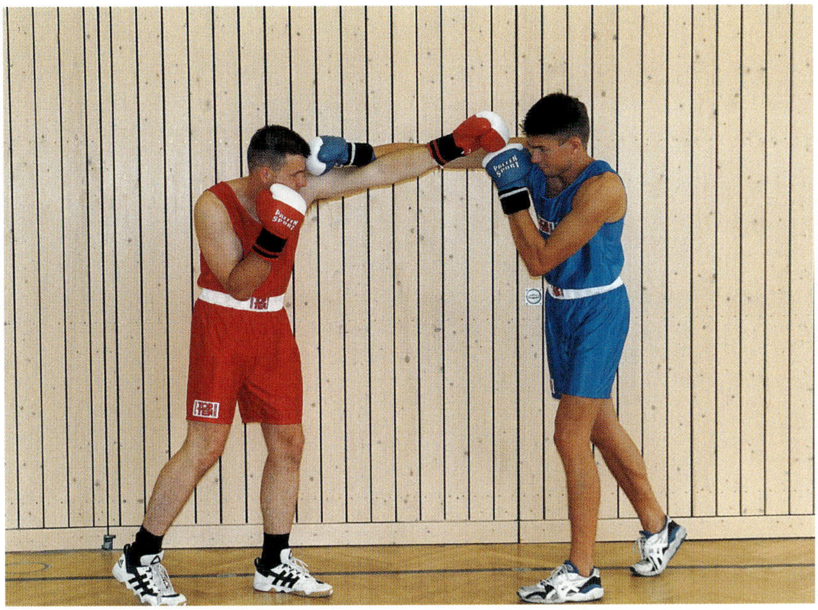

■ Cross der Schlaghand über die Führungshand

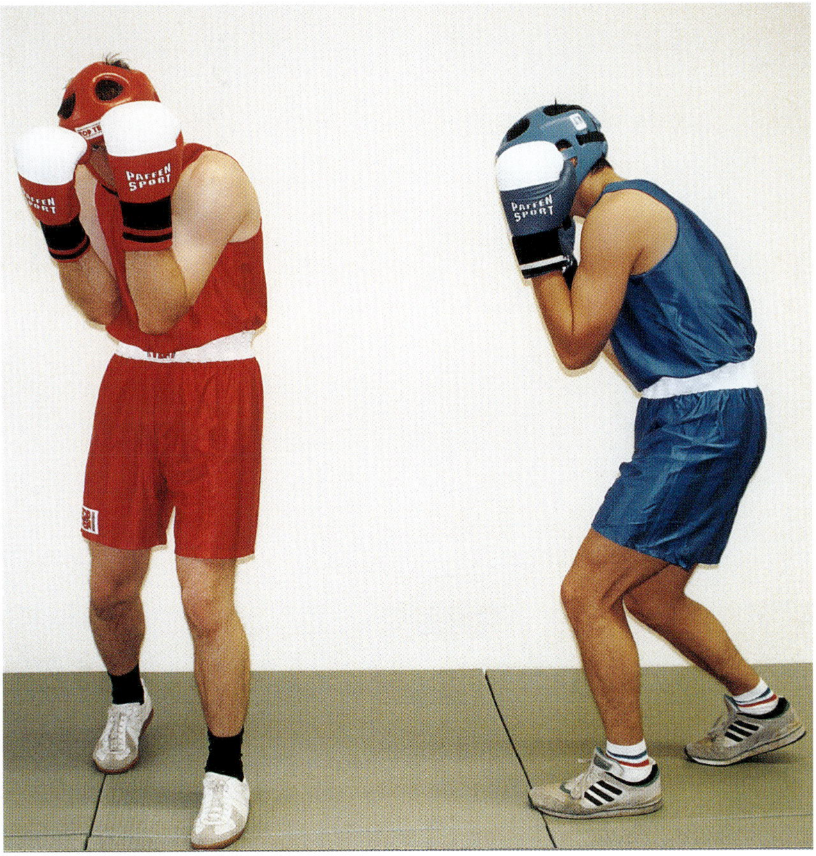

■ Die Doppeldeckung

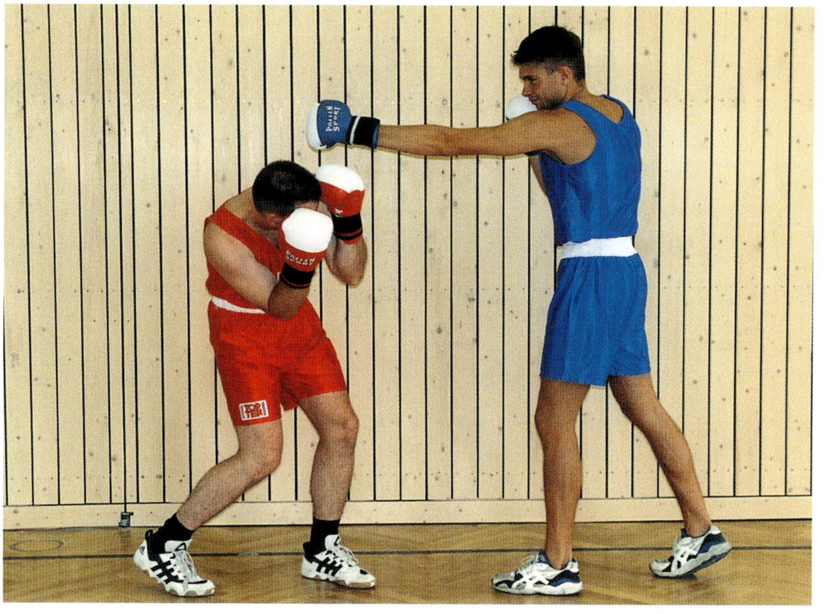

■ **Pendeln mit der Doppeldeckung als verdeckte Ausholbewegung**

Die Gerade

Stoß der Schlaghand – die rechte Gerade

Mit dem Einsatz der Schlaghand wird in der Boxausbildung eine völlig neue Ebene erreicht, denn mit dieser Schlaghand kann Kraft in den Schlag gebracht werden. Deshalb ist es wichtig, zu wissen, welches Verhältnis zwischen Kraft, Muskelanspannung und auch Wut oder Ärger besteht. Denn bei einem Kampf kann nur der einen Treffer landen, der schneller ist als der andere. Wird aber ein »Kraft«-Schlag mit gespannter Muskulatur geschlagen, was bei Wut oder Ärger durchaus vorkommt, ist er immer langsamer als ein Stoß ohne angespannte Muskulatur: Jeder, der sich also verleiten lässt, hart stoßen zu wollen, wird damit meist nicht zum Erfolg kommen.
Die rechte Gerade wird gestoßen, indem Becken, Schulter und Arm – ohne Drehung der Faust – zum Gegner gedreht werden. Die Beckendrehung wird durch Streckung im rechten Fußgelenk eingeleitet. Erst durch die Koordination aller beteiligten Muskeln und Gelenke kann optimale Schlagkraft entwickelt werden.
Viele Boxanfänger stoßen nur die Faust heraus, ohne gleichzeitig Schulter und Becken nach vorn zu bringen: Diese Stöße werden dann lediglich mit Armkraft gespeist.

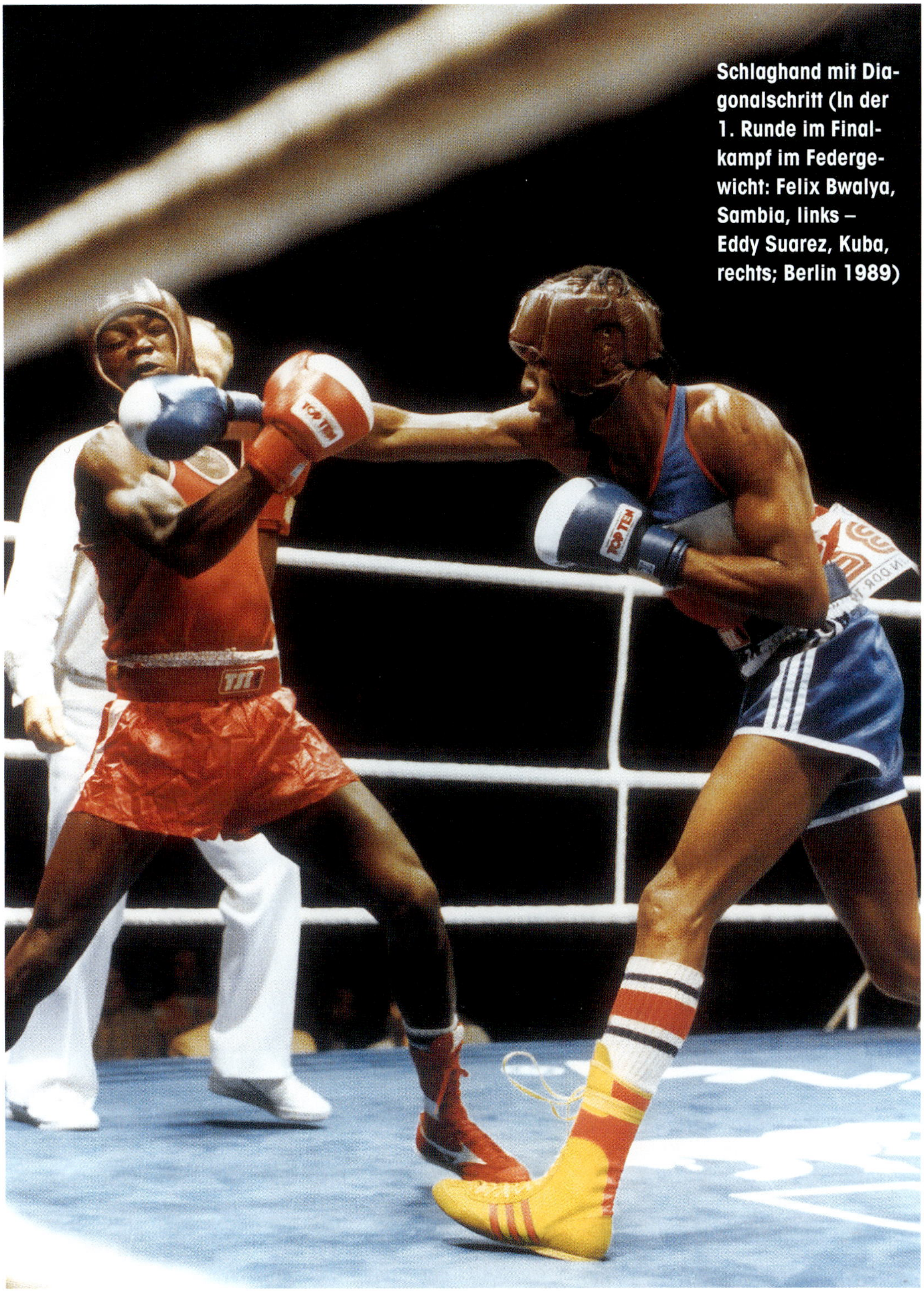

Schlaghand mit Diagonalschritt (In der 1. Runde im Finalkampf im Federgewicht: Felix Bwalya, Sambia, links – Eddy Suarez, Kuba, rechts; Berlin 1989)

■ Angriff mit der Schlaghand mit Schritt des linken Beines nach vorn links, um aus dem Bereich der Führungshand zu gelangen

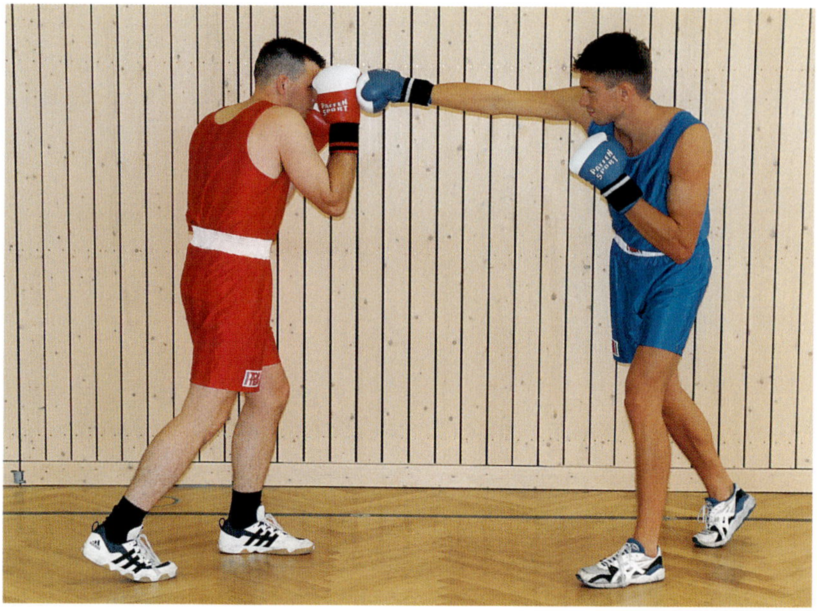

■ Rechte Gerade im Passgang

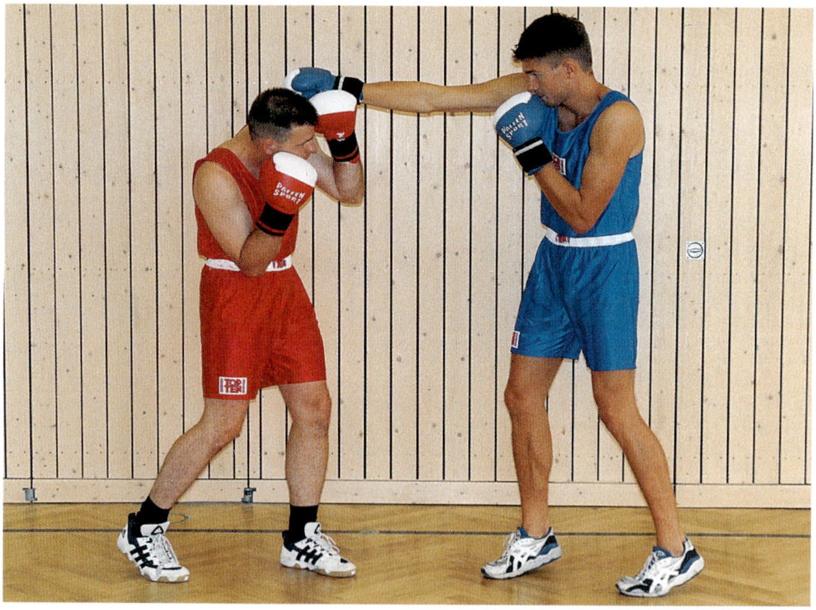

Rechte Gerade in der Bewegung

Die rechte Gerade kann zunächst im Stand geübt, sollte dann aber sehr schnell in den unterschiedlichen Bewegungen geschult werden.

Diagonalschritt

Die rechte Gerade wird mit dem Vorbringen des linken Beines (10 cm) gestoßen, dabei gibt es eine leichte Gewichtsverlagerung auf den vorderen Fuß. Unterschiedliche Praktiken versuchen, die Drehung der Hüfte nach vorn durch Beinbewegungen zu unterstützen:
- Der linke Fuß wird beim Stoß nicht nur nach vorn, sondern auch um die gleiche Distanz nach vorn links außen gesetzt
- der rechte Fuß wird um etwa 10 cm nach außen versetzt
- die Ferse des rechten Fußes wird nach außen gedreht; das leitet die Schlagbewegung ein, vor dem Auftreffen des Schlages müssen die Beine aber wieder fest stehen.

Passgang

Das ist ein Stoß, bei dem der rechte Fuß mit dem Stoß der rechten Hand nach vorn gesetzt wird. Der Fuß muss stehen, bevor die Faust auftrifft und der Druck aus dem Fußgelenk über Hüfte und Schulter auf die Faust übertragen werden kann.

Wechselschritt

Das Vorbringen der linken Faust wird mit einem Nachstellschritt abgeschlossen. Erfolgt danach ein Stoß mit der Schlaghand, wird wieder ein Nachstellschritt – beginnend mit dem linken Bein – eingeleitet. Diese Verbindung von Stoß und Schlag gestattet es, immer in der optimalen Boxhaltung zu bleiben und mit wenig Kraftaufwand und lockerer Muskulatur zu agieren.

Verteidigungen mit der Schlaghand

Die Verteidigungstechniken, die bereits für die Führungshand erlernt wurden, sind in der Regel auch mit der Schlaghand verwendbar. Der Gedanke der Effektivität bedarf jedoch noch weiterer Überlegungen.

Die Wehrbewegungen sollen so ausgeführt werden, dass für den Angreifer nur wenig Chancen bestehen, sofort mit der anderen Faust zu stoßen. Darüber hinaus sollen die Wehrbewegungen immer eine Vorbereitung für Folgetechniken darstellen, indem sie eine verdeckte Ausholbewegung ermöglichen.

Parade nach innen mit der Führungshand

Je näher die Führungshand am Körper bleibt, desto größer ist die notwendige Drehung der Schulter, was eine große Körperspannung für nachfolgende Aktionen ergibt.
Wird die Parade als Möglichkeit für nachfolgende Angriffsbewegungen gesehen, kann man das linke Bein – als Auftaktbewegung für den

■ Parade mit der Führungshand nach außen an der Handschuhinnenseite

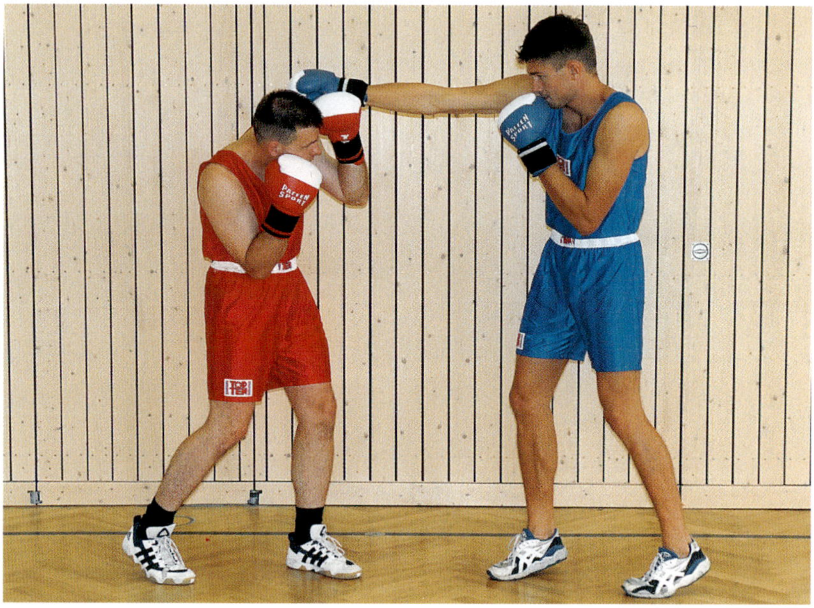

folgenden Stoß mit der Führungshand – leicht nach vorn links setzen. Die Haltung der Führungshand, die weit vor dem Körper liegen kann, ermöglicht so auch Paraden, die einen Stoß der gegnerischen Schlaghand nur um einige Zentimeter in der Richtung verändern. Solche veränderten, abgeleiteten Stöße können ihr Ziel nicht erreichen.
Die Parade nach außen erfordert von der Führungshand einen derart hohen Kraftaufwand, dass diese Technik nur zusammen mit einer Schulterdrehung nach vorn links unter gleichzeitigem Vorbringen (oder Stoß) der Schlaghand optimal erscheint.
Die Parade nach oben ist nur möglich mit Krafteinsatz. Dabei bietet sich eine ruckartige Stoßbewegung mit der Führungshand nach

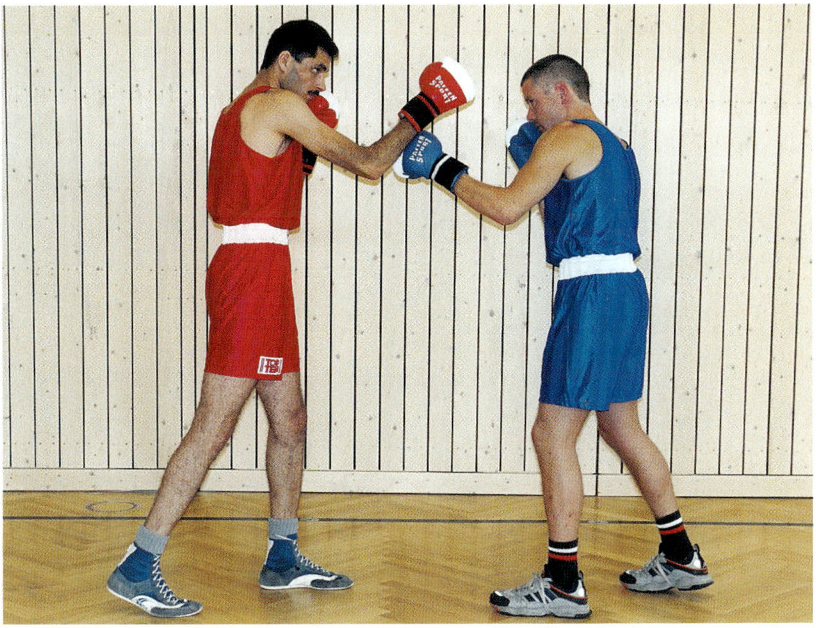

■ **Stoß der Führungshand gegen das Ellbogengelenk der Schlaghand**

vorn oben an, die durch Vorbringen von linker Schulter und Becken noch unterstützt wird. Die Bewegung selbst ist minimal.
Der Block der gegnerischen Schlaghand kann mit der Führungshand oder mit der Schlaghand ausgeführt werden. Kann die Schlaghand mit der Führungshand am oder weit vor dem Körper geblockt werden, ist ein Block mit der Schlaghand nur nahe am Körper möglich: Die Deckung würde sonst zu weit geöffnet.

Der Haken

Seithaken zum Kopf

Hakenstöße sind Techniken, die – durch Körperhaltung und Handhaltung bedingt – eine größere Nähe des Boxpartners erfordern. Die günstigste Entfernung ist die halbe Armlänge. Ein Haken ist somit nur zu stoßen, wenn die Entfernung verringert werden kann. Das ist möglich, indem man einem Angriff ausweicht oder einen doppelten Schritt auf den Partner zu macht. Da ein Haken eine Kreisbewegung beschreibt, ist die Angriffsabsicht immer zu verdecken, da sonst kaum Aussicht auf Erfolg besteht. Am günstigsten ist es, wenn der Körper entgegen der Richtung, in der der Haken erfolgen soll, wie ein Bogen vorgespannt, vorgedehnt wird: Das ist durch

■ **Der rechte Seithaken zum Kopf**

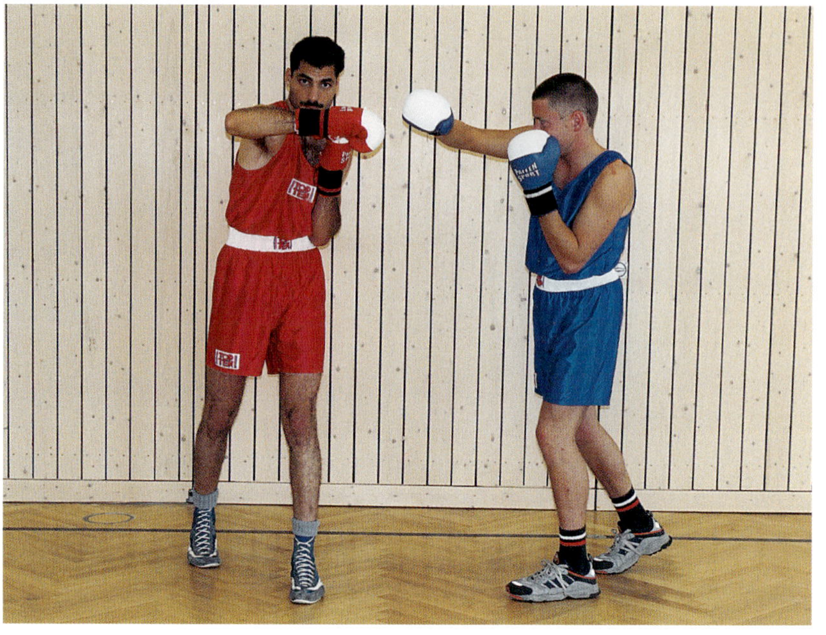

eine verdeckte Ausholbewegung – ein Pendeln nach links, bei dem die rechte Schulter weit nach vorn gebracht wird – gut möglich.

Rechter Seithaken zum Kopf

Der linke Fuß bewegt sich etwa 10 cm nach vorn links. Gleichzeitig wird der Oberkörper ruckartig mit der rechten Schulter nach vorn gedreht.

■ **Olympiasieger Andreas Tews mit einem rechten Haken auf der Außenbahn gegen Duk Park (Korea)**

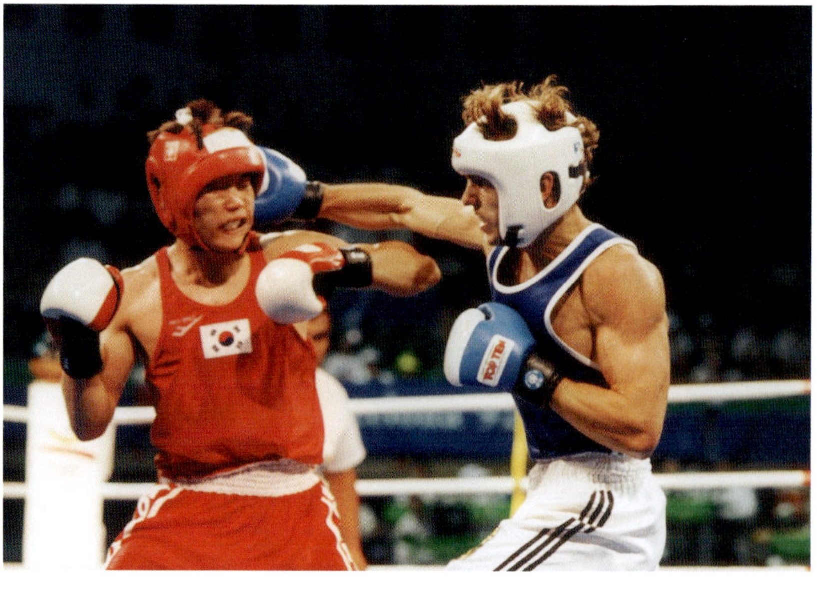

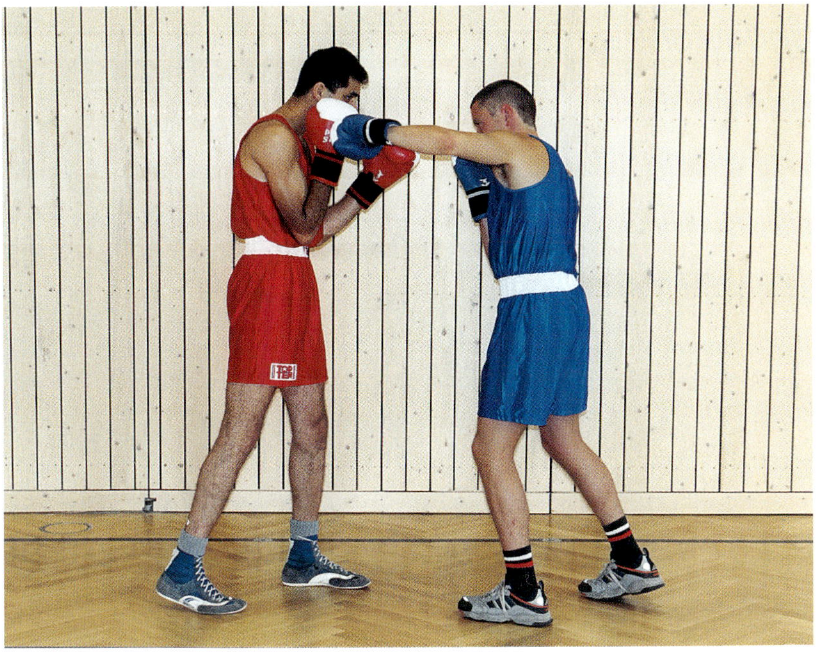

■ **Kopfdeckung beim Seithaken**

Zeitgleich wird der rechte Arm mit dem Ellbogen bis zum rechten Winkel – zwischen Oberarm und Körper – angehoben. Der Winkel zwischen Ober- und Unterarm beträgt 90 Grad. Die Handfläche zeigt nach

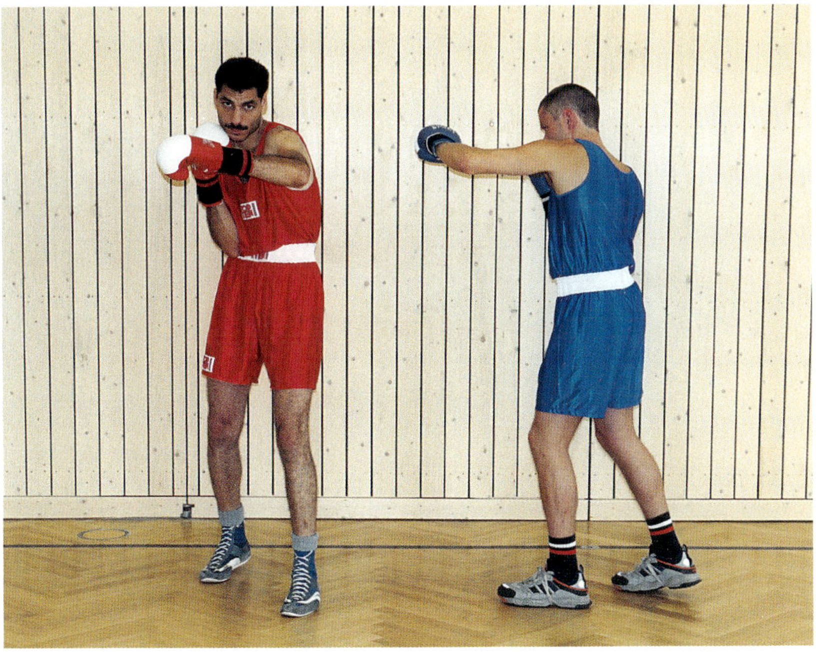

■ **Der linke Seithaken zum Kopf**

unten. Durch eine leichte Gewichtsverlagerung auf den linken Fuß lässt sich auch ein Teil des Körpergewichts in die Schlagkraftentfaltung einbeziehen. Nach dieser Bewegung ist die Grundstellung sofort wieder einzunehmen. Es ist jedoch auch vorstellbar, durch ein weiteres Einbeugen im linken Fuß aus der Richtung zu gehen und somit gleichzeitig eine verdeckte Vorbereitung für den linken Haken einzuleiten.

Abwehr des Seithakens zum Kopf

Die Abwehr erfolgt durch Kopfdeckung. Die Faust wird mit der Handschuhinnenseite an den Kopf gepresst. Der Ellenbogen liegt am Köper an. So trifft der ankommende Haken voll den Boxhandschuh. Eine leichte Körperbewegung nach rechts vermindert die Kraft des Stoßes erheblich.

Parade nach außen

Aus der Drehung heraus wird mit der Führungshand der Haken vor dem Körper abgefangen. Hier bietet sich ein Stoß mit der Schlaghand gleichzeitig mit der Wehrbewegung an.

Linker Seithaken

Mit einem Vorbringen des linken Beins nach vorn rechts erfolgt eine Becken- und Schulterdrehung. Zeitgleich wird der linke Arm angehoben und geht auf einer Halbkreisbahn (Handfläche nach unten) nach rechts. Der Beinabdruck ist ein verstärkender Kraftimpuls für die Schulter- und Armbewegung. Der Winkel zwischen Ober- und Unterarm wird von der Entfernung zum Boxpartner bestimmt. Die optimale Entfernung ist die, die einen rechten Winkel zwischen Ober- und Unterarm erfordert.

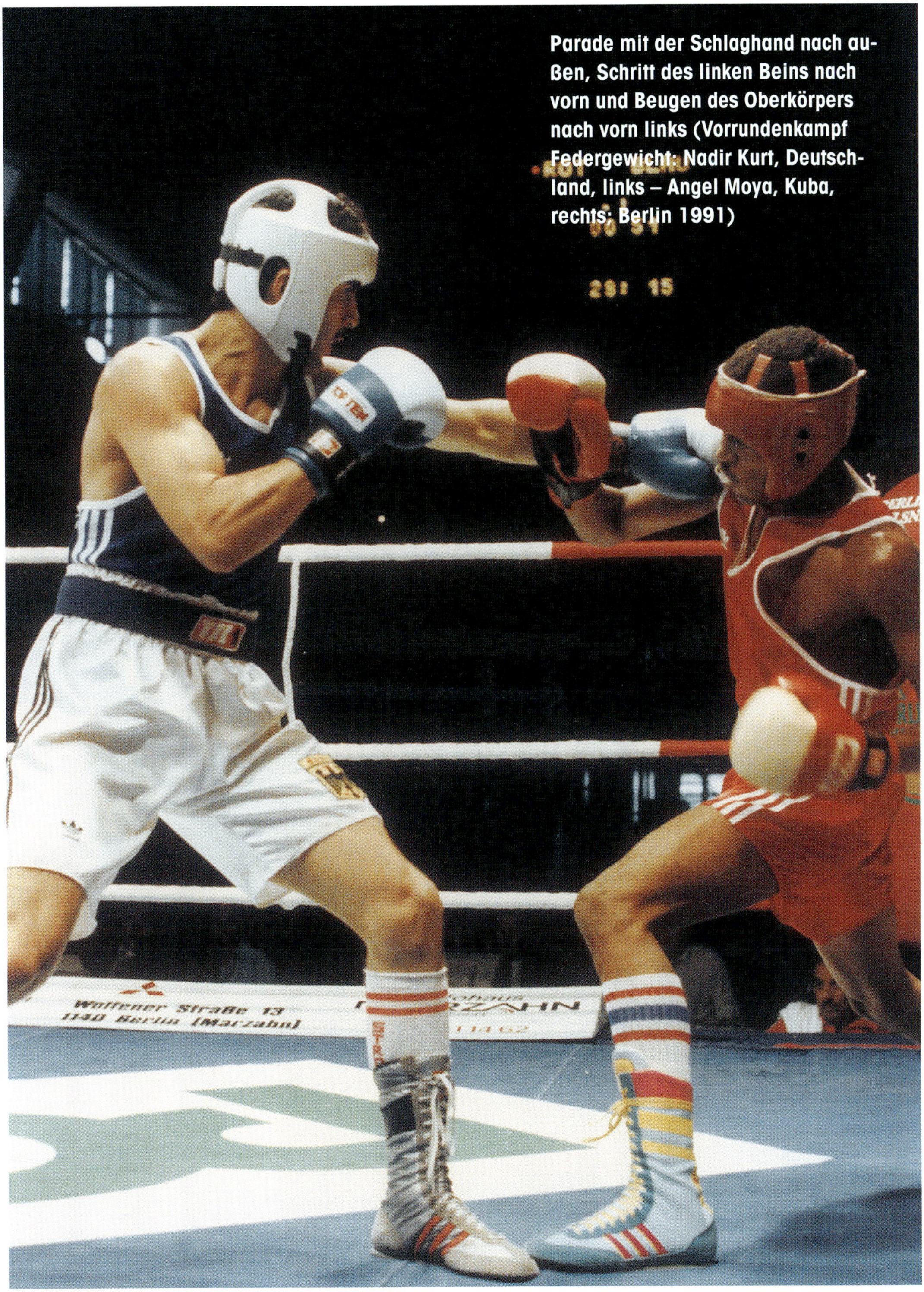

Parade mit der Schlaghand nach außen, Schritt des linken Beins nach vorn und Beugen des Oberkörpers nach vorn links (Vorrundenkampf Federgewicht: Nadir Kurt, Deutschland, links – Angel Moya, Kuba, rechts; Berlin 1991)

Aufwärtshaken

Der Aufwärtshaken ist eine Technik, die auf halber Distanz oder noch näher am Partner angewandt wird. Ihre Stoßkraft erhält sie durch die Drehbewegung des Oberkörpers und die Armkraft. Durch Beugen des Oberkörpers nach vorn und Streckung im Stoß lässt sich ein weiterer Kraftimpuls erzeugen, ebenso durch Beugen der Knie und Streckung im Augenblick des Treffens. Allerdings sind alle großen Bewegungen des Körpers gut sichtbar und für den Partner berechenbar. Zudem ist zu beachten, dass große Gewichtsverlagerungen besondere Ansprüche an die Koordination stellen.

Der rechte Aufwärtshaken

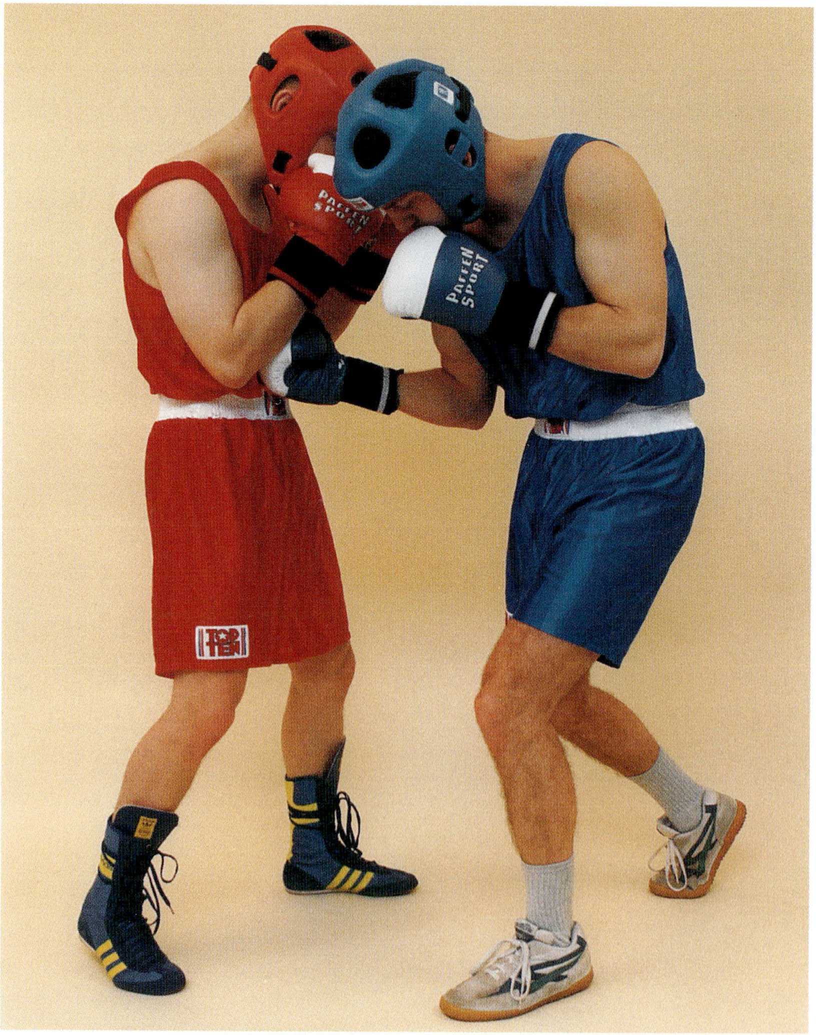

Rechter Aufwärtshaken

Die rechte Hand wird – mit dem Handrücken nach unten – bis zum rechten Winkel im Ellbogengelenk fallengelassen. Gleichzeitig wird die rechte Schulter zurückgeführt: Das ist die Auftaktbewegung. Beim Hochreißen der rechten Hand werden rechte Schulter und Hüfte nach vorn gebracht. Unterstützt wird diese Bewegung durch einen Schritt mit dem linken Bein nach vorn links und eine Streckung im rechten Fußgelenk.
Diese Technik kann auch im Passgang ausgeführt werden – allerdings sind dabei Auftakt und Schlagausführung etwas langsamer.

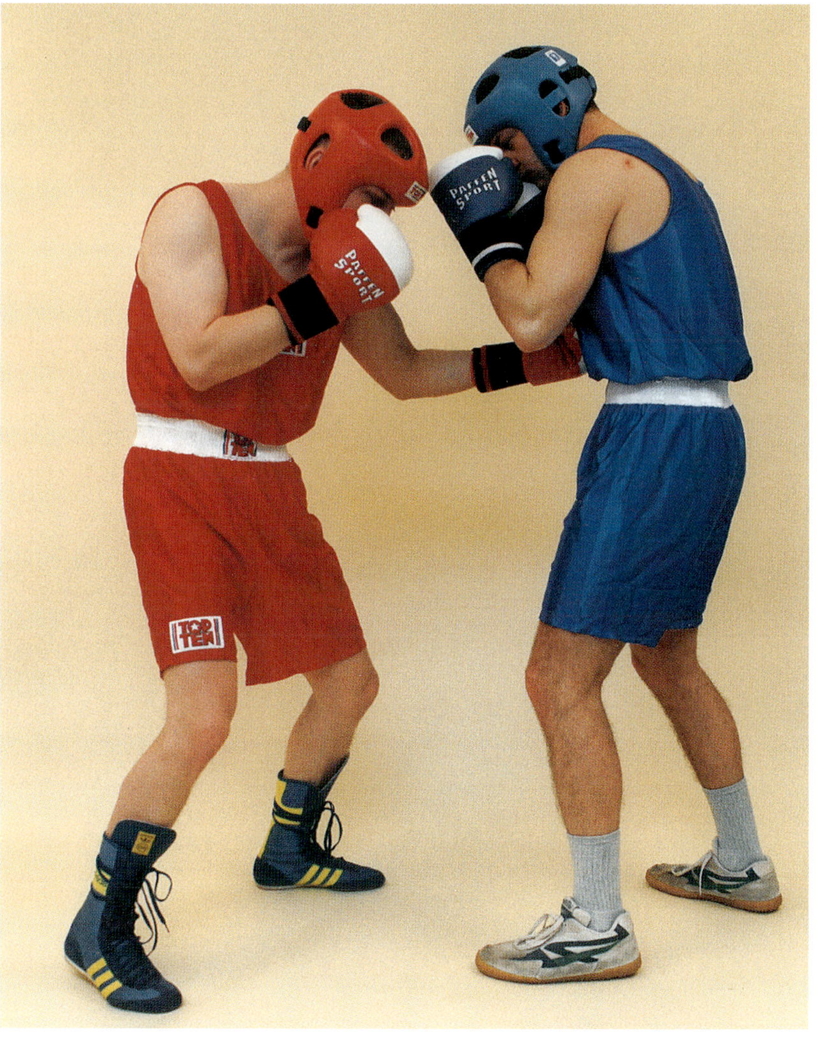

■ **Der linke Aufwärtshaken**

Linker Aufwärtshaken

Aus der normalen Boxstellung heraus wird die linke Hand fallengelassen, bis zwischen Ober- und Unterarm ein rechter Winkel erreicht ist. Dann erfolgt eine Drehung der linken Beckenseite, Schulter nach vorn. Zur gleichen Zeit wird der linke Arm nach oben gerissen. Durch die Streckung im rechten Fußgelenk wird die nach vorn rechts gehende Bewegung des linken Beines unterstützt. Der Winkel zwischen Ober- und Unterarm wird bestimmt durch die beabsichtigte Treffergegend.

Abwehr von Körperhaken

Körperhaken werden durch Ellenbogenblocks am Körper aufgefangen. Günstiger ist es, den Haken bereits vorher abzuwenden. Dazu dient ein Stoß mit der Führungs- oder der Schlaghand gegen die Schulter.

■ Auffangen mit Handinnenfläche oder Handrücken bei gleichzeitiger Schulterdrehung

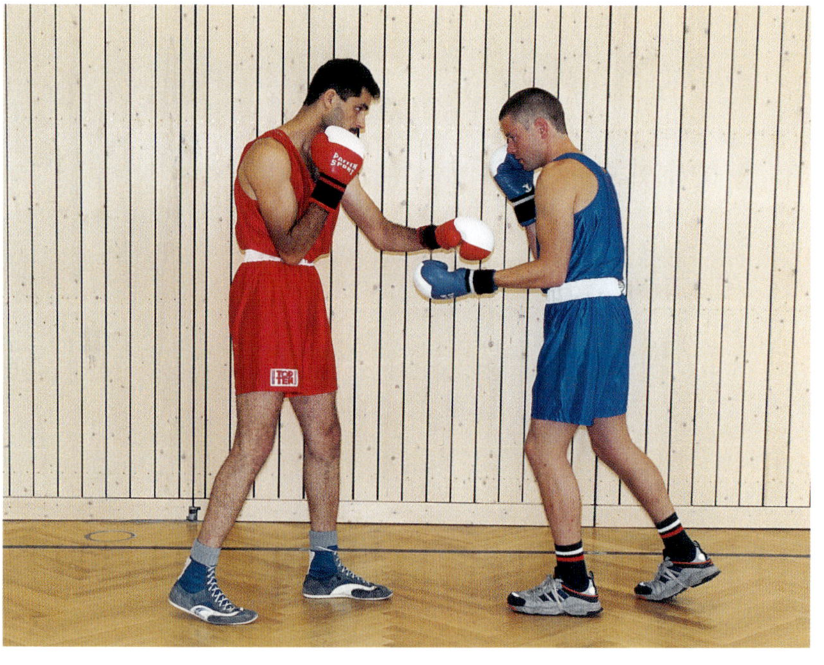

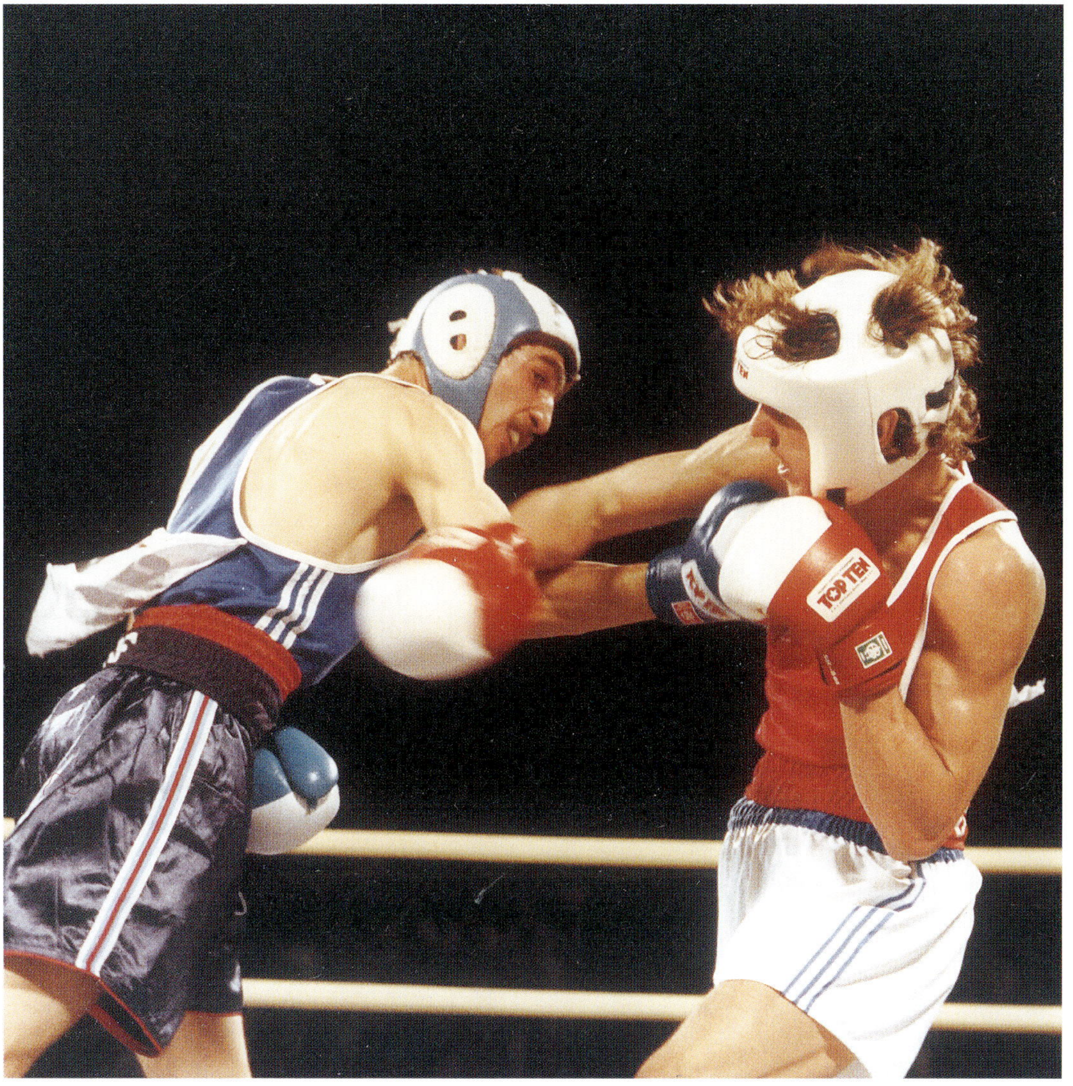

Blocken mit dem Ellbogen bei gleichzeitigem Schritt nach vorn außen

Schlaghärte

Immer wieder sehen wir Boxkämpfe, bei denen über drei Runden gekämpft wird, obwohl an Kopf und Körper klare Treffer gelandet werden konnten. Manch anderer Kampf hingegen ist nach wenigen Sekunden zu Ende, da ein Schlag Kinn, Magen oder Leber getroffen hat. Die Wirkung eines Schlages ist immer abhängig von der Genauigkeit und der Kraft, die in diesem Stoß steckt. Dabei spielen viele individuelle Faktoren eine Rolle: So ist es beim einen die rechte Gerade, beim anderen der linke Haken zum Kopf, der im sportlichen Kampf die größte Wirkung erzielt.
Dennoch spielen auch physikalische Größen eine entscheidende Rolle. So gilt die Grundformel

Kraft = Masse x Beschleunigung

auch für die Schlagkraft im Boxsport.
Da das Boxen in Gewichtsklassen erfolgt, gehen wir davon aus, dass eine kleine Muskelmasse auch nur einen kleineren Kraftimpuls erzeugen kann. So wird bei Klasseathleten im Halbfliegengewicht (Männer: bis 49 kg) mit einer Schlagkraft von 210 kg und im Halbschwergewicht (bis 81 kg) von 650 kg gerechnet. Gut trainierte Sportler erreichen 4 kg Schlagkraft je kg Körpergewicht. Anfänger bringen es etwa auf 50 Prozent dieser Leistungen. Die rechte Schlaghand erreicht eine um 50 bis 60 Prozent größere Kraft als die linke Führungshand. Doch Linkshänder erreichen in der Regel eine relativ größere Schlagkraft als Rechtshänder. Schlagkraft und Schlagschnelligkeit bedingen sich gegenseitig. Die Schlaggenauigkeit ist jedoch bei 60 bis 70 Prozent des Krafteinsatzes am besten ausgeprägt. Ein kurzes scharfes Ausatmen ist günstig für die Bewegungsgeschwindigkeit.
Doch viele Faktoren haben Einfluss – sie sind im Komplex der körperlichen Vorbereitung (Training), des richtigen Einsatzes der Masse des Sportlers (Technik) und der Schnelligkeit des Stoßes zu finden. Deshalb ist Boxtraining auch immer verbunden mit der körperlichen Entwicklung, der Ausprägung der Schnellkraft. Das setzt Training zur Verbesserung der Muskelkraft voraus.
Die technische Ausbildung im Boxsport geht davon aus, dass ein Boxstoß den Einsatz des gesamten Körpers erfordert. Dabei werden – zeitlich genau abgestimmt – Beinabdruck, Hüfteinsatz, Schulterdrehung und Armstreckung zum Einsatz kommen.

Stoß der Führungshand

Beim Stoß der Führungshand (hier die linke Gerade) laufen gleichzeitig folgende Bewegungen ab:

- Der linke Boxstoß beginnt mit der Armstreckung.
- Vergrößert wird die Schnelligkeit der Armstreckung, indem man gleichzeitig die linke Schulter nach vorn bringt, bis sie das Kinn berührt: Dadurch wird erreicht, dass der Körperschwerpunkt leicht nach rechts verlagert wird – somit kann das Gewicht voll hinter dem Stoß liegen. Das schnelle Vorbringen der Schulter hängt ab von der Dehnfähigkeit und der Kraft der inneren und äußeren schrägen Bauchmuskulatur.
- Die linke Hüfte wird ruckartig nach vorn gebracht.
- Der Impuls für die Gesamtbewegung kommt aus dem rechten Fußgelenk, das sich streckt, bis nur noch der rechte Zehenballen den Bodendruck aufnimmt.
- Diese Bewegung wird – nachdem zuerst im Stand geübt wurde – durch einen etwa 10 cm langen Schritt des linken Beins nach vorn unterstützt. Ist dieser Schritt länger, wird die Gesamtbewegung langsamer und damit weniger druckvoll.

■ Olympiasieger Andreas Tews mit einem linken Haken (gegen Hocine Soltani) – der Angriff erfolgt nicht direkt von vorn

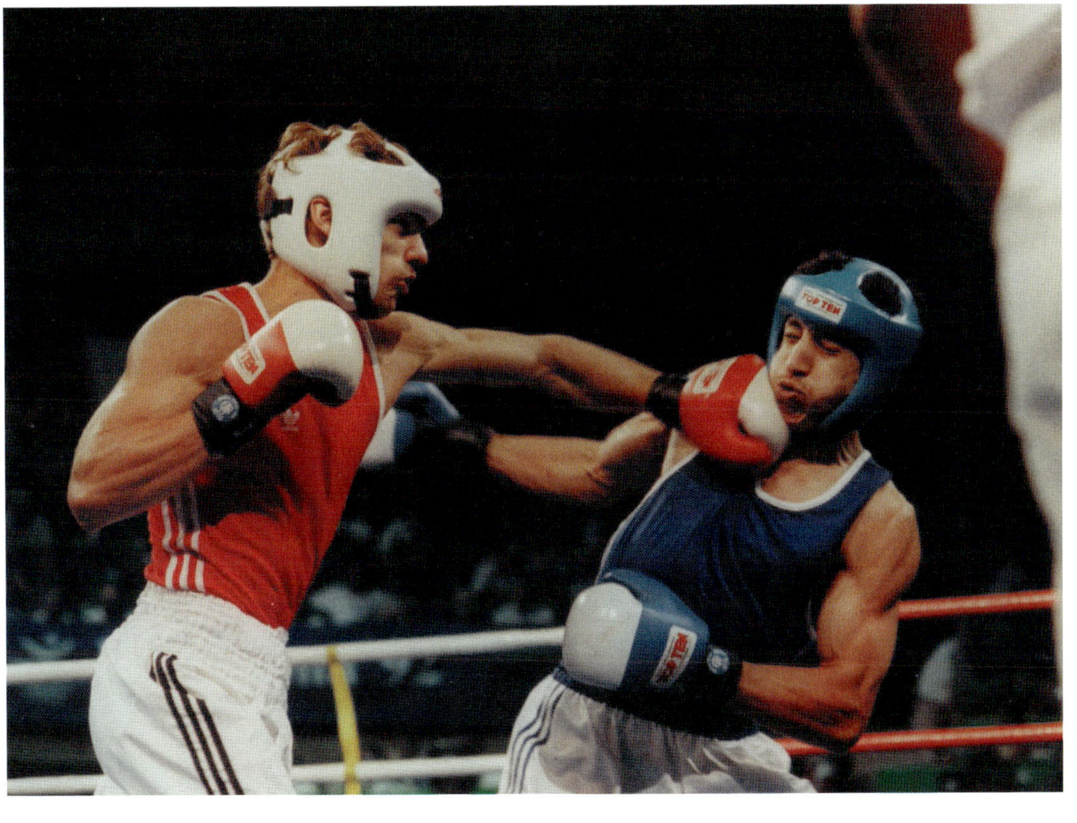

Kraftstoß mit der rechten Schlaghand

Der Impuls für den Stoß kommt durch eine Streckbewegung aus dem rechten Fuß. Manche strecken auch den Fuß und drehen die Ferse nach außen: eine gute Kontrolle für den Trainer. So setzt der rechte Fuß nur noch mit den Zehenballen auf. Gleichzeitig werden die rechte Hüfte und die rechte Schulter nach vorn gebracht – bis an eine gedachte Mittelachse heran –, und der Arm wird gestreckt. Liegt der Ellbogen neben dem Körper und nicht am Körper an (keinen Spielraum zulassen), wird der Weg länger, und der Kraftstoß ist nicht optimal.
Der Kopf darf im Augenblick des Stoßes der rechten Hand nicht nach links vorn ausweichen, und auch die rechte Hand darf keinen Winkel – wie in einigen asiatischen Sportarten praktiziert – zwischen Handgelenk und Unterarm aufweisen.

Die Schnelligkeit des ausgeführten Stoßes ist Grundlage der Schlaghärte.
Diese Aussage ist richtig, solange der Körperschwerpunkt nicht vom Schlag weg verlagert wird: Der Körper mit seinem Druck muss immer hinter dem Stoß liegen.

Stöße zum Körper

Bei vielen Boxern ist der Körper direkt über der Gürtellinie nicht gedeckt, da manchmal die Ellbogen zu weit auseinander oder vom Körper entfernt sind, wodurch ein deckungsfreier Raum entsteht: Diesen zu treffen ist das Ziel der Stöße zum Körper. Die Stöße können mit der Führungs- oder der Schlaghand ausgeführt werden.
Für die Ausbildung ist besonders wichtig, mit Einzelstößen zu beginnen und das Gewicht dabei ruckartig (fallartig) zu verlagern. Mit dem Stoß der Führungshand muss unbedingt der vordere linke Fuß nach vorn rechts gesetzt werden, um das Gleichgewicht zu halten. Beim Stoß mit der Schlaghand wird der vordere Fuß nach vorn links gesetzt. Die Schulung dieser Stöße erfolgt als Schlagverbindung, wobei der zweite Stoß immer einen langen Weg hat und dadurch über einen großen Kraftimpuls verfügt. Dies sollte vorrangig in der Partnerarbeit gelehrt und geübt werden, da sonst die Einsicht in die erforderliche Verbindung von Schritt und Stoß fehlt.
Die Verbindung dieser Stöße bietet sich besonders als Schlagkombination an, da immer wieder der Kopf aus der Reichweite der gegnerischen Aktionen genommen wird. Eine solche Aktion könnte in der Kombination »Kopf – Körper – Kopf – Körper – Kopf« ablaufen.

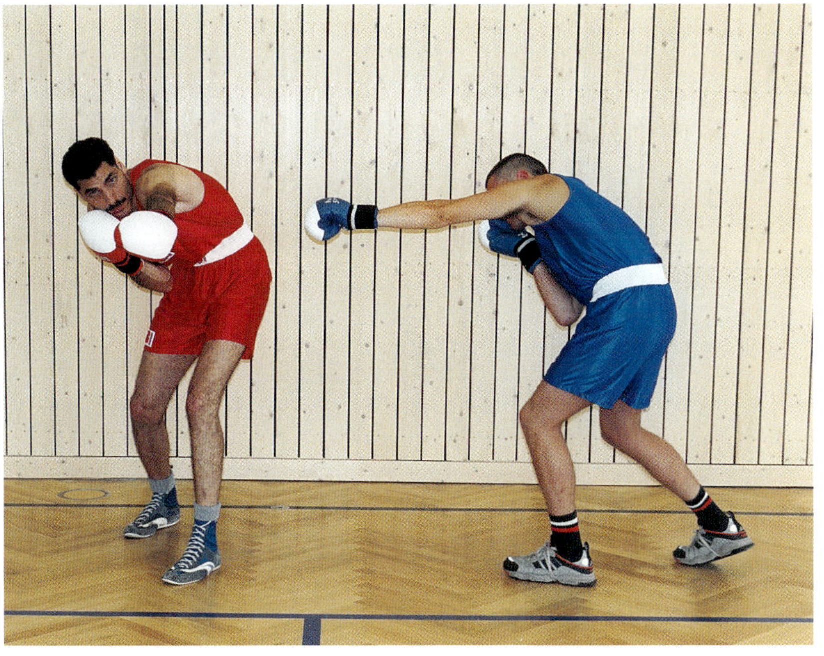

■ **Stoß zum Körper mit der Führungshand**

Bei Serienstößen ist darauf zu achten, dass nicht versucht wird, alle Stöße mit gleicher Kraft auszuführen. Die Stöße sollten schnell erfolgen. Nur ein einziger Stoß sollte den Kraftimpuls erhalten, der durch die Verlagerung des Körpergewichts in den Schlag entsteht.
Die Verteidigungstechniken sind beim Boxen genauso wichtig wie die Angriffselemente, denn sie verhindern Treffer. Auf der anderen Seite sind Verteidigungstechniken immer eine verdeckte Ausholbewegung, ein Vordehnen des Körpers für einen möglichen nachfolgenden Stoß. Deshalb empfiehlt es sich, Verteidigung und Stoß als Einheit zu vermitteln.

Beispiele

- Abwehr der Führungshand mit einer Parade rechts nach innen und sofortigem Stoß der Führungshand;
- Abwehr der Führungshand mit einer Parade der Führungshand nach außen und Drehen des gesamten Oberkörpers nach links mit einem Stoß der Schlaghand. Die Führungshand muss dabei das Gesicht gegen einen Stoß der Schlaghand decken, sie kann aber auch passiv in Richtung Schlaghand des Gegners gehen.
- Abwehr der Führungshand mit einem Block der Schlaghand und Stoß der Führungshand, im gleichen Augenblick wird mitgeschlagen oder verzögert gestoßen, wenn die Hand des Gegners sich bereits auf dem Rückweg befindet.

■ **Führungshand zum Körper mit Abwehr durch Ellbogenblock links**

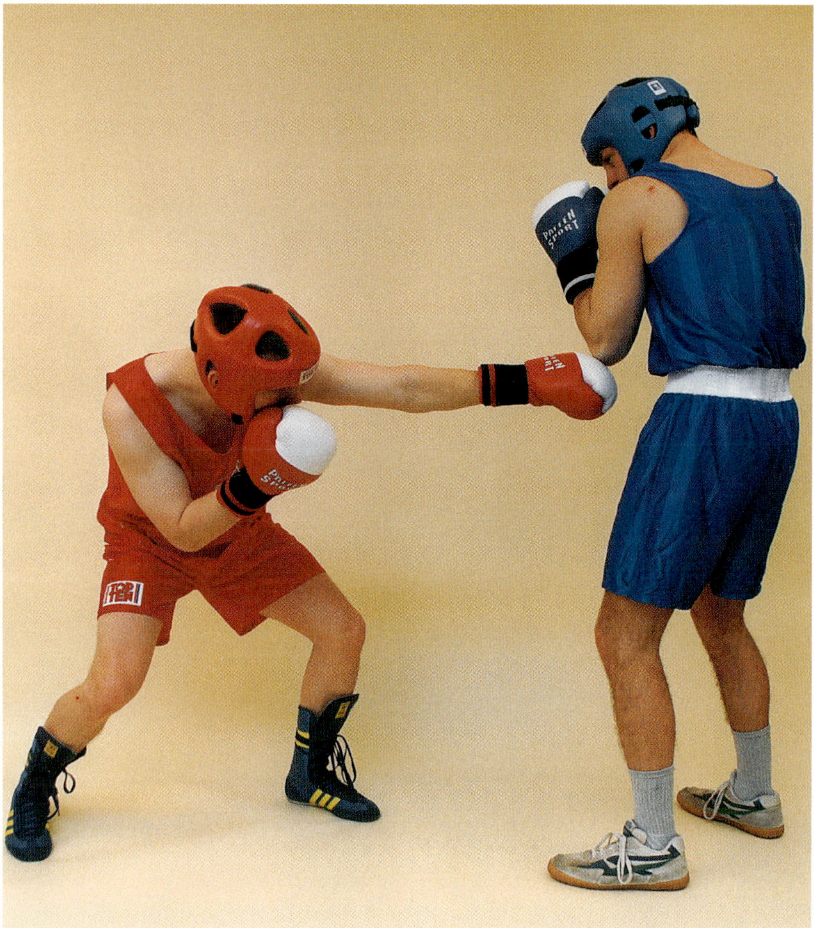

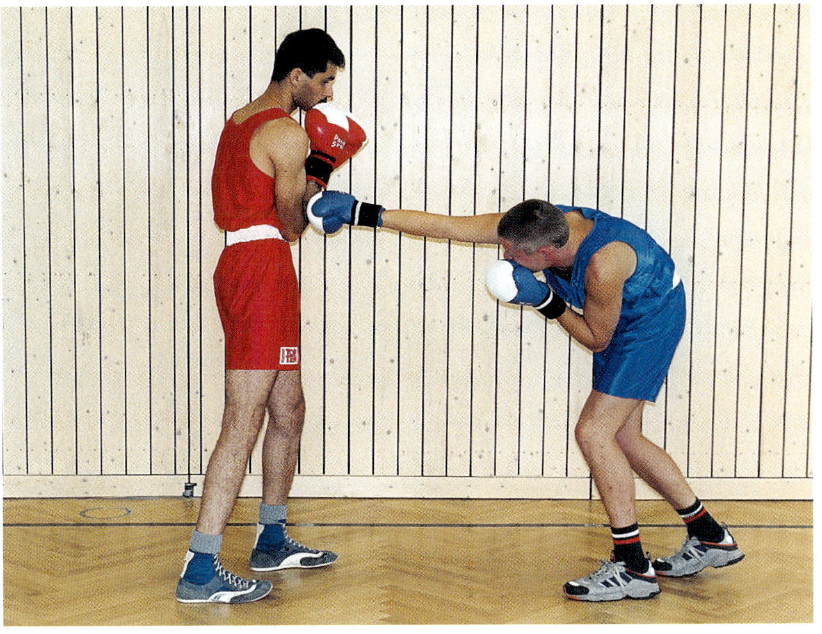

■ Stoß der Schlaghand mit Ellbogenblock rechts und der Möglichkeit eines linken Stoßes

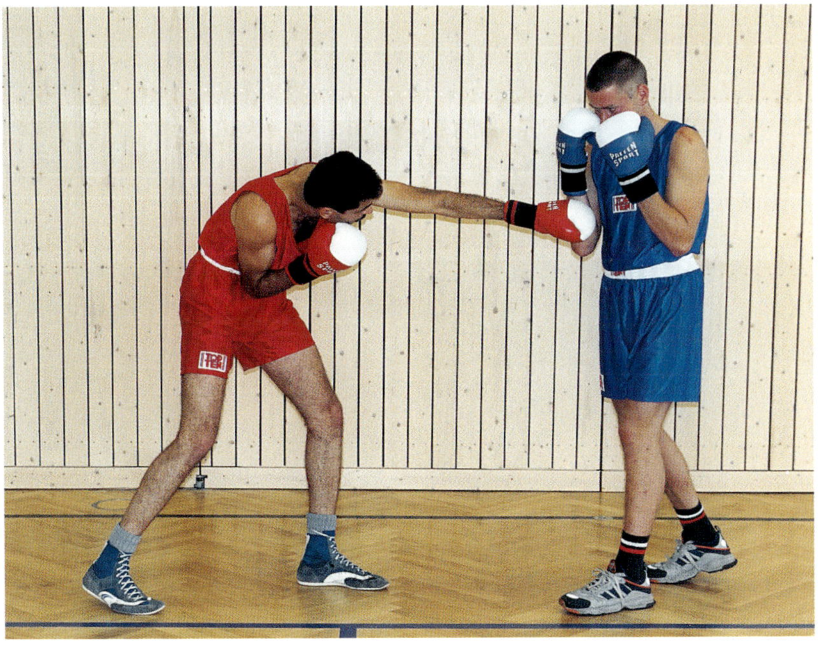

■ Ablenken des Stoßes mit Ellbogen/Unterarm durch Drehung des Oberkörpers zur Seite

Meiden

Meiden könnte man auch »Vermeiden von Stößen« nennen. Das Vermeiden eines Stoßes setzt allerdings voraus, dass der Stoß gesehen oder vermutet wird. Erst wenn ein Boxer in der Lage ist, Stöße abzuwehren, sollte mit dem Meiden begonnen werden. Meidbewegungen müssen sehr schnell ausgeführt werden, weil sie in der Zeit des Stoßes ablaufen. Je nach Bewegungsrichtung lassen sich die Meidbewegungen in drei Gruppen einteilen:

- Bewegungen nach hinten
- Bewegungen zur Seite und
- Bewegungen auf den Gegner zu.

Normalerweise sucht der Mensch einen Stoß zu vermeiden, indem er zurückgeht. Der Schritt oder der Sprung nach hinten sind die Bewegungen, die bereits in den ersten Stunden *bewusst* angewandt werden sollten.

Das Meiden nach hinten ist ein Zurücknehmen des Oberkörpers. Diese Position ist sehr labil und eignet sich nicht gut für Folgeaktionen: Deshalb empfiehlt es sich, mit dem Zurückneigen des Oberkörpers auch den hinteren Fuß etwa 10 cm nach hinten zu setzen. Es entsteht so eine Pendelbewegung nach hinten – oder, durch die Körperspannung, eine verdeckte Ausholbewegung. Sie lässt sich noch verstärken, wenn die linke oder die rechte Schulter bei dieser Bewegung mit nach hinten genommen wird. Während der gesamten Aktion ist stets die Hand des Gegners zu beobachten.

Pendeln nach vorn links

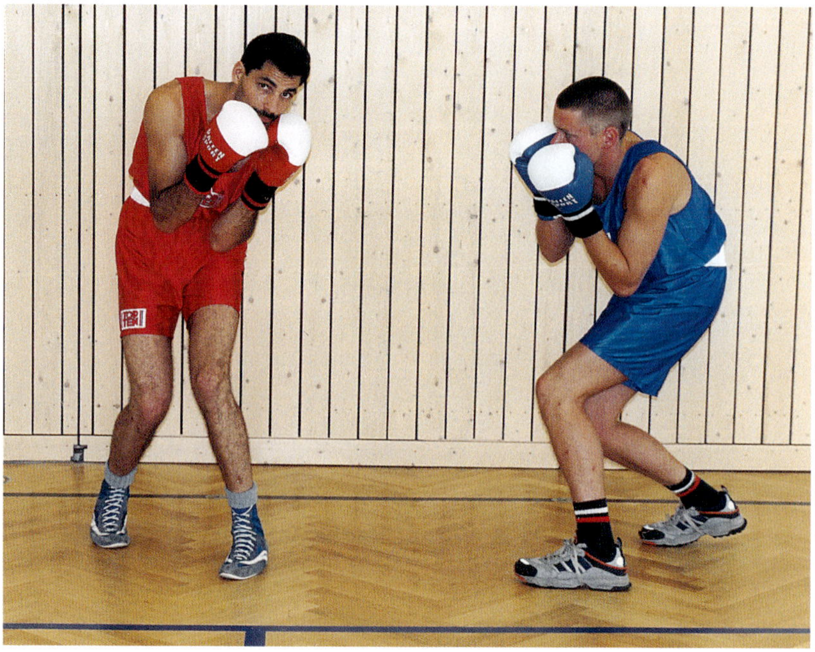

Das Meiden zur Seite erfolgt, indem der Oberkörper nach vorn rechts oder vorn links geneigt wird. Dabei ist es notwendig, auch die Füße entsprechend zu setzen, um für nachfolgende Stöße eine optimale Ausgangsposition zu schaffen.
Wird der Oberkörper nach vorn links geneigt, um dem Stoß auszuweichen, kann die schlagende Hand noch das Ohr streifen. Gleichzeitig wird der linke Fuß um etwa 10 cm nach vorn links gesetzt und die rechte Schulter bis an das Kinn herangezogen: Das schafft eine optimale Vordehnung für den linken Stoß – als Gerade oder als Haken.
Wird der Oberkörper nach vorn rechts geneigt, so wird der rechte Fuß etwa 10 cm nach vorn rechts gesetzt und das Gewicht auf diesen Fuß verlagert: Das schafft eine optimale Vordehnung für einen Stoß mit der Schlaghand.
Wird der Oberkörper nicht nach rechts oder links, sondern nur nach unten bewegt, wobei gleichzeitig die Knie einknicken und zusammengedrückt werden (wie beim Stoß zum Kopf) und ein leichter Rundrücken entsteht, so sprechen wir vom Abducken.
Abducken ist eine Technik, die wir heute nur noch recht selten sehen, da es nur wenige Boxer gibt, die in ihrer Gewichtsklasse dafür klein genug sind. Auch hier gilt wieder, dass durch gleichzeitiges Zurücknehmen der linken oder der rechten Schulter eine optimale, verdeckte Ausholbewegung eingeleitet wird, die durch ruckartige Streckung der Beine zusätzliche Explosivkraft erhält.
Das Vermeiden von Stößen durch eine Bewegung nach vorn rechts oder vorn links ist eine Aktion, die der stoßenden Hand entgegen-

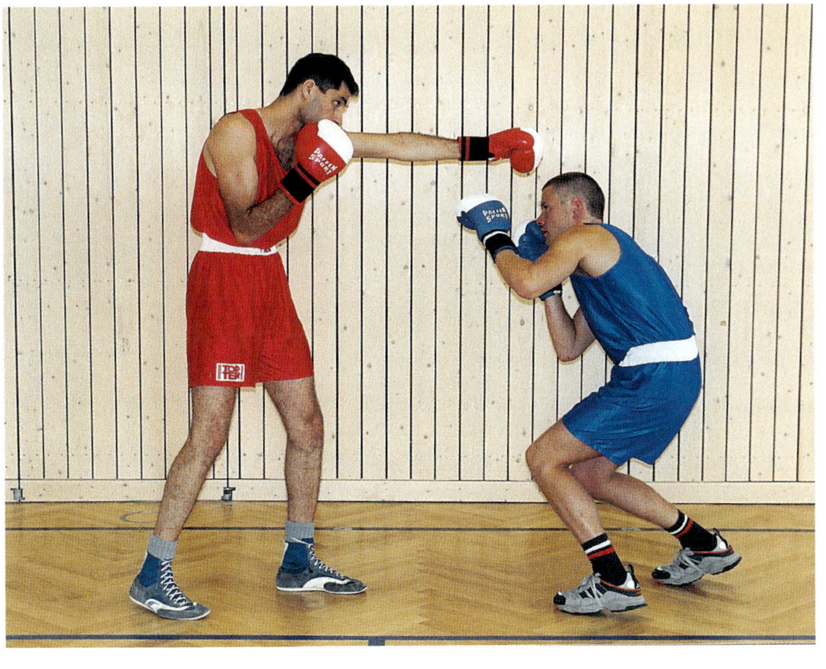

Abducken

geht; gleichzeitig wird das Gewicht verlagert und ein Schritt nach vorn ausgeführt. Diese Aktion verändert die Entfernung der beiden Kämpfer zueinander. Sie kann damit der Vorbereitung einer anderen Kampfdistanz ebenso dienen wie – bedingt durch die günstige Vorspannung des ganzen Körpers – der Einleitung eines Stoßes mit voller Körperspannung.

Sidestep

In allen Boxbüchern findet man eine effektive Technik, die in der Praxis jedoch sehr selten zu beobachten ist – die Technik, durch einen *Sidestep*, einen Schritt zur Seite, den Gegner ins Leere laufen zu lassen. Das hört sich gut an, ist aber nur schwer zu realisieren.
Wenn der Gegner angreift, wird der linke Fuß fast bis an den rechten herangezogen. Der Oberkörper wird – meist nur für kurze Zeit – aus der Reichweite des Gegners gebracht, was eine sehr labile Stellung ergibt. Der rechte Fuß wird nach vorn rechts gesetzt und die linke Schulter über den Fuß gebracht. Mit einer Drehung des Oberkörpers zum Gegner hin wird der linke Fuß herangezogen: Damit steht man neben dem Gegner und kann ihn mit der Schlaghand, die eine gute Vordehnung hat, gut erreichen.

Finten

Für die Taktikausbildung eines Boxanfängers ist es wichtig, Standardsituationen zu schaffen und diese ständig zu erweitern. Bereits bei Partnerübungen lernt der Boxer, dass Einzelstöße selten Treffer bringen.
Deshalb müssen Aktionen gestartet, herausgearbeitet, in das Training eingeplant und dann geübt werden, die *nicht voraussehbar und berechenbar* sind. Dazu gehört zum Beispiel das Andeuten eines Stoßes, der gar nicht ausgeführt wird, aber den Gegner veranlasst, eine Abwehrbewegung einzuleiten. Derartige Aktionen nennt man *Finten*.

Beispiel
Die Führungshand wird als Schlag angedeutet, die Schulter nach vorn gebracht und der Arm nur zur Hälfte gestreckt. Das ist ein idealer Auftakt für die dann folgende rechte Gerade, deren Drehimpuls durch das ruckartige Zurückziehen der linken Hand verstärkt wird.
Weitere Beispiele:
- Antäuschen von Stößen der Führungshand zum Kopf und Stoß der Schlaghand zum Körper

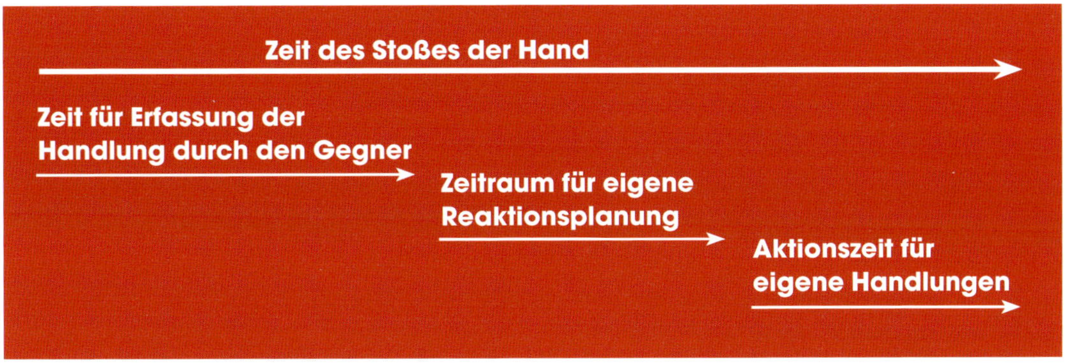

Zeitlicher Ablauf von Schlag und Reaktion

- Antäuschen von Stößen der Führungshand zum Körper und Stoß der Schlaghand zum Kopf
- Antäuschen eines Stoßes der Schlaghand zum Kopf und Stoß der Führungshand zum Kopf mit Schritt nach vorn.

Erst nachdem die geraden Stöße zumindest in ihrer Grobform bekannt und verwendbar sind, sollte mit anderen Techniken begonnen werden. Wir sollten dabei nicht vergessen, dass die Zeit, die für eine Boxaktion zur Verfügung steht, nur begrenzt ist: Je mehr ein Sportler kann, desto schneller sind seine Aktionen und desto weniger Zeit hat der sportliche Gegner, sich auf diese Aktionen einzustellen.

Die Gesamtzeit für eine linke Gerade ist kürzer als eine Sekunde! Daraus ergibt sich eine derart kurze Reaktionszeit, dass man versteht, warum Mitdenken, Vorausdenken und Vorausandeln Grundvoraussetzungen für das Boxen sind.

Es ist stets derjenige im Vorteil, der mit einer Aktion beginnt. Deshalb werden auch zuerst die geraden Stöße gelehrt, bei denen die Hand länger unterwegs ist. Stöße in der Halbdistanz und im Nahkampf werden erst später gelehrt, da für ihre Erfassung und Abwehr viel weniger Zeit zur Verfügung steht.

Sportliches Training

Das sportliche Training dient der Befähigung zu hohen sportlichen Leistungen. Es gibt unterschiedliche Arten des Trainings: Sie werden von der Zielsetzung bestimmt. Wir unterscheiden zwischen Grundlagen-, Aufbau- und Hochleistungstraining. Unterscheiden sich die Trainingsinhalte der Freizeitsportler kaum voneinander, so hängt im Leistungssport der Inhalt des Trainings von den sportlichen Höhepunkten ab. In der Vorbereitungsphase werden grundlegende physische Fähigkeiten trainiert – vor allem Kraft und Ausdauer. In der Übergangsperiode steht die Entwicklung spezieller Fähigkeiten und

grundlegender Techniken im Vordergrund. In dieser Phase werden die Ausbildung spezieller Techniken, die unmittelbare Vorbereitung auf den jeweiligen Gegner beziehungsweise auf die Turniere und der Erhalt spezieller Ausdauer- und Schnelligkeitselemente angestrebt. Treten mehrere Höhepunkte in einen Jahr auf, können die einzelnen Trainingsetappen miteinander verbunden werden.
Wenden wir uns nun dem allgemeinen Training der Boxabteilungen zu.

Grundschema für das Boxtraining

- Durch allgemeine Übungen wird der Kreislauf angeregt und die Muskulatur erwärmt, um sie auf hohe Anforderungen vorzubereiten. Die Dauer dieser allgemeinen Vorbereitung liegt bei 20 bis 30 Minuten.
- Die Schnellkraft-Übungen des Boxens werden nur durchgeführt, wenn die Muskulatur locker ist. Deshalb ist »Lockerungstraining« die Voraussetzung für nachfolgende schnelle Aktionen – das können Entspannungsübungen, aber auch Formen des Schattenboxens sein.
- Es folgt die Trainingsphase mit Boxhandschuh und Übungspartner. Dabei sollten alle Beteiligten noch frisch – und nicht abgespannt – sein, da dies die eigentliche Lernphase ist. Jeder muss begreifen, dass Lernen in Zweikampf-Sportarten nur möglich ist mit einem Partner, der eine Aktion simuliert, auf die man eine kampfgerechte Lösung finden muss. Kommt es bei diesen Aktionen allerdings zu Härte, können beide – wegen zusätzlicher Muskelanspannungen – nicht optimal lernen.
- Die am und mit dem Partner geübten Techniken können dann an Geräten weitergeübt werden. Schwerpunkte dabei können sein: unterschiedlicher Krafteinsatz, der Übergang von einer Technik zur anderen, die Koordination von Arm-, Bein- und Körperhaltung, das Spiel der Beine beim Stoß oder ein bestimmter Rhythmus des Schlagens, Gehens oder Pendelns.
- Der letzte Teil einer Trainingsstunde dient der Stärkung der Kondition: In der Regel ist das die Förderung der Schnellkraft.

Im Boxtraining kommt es darauf an:
- **Technik und Taktik des sportlichen Zweikampfes zu erlernen**
- **die allgemeine und spezielle körperliche Leistungsfähigkeit zu verbessern und**
- **ein spezifisches boxerisches Zweikampfverhalten herauszubilden.**

Taktik

Die nun folgenden Ausführungen gelten für Rechtshänder, die die linke Hand vor der rechten halten; wir sprechen hier von einer Links- oder Normalauslage.
Für Linkshänder gilt eine andere Taktik, die teilweise auch anders aufgebaut ist.

Die Ausbildung in Taktik erfolgt schrittweise – zusammen mit der Ausbildung in Technik. Bereits bei der Ausbildung des Stoßes der Führungshand, die in Partnerausbildung erfolgen sollte, lernen beide:

- Der Schlag erfolgt im Stand. Erst langsam, dann schneller, wenn möglich mit optischem und akustischem Signal, um den Anfänger auf den Schlag vorzubereiten und ihm eine gleichzeitige Verteidigung (Parade) zu ermöglichen. Die Schlaghand geht so einen langen Weg und ist vom Verteidigenden gut zu beobachten. Ziel des Stoßes soll im Training von Anfang an stets die Stirn sein, um Gesichtsverletzungen – selbst leichtester Art – auszuschließen. Zudem wird so der Lerneffekt vergrößert.
- Der Anfänger setzt mit Beginn des Stoßes der Führungshand gleichzeitig den linken Fuß nach vorn. Dieser Fuß muss, bevor der Stoß der Führungshand auftrifft, fest stehen; daher darf der Schritt nur kurz sein: etwa eine halbe Fußlänge. Diese Bewegung wird unterstützt durch Abdruck des hinteren Beins mit kurzer Streckung im Fußgelenk. Ein schneller Boxer steht im Augenblick des Schlagauftreffens mit beiden Beinen auf den Zehenballen. Durch einen ganz leichten Abdruck des vorderen Zehenballens kann er sich nach dem Treffer sofort wieder in die Ausgangsstellung zurückziehen.
- Die gleiche Bewegung lässt sich auch mit der Schlaghand vollziehen – nur erfolgt die Parade des Verteidigenden jetzt mit der Führungshand.
- Die Bewegungen werden als Seitschritt – nach links und nach rechts – geübt. Auch hier sind es Nachstellschritte, die ausgeführt werden. Dabei wird der Fuß zuerst gesetzt, der der Bewegungsrichtung am nächsten steht.

Auch das Zurückgehen mit gleichzeitigem Stoß der Führungs- oder Schlaghand muss geübt werden. Dabei ist es der hintere Fuß, der die kleine Bewegung – eine halbe Fußlänge nach hinten – bei Schlagbeginn ausführt.

Werden diese Techniken am Gerät geübt, bleiben Anfänger meist nach den Stößen stehen und setzen die Füße nicht mehr zurück: Besonders die Folge von Stoß und Zurückgehen bedarf der Trainerkontrolle.

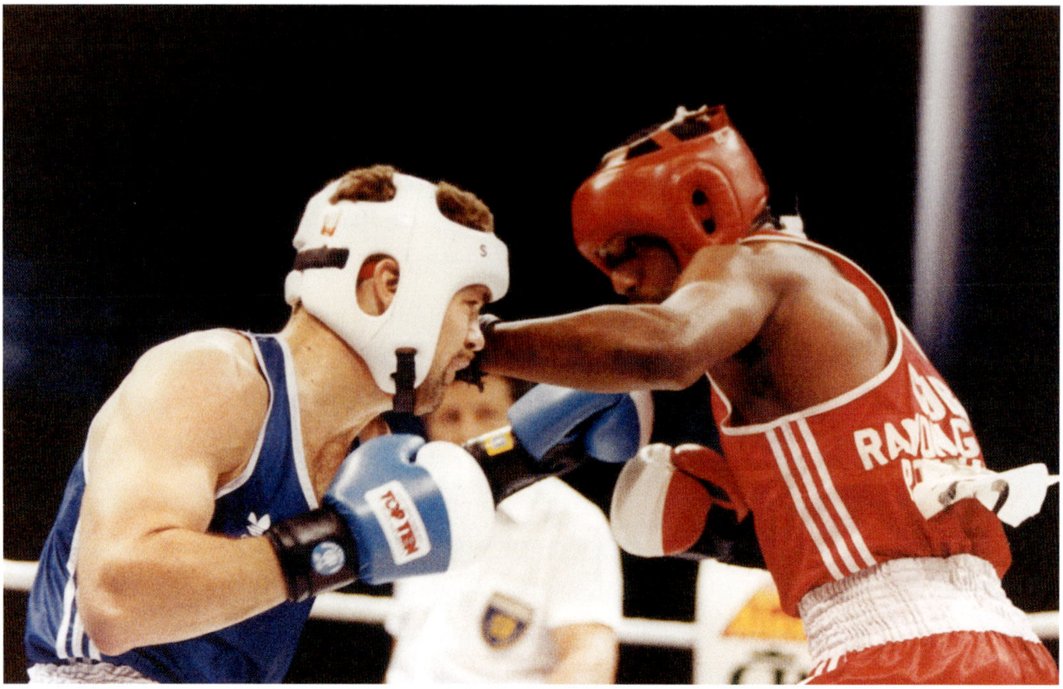

Sven Ottke gegen einen der besten Boxer der Welt, Roma Garbey (Kuba), mit einem Angriff-Block der Schlaghand des Gegners und dem Einsatz der eigenen Schlaghand über die Außenbahn

Doppelstöße, Doppelschritte und Kombinationen

Der nächste Schritt der Ausbildung wird von Doppelstößen, Doppelschritten und Kombinationen von Führungs- und Schlaghand geprägt.

Der **Doppelstoß** mit der Führungshand erfolgt, indem zwei Stöße mit der Führungshand hintereinander ausgeführt werden. Dabei muss die Führungshand nicht bis zur Ausgangsstellung zurückgeführt werden, sondern kann auf der Hälfte des Rückweges wieder nach vorn gestoßen werden. Um die Kraft des Stoßes zu erhöhen, muss aber die linke Schulter nach vorn gebracht werden, bis sie das Kinn berührt.

Der Einsatz dieses Stoßes *aus taktischer Sicht*:

Es erfolgen zwei schnelle Stöße hintereinander, die nicht leicht abzuwehren sind, besonders dann, wenn die Hand bei der Parade leicht nach unten genommen wird.

Der erste Stoß kann gegen die Führungshand des Übungspartners gerichtet sein (und blockt diese in der Ausgangsstellung), die folgende trifft dann den Gegner.
Der erste Stoß kann zur Handschuh-Außenkante des Partners gehen – so kann er im selben Moment keinen gradlinigen Stoß ausführen. Der zweite Stoß kann dann den Partner treffen.
Zielt der erste Stoß auf den Unterarm der Führungshand des Partners, so ist ihm kein gleichzeitiger gerader Stoß möglich. Erfolgt der zweite Stoß dann gegen die Handschuh-Außenseite, ist seine Führungshand völlig geblockt.
Der Stoß der Führungshand kann mit unterschiedlichem Kraftpotential geführt werden und so unterschiedliche Wirkungen hervorrufen:

- Erfolgt der erste Stoß mit Kraft, dient der folgende mehr der Absicherung.
- Erfolgt der erste Stoß leicht und ohne Kraft (nur halb als Schlag ausgeführt), dient er als Finte und soll den zweiten Stoß vorbereiten.

Werden mehr als zwei Stöße mit der Führungshand hintereinander ausgeführt, so ist das rechte Bein immer um die gleiche Distanz mit nach vorn zu ziehen, die das linke Bein vorgeht. Die Beinstellung bleibt bei geraden Stößen zum Kopf in der Regel schulterbreit; sie sind in Richtung Boxpartner nicht mehr als 20 cm voneinander entfernt.
Wenn linker Arm und linker Fuß zur gleichen Zeit nach vorn gehen, sprechen wir vom *Passgang*.
Die freie Bewegung des Gegners in einem begrenzten Ring verlangt aber auch andere Reaktionen. Bewegt sich der Gegner innerhalb der eigenen Reichweite nach rechts, so ist er mit einem Schritt des rechten (hinteren) Beines nach vorn und einem gleichzeitigen Stoß der linken Führungshand schnell zu treffen. Hier hat der Sportler einen *Diagonalschritt* ausgeführt, der mit einer Gewichtsverlagerung auf den rechten Fuß verbunden ist.
Bereits in dieser Anfangsausbildung lernen die Boxer, dass *der Schlaghand des Partners immer auszuweichen* ist. Sie gehen immer nach rechts um den Partner herum. Das darf aber nicht dazu führen, dass sich beide Partner umkreisen und nicht mehr richtig auf die Entfernung zueinander achten.
Der Stoß mit der *Schlaghand* wird in der Bewegung – im Diagonalschritt und im Passgang – geübt. Werden sowohl die Führungs- als auch die Schlaghand hintereinander geschlagen und erfolgt die Fortbewegung immer mit dem linken Fuß zuerst, so sprechen wir von einem *Wechselschritt*: Erst Passgang beim Stoß der Führungshand, dann Diagonalschritt beim Stoß der Schlaghand. Diese Bewegung ermöglicht optimalen Einsatz der geraden Stöße und schnelle Bewegung bei optimalem Krafteinsatz.

Die *Schlagkombinationen*, die Verbindung gerader Stöße von Führungs- und Schlaghand und deren Einsatz mit unterschiedlichen Kraftpotentialen sowie mit unterschiedlichen Beinbewegungen sind Grundlage der Anfängerausbildung.
Welche Kombinationen bieten sich an, und was könnte damit erreicht werden?

- Die Kombination von *Führungshand – Schlaghand* dient dem Ziel der Technikausbildung und der effektiven Schlaggestaltung. Eine lange Führungshand mit Vorbringen der linken Schulter erreicht auch eine optimale Vordehnung der rechten Seite und ermöglicht einen explosiven Stoß der rechten Hand.
- Die Kombination *Schlaghand – Führungshand* ist mehr ein taktisches Mittel der Anfängerausbildung. Sie ermöglicht es, durch den Stoß der Schlaghand die Führungshand des Partners zu binden und mit der eigenen Führungshand dann einen Treffer zu landen. Dabei dient der Stoß der Schlaghand der Vordehnung der ganzen linken Körperseite, um eine optimale linke Gerade stoßen zu können.
- Die Kombination *Führungshand – Führungshand – Schlaghand* ermöglicht eine optimale Vorbereitung der Schlaghand, indem die Verteidigung des Gegners voll gebunden wird, durch den Doppelschritt nach vorn der Gegner zum Ortswechsel oder zur Veränderung seiner Oberkörperposition gezwungen wird und die Vordehnung für die Schlaghand optimal genutzt werden kann.
- Bei der Kombination *Führungshand – Schlaghand – Führungshand* erfolgt bei den ersten beiden Stößen eine Bewegung nach vorn und mit dem letzten Stoß eine Bewegung zurück: Diese Bewegung charakterisiert eigentlich das Boxen – sie ist Vorbereitungsaktion, landet einen Treffer und schließt mit gedecktem Rückzug ab.

Aus unterschiedlicher taktischer Sicht lassen sich Kombinationen variieren, beispielsweise *Schlaghand – Führungshand – Schlaghand* (im Boxkampf gegen einen Rechtsausleger), um erst mit dem dritten Stoß Wirkung zu erzielen und den Übergang zum Halbdistanz- oder Nahkampf einzuleiten.
Erfolgen fünf Stöße hintereinander, beginnend mit der Führungs- oder der Schlaghand, dann soll die erste und die letzte Hand der Vorbereitung und Absicherung dienen, alle anderen Stöße sollen den Gegner treffen. Eine solche Serie dient der Vorbereitung anderer Kampfführungen.

Verhalten im Boxring

Wird der Boxsportler durch einen Boxring in seinen Bewegungen begrenzt, beginnt die eigentliche Ausbildung von Verhaltensmustern, die sich in der technisch-taktischen Ausbildung widerspiegeln. Die ungewohnte Situation erfordert nunmehr – neben der Beobachtung der Aktionen des Gegners – zusätzlich eine räumliche Orientierung.
Der Boxanfänger muss lernen, den Übungspartner durch Boxaktionen aus dem Ringmittelpunkt zu verdrängen. Das kann erfolgen durch:
- ständige Aktivität der Führungshand
- Schlag-Kombinationen, die schnell aufeinanderfolgen oder
- Ausweichen und sofortiges Zurückgehen auf die vorher verlassene Position.

Das erfordert:
- Einhalten vorgegebener Techniken
- ständiges Suchen des Kampfes sowie
- die Beachtung des eigenen Standortes im Boxring.

Das wiederum ist nur möglich, wenn die sportlichen Belange – gegenüber den emotionalen Regungen von Treffen und Getroffenwerden – überwiegen: Hier beginnt das sportliche Boxen.

Im Boxring wird zuerst gelernt, den Gegner aus der Ringmitte zu »drängen«. Der aktive Kämpfer hat dann den Rücken frei und ist in der Lage, sofort zurückzugehen.
Das erfordert:
- Einhalten der vorgegebenen taktischen Aufgabe
- Konzentration auf diese Aufgabe unter Vernachlässigung von Techniken sowie
- bewusstes Anwenden von Grundstößen und flexibler Beinarbeit.

Das ermöglicht:
- den Gegner mit einem weiteren Schritt am Seil zu stellen, so dass er nur noch nach rechts oder links ausweichen kann, da er mit dem Rücken am Seil steht; so wird er gezwungen, in die Richtung auszuweichen, die für die Entfaltung der eigenen Aktivität am günstigsten ist
- den Gegner in eine Ecke zu drängen, wo er keinen Spielraum für Ausweichbewegungen hat
- den Gegner dort so lange mit der Führungshand zu »beschäftigen«, bis eine Deckungslücke sichtbar wird.

Wird die offensive Taktik, den Kreis »offen« zu halten, in Grobform beherrscht, sollte weiterführend geübt werden, sich nicht an die Ringseile drängen zu lassen. Um von den Ringseilen weg- oder aus der Ringecke

herauszukommen sind mehrere taktische Maßnahmen möglich:
Sobald der Gegner zum Stoß ansetzt, wird ein eigener Stoß begonnen, der immer mit einer schnellen Bewegung nach vorn verbunden ist. Es wird ein Angriff angetäuscht und gleichzeitig versucht, nach rechts oder links zur Ringmitte zu kommen.
Nach einem Sidestep oder mit einer Verteidigungstechnik, die eine Faust des Angreifers bindet, sollte versucht werden, auf dieser Seite zur Ringmitte zu kommen.
Die Befreiung aus der Ringecke kann auch mit einem kraftvollen Schlag erfolgen, der auf die Deckung des Gegners gerichtet ist und für den Bruchteil einer Sekunde alle weiteren Aktionen unterbindet: In dieser Zeit muss die Ringecke bereits verlassen sein. Die Aktion könnte wie folgt aussehen: Pendeln mit dem Oberkörper nach vorn links – nach vorn rechts – Stoß mit der Schlaghand – Schritte nach vorn rechts – linke Gerade zur Absicherung.

Verhalten bei Kommandos des Ringrichters

Mit dem Kommando *»box«* beginnt der Boxkampf; nach einer Unterbrechung ist das die Aufforderung, weiterzukämpfen. Besonders Anfänger sollten sofort mit einer überraschenden Aktion beginnen, um den Gegner zu beeindrucken. Diese Aktion ist in der Wettkampfvorbereitung zu üben.
Mit dem Kommando *»stop«* unterbricht der Ringrichter den Wettkampf. Diese Zeit nutzt der Wettkämpfer, um seinen Platz im Ring zu verbessern, d.h. sich nach Möglichkeit in die Ringmitte zu begeben.

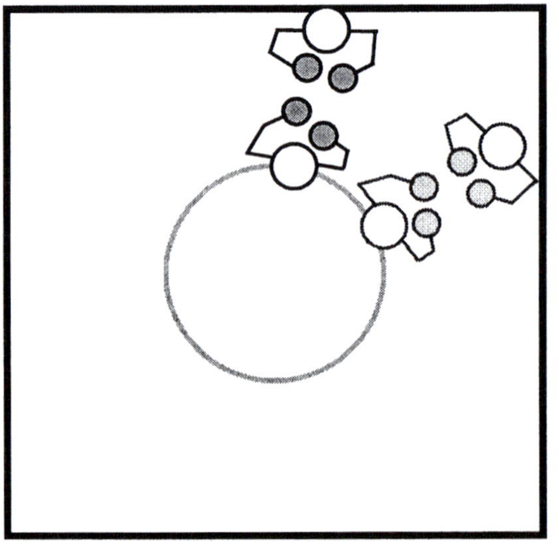

■ Verhalten im Boxring: Der Gegner ist aus der Ringmitte gedrängt. Der Rückweg wird ihm verstellt; die eigene Bewegungsfreiheit ist optimal

Das Kommando *»break«* verlangt von jedem Aktiven, die Kampfhandlung zu unterbrechen und einen Schritt zurückzugehen. Ohne besonderes Kommando geht der Kampf dann weiter. Jetzt darf nicht gezögert werden, den Kampf sofort wiederaufzunehmen. Jedoch sollte kein gerader Angriff, sondern ein Angriff über die Führungs- oder Schlaghandseite erfolgen.
Beispiel: Auf das Kommando »break« erfolgt Schritt zurück – kleiner Schritt nach rechts mit Gewichtsverlagerung auf den rechten Fuß – der linke Fuß wird in Richtung Gegner gesetzt mit gleichzeitigem Stoß der Führungshand.

Wird man bei einem Wettkampf oder einem Übungskampf angezählt, zeigt man erst bei »8« Kampfbereitschaft und nimmt die Boxausgangsstellung wieder ein. In dieser Zeit sollte die Ringmitte erreicht werden.

Im Trainingskampf muss der Sportler dann gefragt werden, wie er getroffen wurde und durch welchen Stoß: Nur so ist es möglich, ihn zum Nachdenken über eigene Fehler anzuregen. Gleichzeitig werden das Aufkommen von Emotionen (wie: »Jetzt werde ich es allen zeigen!«), eine damit verbundene Muskelanspannung und als Folge ein »Langsamerwerden« verhindert.
War der Treffer ein Wirkungsschlag, darf sich der Sportler das nicht anmerken lassen, da der Gegner das sofort registriert. Auf jeden Fall versucht der soeben Getroffene nun in den nächsten 10 bis 20 Sekunden, durch Manöver und schnelle Bewegung die Übersicht über den Kampfverlauf wiederzugewinnen. Auf keinem Fall sollte jetzt ein Schlagabtausch angenommen werden.
Da der Ringrichter im Augenblick des Wirkungstreffers den Sportlern stets am nächsten steht, kann er – besser als alle anderen – an den Reaktionen von Körper und Augen abschätzen, ob der Kampf weitergehen darf. Nicht immer fühlt sich der getroffene Sportler dann schon k.o.
Der Sportler muss schon im Training lernen, die Entscheidungen des Ringrichters zu akzeptieren, ohne zu protestieren. Das verlangt, dass er sich den Regeln des Boxsports fügt, es ist ein Erziehungsprinzip und hat Auswirkungen auf sein Auftreten als Sportler insgesamt.

Verhalten beim Kampf gegen Rechtsausleger (Linkshänder)

Ein Rechtsausleger sollte ständig »beschäftigt« werden, indem die Führungshand auf Körper und Kopf zielt.

Die Schlaghand bleibt zunächst noch in Ausgangslage und deckt Körper und Kinn.
Ausweichbewegungen erfolgen nach vorn links, um der Schlaghand kein einfaches Ziel zu bieten. Die eigene Schlaghand sollte möglichst viel eingesetzt werden und der Schlaghand des Gegners zuvorkommen.

Verhalten beim Kampf gegen »Riesen« oder »Zwerge«

Boxer unterschiedlicher Körpergröße sind in derselben Gewichtsklasse nicht die Regel. Meist sind es größere Boxer mit einer guten Reichweite und »schnellen Beinen«. Wie sollte gegen sie geboxt werden?
Größere Boxer sind ständig mit der Führungs- und der Schlaghand zu beschäftigen: So können sie keinen schnellen Angriff ausführen. Der so aufgebaute Druck soll sie in die Ringecke beziehungsweise an die Seile drängen. Durch schnelle Schlagserien (leichte, lockere Schläge) arbeitet man sich an die richtige Distanz heran. Erst jetzt wird versucht, gezielte und harte Treffer anzubringen. Es folgen leichte Stöße zur Absicherung. Dann erfolgt ein neuer Serienangriff.
Kleinere Boxer sind durch die Führungshand »an der Leine« zu führen. Durch die Führungshand wird ständig Kontakt zu den Fäusten des kleineren Gegners gehalten. Erst wenn er Pendelbewegungen ausführt oder beide Beine auf gleicher Höhe hat, wird die Schlaghand eingesetzt. Diese sollte immer auf das Schlüsselbein zielen, da der Kopf bei schnellen Bewegungen nach links und rechts nur schwer zu treffen ist.
Beim Ausweichen bewegt man sich immer seitlich, meist zur Führungshand hin. Kleinere Boxer sollte man nie direkt von vorn, sondern nur seitlich von vorn angreifen.
Beispiel: Eigene Führungshand gegen Führungshand des kleineren Gegners mit Schritt rechts und Stoß rechts – Nachziehen des linken Beins.

Kampf in der Halbdistanz

Je größer ein Boxer ist, desto länger sind seine Arme, und desto größer ist seine Reichweite. Das gilt aber nicht für alle Boxer: Viele, die kleiner und untersetzter sind, boxen in der Halbdistanz.
Wir verstehen darunter Stöße, die nicht mit voller Streckung des Armes verbunden sind. Die Stöße können deshalb schneller ausgeführt werden. Da die Arme nicht voll gestreckt werden, ist der

Kraftverbrauch geringer. Die Stöße sind von Anfängern leichter zu erlernen. Doch die Gesamttechnik ist schwieriger. Wir müssen mit Stößen in der Halbdistanz näher an den Gegner herangehen: Das ist aber nur unter bestimmten, vorher geplanten und trainierten Bedingungen möglich.
Wir unterteilen deshalb die Ausbildung in der Halbdistanz in mehrere Bereiche:
- Erlernen der Stöße
- Schaffen und Nutzen der Möglichkeiten, näher an den Gegner heranzukommen
- Lösen vom Gegner, um nicht getroffen zu werden.

In der Halbdistanz sorgt die Boxhaltung dafür, dass beide Hände einen gleich langen Weg zum Ziel haben. Der Oberkörper ist somit fast frontal auf den Gegner ausgerichtet, das Kinn ist an die Brust gezogen, und die Arme liegen eng am Körper an. Je nach Technik ist die Beinarbeit unterschiedlich. Am verbreitetsten sind Diagonal- oder Passgang in Verbindung mit Stößen. Wer aber vor allem das Körpergewicht einsetzen will, kommt mit dem Wechselschritt besser zum Ziel.

Zur Lehrweise (für Trainer)
Die Stöße werden als Serie von fünf, sieben und mehr Stößen geübt. Der erste Stoß dient der Vorbereitung (Binden der Deckung, als Finte beispielsweise), dann folgen die beabsichtigten Treffer, und der letzte Stoß dient der Absicherung, um wieder außerhalb der gegnerischen Reichweite zu gelangen.
Die Stöße erfolgen leicht und schnell, fast ohne Kraft. Durch den Beinabdruck, das Vorbringen von Hüfte und Schulter und einen leichten Rundrücken lassen sich aber große Kraftpotentiale freisetzen. Die Stöße werden zuerst im Stand am Gerät und dann mit einem Partner in der Bewegung geübt.
Einer der Stöße wird nun besonders akzentuiert, besonders kräftig gestoßen, um das Gefühl für den Krafteinsatz zu schulen und den optimalen Einsatz aller Körperteile zu spüren.

Sich dem Gegner zu nähern, also die Distanz zu überwinden, gibt es viele Möglichkeiten.
Solange der Gegner sich allerdings noch frei im Ring bewegen kann, ist es schwierig, viele Stöße hintereinander anzubringen, da genügend Raum zum Ausweichen zur Verfügung steht. Daher muss der Gegner zuvor durch Manöver in die Nähe von Ringseilen oder Ringecke gebracht werden, die ein weiteres Ausweichen erschweren.
Es ist auch möglich, den Gegner durch eine Vielzahl von Stößen und eine schnelle Bewegung nach vorn zu überrennen, ihn also nicht mehr zu geplanten Aktionen kommen zu lassen.

Man sollte versuchen, die Deckung des Gegners durch mehrere Stöße hintereinander an den Körper zu binden. Zusammen mit einem Schritt nach vorn rechts außen kann man an den Gegner von der Seite herantreten und viele Stöße anbringen. Da weitere Schritte nach vorn rechts gehen, bleibt die Führungshand gebunden und die Schlaghand des Gegners ist nicht einsetzbar.
Man kann auch versuchen, den Gegner zwischen Fäusten und Unterarm an Kinn und Körper zu treffen. Die Führungshand des Gegners wird mit einer Parade der eigenen Führungshand nach außen gedrückt. Danach geht sie in Richtung Schlaghand des Gegners. Gleichzeitig wird die Schlaghand eingesetzt und ein Schritt auf den Gegner zugegangen. Stoß mit der Führungshand und Nachsetzschritt folgen. Solange der Gegner so gedrückt wird, kann er keinen kraftvollen Stoß anbringen. Wichtig ist, dass die Stöße sich am Gegner gegenseitig »ablösen«.
Ein Halbdistanzkampf ist auch mit Aufwärts- und Seithaken möglich – die jedoch bringen wegen der nicht geschlossenen Deckung viele Nachteile mit sich.
Durch das Heranarbeiten an den Gegner, das Führen des Nahkampfes und das Lösen vom Gegner wird viel Kraft verbraucht. Deshalb ist es wichtig, nach einer Aktion bewusst Zeit für tiefes Durchatmen außerhalb der Reichweite des Gegners zu haben. Durch Scheinangriff und Seitbewegungen verschafft man sich die dafür notwendige Zeit.

Nahkampf

Diese Kampfform wird vorwiegend von kleineren, explosiv agierenden Boxern mit guter Kondition und hoher Beweglichkeit des Oberkörpers bevorzugt. Die Ausbildungszeit hierfür ist lang.
Da der Schlagbeginn und das Auftreffen unmittelbar aufeinander folgen, steht nur eine sehr kurze Reaktionszeit zur Verfügung. Deshalb ist es für die Gegner solcher Boxer besonders wichtig, die Bewegungen des Kontrahenten vorauszuahnen – und das setzt Technikkenntnisse und Bewegungserfahrung voraus.
Der Nahkampf ist im Amateurlager selten zu sehen – denn wir müssen nahe an den Gegner herangehen, Körperkontakt mit dem Boxhandschuh herstellen, Stöße an Kopf und Körper anbringen und dann wieder, ohne getroffen worden zu sein, außerhalb seiner Reichweite gelangen.
Typisch für den Nahkämpfer ist die fast immer geschlossene Deckung, die nur für die verdeckte Ausholbewegung leicht geöffnet wird.

Lehrweise (für Trainer)

Die ersten Stöße, die gelehrt werden sollten, sind Seithaken zum Kopf. Beim Stoß der Schlaghand wird die rechte Schulter – *die*

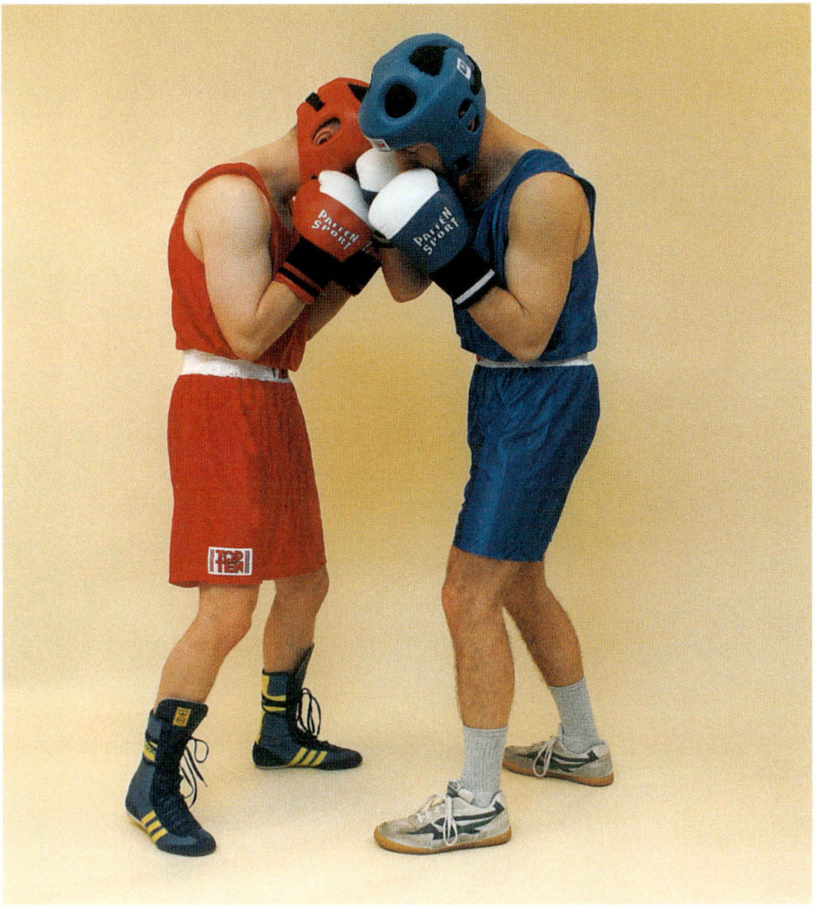

■ **Die Nahkampfstellung**

Deckung bleibt dabei geschlossen – etwa 20 cm zurückbewegt. Gleichzeitig erfolgt ein geringes Absenken der rechten Ferse und ein leichtes Einbeugen des rechten Knies: Das ist eine verdeckte Ausholbewegung mit Vordehnung der gesamten rechten Seite – vom Wadenmuskel über Knie und Hüfte bis zur Schulter. Vom Fuß her wird die Stoßbewegung eingeleitet. Durch das Vorbringen der rechten Schulter reicht es, wenn die Rechte bis 10 cm vor das Gesicht bewegt wird. Dabei bleibt die volle Deckung trotz des Stoßes weitgehend erhalten. Ein Rundrücken unterstützt die gesamte Bewegung.
Der Einzelstoß wird an der Maisbirne geübt – zuerst im Stand, dann im Diagonalschritt, zuletzt im Passgang. Anschließend werden der Stoß mit der Führungshand und die Verbindung mehrerer Stöße hintereinander geübt.
Wird unter Drehung des Oberkörpers beim Schlagansatz die Rechte mit dem Handrücken nach unten fallengelassen, ergibt sich so die »Ausholbewegung« für den Körperhaken. Durch einen runden

Rücken und ein etwas tiefer gebeugtes rechtes Knie lässt sich dieser »Auftakt« noch verstärken.

Durch Verbindung von Körper- und Kopfhaken werden Schlagserien zusammengestellt.

Diese Stöße sind wie beim Halbdistanzkampf zu erlernen: Zuerst muss die Entfernung zum Gegner überwunden werden.

■ Lösen aus Nahkampfformen I: Der Druck mit der Führungshand und dem Unterarm unterbindet die Aktionen des Gegners. Der Schritt nach vorn links ermöglicht es, den Nahkampfbereich zu verlassen

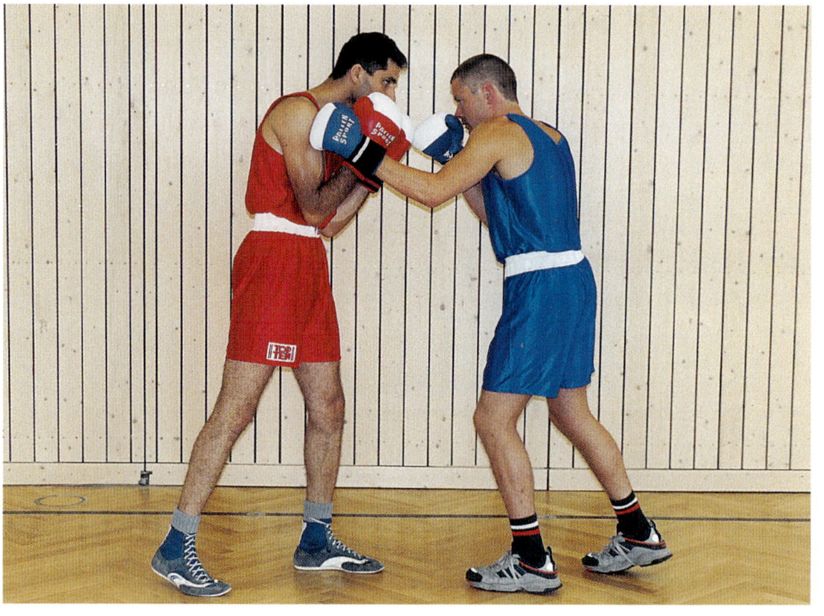

■ Lösen aus Nahkampfformen II: Der Gegner drückt mit Unterarm und Ellenbogen. Ein Ausweichen nach vorn rechts ist möglich

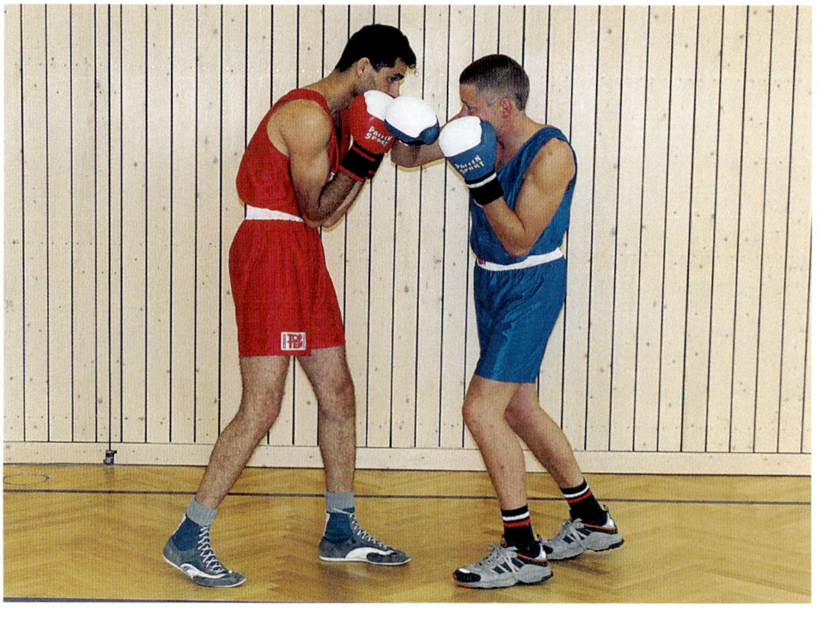

Wie boxt man gegen Nahkämpfer?

Ein Nahkämpfer darf nicht die Möglichkeit eines »Anlaufs« für seine Attacken erhalten. Das kann man verhindern, indem mit der Führungshand stets enger Kontakt zum Nahkämpfer gehalten wird und bei jeder seiner Aktionen sofort ein Stoß der Führungshand erfolgt. Durch schnelle Beinarbeit wird ihm keine Möglichkeit der Angriffsvorbereitung gegeben. Dabei ist ein seitlicher Richtungswechsel besser als ein längeres gerades Zurückweichen.
Hält man die Distanz zum Nahkämpfer größer als gemeinhin üblich, wird es für ihn schwieriger, an seinen Gegner heranzukommen oder ihn in der Ringecke oder an den Ringseilen zu stellen.
Durch Druck mit der Führungshand und dem Unterarm werden die Aktionen des Gegners unterbunden. Ein Schritt nach vorn links ermöglicht es, den Nahkampfbereich zu verlassen.
Drückt der Gegner mit Unterarm und Ellenbogen, ist ein Ausweichen nach vorn rechts möglich.
Alle Übungen des Halbdistanz- und des Nahkampfes verlangen eine intensive psychische Ausbildung. In jeder dieser Kampfformen wird vom Boxer erwartet, dass er seinen Gegner angreift – auch wenn dabei der eigene Körper getroffen werden kann. Das erfordert Grundkenntnisse der Deckungsmöglichkeiten und ihrer Anwendung. Dabei sollte nicht vergessen werden, dass die geöffnete Hand eine größere Deckungsfläche bietet als die geschlossene Faust. Aber jeder Stoß, der auf eine Fläche trifft, erzeugt Schmerz – und ob ein Aktiver diesen auf sich nimmt oder nicht, liegt in der Ausbildung und in der psychischen Stabilität des Einzelnen begründet.

Das richtige Handeln im Boxring

Viele ziehen sich Boxhandschuhe an und wollen den Versuch wagen, gegen einen Sportfreund anzutreten. Doch bereits nach den ersten Stößen schauen sie zur Seite, schließen die Augen, strecken die Arme nicht richtig oder schlagen unkontrolliert auf den Partner ein. Dabei sind es sonst gute Sportler mit ansprechenden Leistungen. Schnell sind sie als Feiglinge abgestempelt und kehren dem Boxsport den Rücken. Ihnen fehlt in ihrer Entwicklung ein Teil **psychischer Faktoren**, die im Leben oder ihren Sportarten bisher noch nicht gefordert worden sind. Ihre körperlich-sportliche Leistungsfähigkeit und ihre psychische Ausbildung stimmen nicht überein. Diese »fehlenden« Eigenschaften sind in der Anfängerausbildung auszuprägen.

Bereits in der 1. Trainingsstunde muss ihnen bewusst gemacht werden, dass es wichtig ist, dem Stoß des Partners **mit den Augen** zu folgen. Sie sollten lernen, den Stoß **zu beschreiben.** (Der Stoß erfolgt nur aus der Armstreckung, die Schulter wird nicht eingesetzt, erst erfolgt ein Schritt und dann der Stoß – keine Einheit in dieser Bewegung, der Stoß wird durch ein Absenken der Hand eingeleitet oder das vordere Knie gebeugt.)
Diese Erkenntnisse sind vom Trainer abzufordern und als erfolgreiche Tätigkeit dem Aktiven zu bestätigen. Verbunden mit der Schulung der ersten Abwehrtechniken sind jene **Konzentrationsübungen**, die vorgeschriebene Technik verlangen (z. B. Heraustreten mit dem rechten Fuß und Nach-hinten-Führen der rechten Schulter beim Angriff des Partners mit der linken Führungshand). Dann folgen weitere Abwehrtechniken in schnellerer Abfolge. Anfänger sollten sich nicht schnell auf eine Art der Verteidigung spezialisieren. Werden diese Techniken im Ring geübt, sollte der Übende einen bestimmten Platz zugewiesen bekommen – etwa die Ringmitte –, den er nicht verlassen darf. So entsteht ein räumliches Orientierungsvermögen, das eine ständige Kontrolle des Boxpartners erlaubt und ein »Hinterherrennen« vermeidet.
Die Anfänger neigen dazu, einen Angriff zu starten und sich dann zurückzuziehen, gleichgültig ob der Angriff erfolgreich war oder nicht. Doch erst die Kopplung verschiedener Angriffe ermöglicht es, erfolgreich zu sein. So könnte durch einen Angriff mit der Führungshand die Angriffsposition so günstig gestaltet werden, dass man rechts vor dem Angreifer steht und von dessen Schlaghand nicht mehr getroffen wir. Jetzt obliegt dem Kämpfer die Entscheidung, ob er mit anderen Mitteln angreift. Seine **Kombinationsfähigkeit** ist gefragt. Und hier muss der Trainer Entscheidungshilfen anbieten.
Sehr schnell verliert ein Anfänger die Kontrolle über seine Handlungen, wenn er in nicht im Training geübte Situationen kommt. Zum Beispiel, wenn viele schnelle Schläge auf ihn einprasseln. Hier muss erst in der Ecke – wo er nicht mehr ausweichen kann – geübt werden, wie durch eine Doppeldeckung und durch Pendeln den ankommenden Stößen die Wucht genommen werden kann. Dann lernt er durch Pendeln und einen Gegenschlag sich Platz zu schaffen und aus der Ecke herauszukommen. Erst danach bietet es sich an, aus der Ecke heraus die Stöße des Gegners zu blocken und durch eine Drehung die Positionen zu vertauschen. Wenn aber die Abwehr von einem Schlaghagel in der Mitte des Ringes geübt wird und durch Zurückgehen oder Aus-der-Linie-Treten oder Herantreten an den Angreifer vom Aktiven eine Lösung gefunden ist, zeigt sich eine Reife verschiedener psychologischer Faktoren (Selbstbeherrschung, Selbständigkeit, psychische Belastbarkeit).

Das Gelingen solcher Aktionen ist mit unterschiedlich starken Gegnern zu üben, um das **Selbstvertrauen** langsam zu stärken. Jeder Trainer kennt die Situation, wenn der Aktive etwas müde wird und die Arbeit am Sandsack an Schnelligkeit und Kraft verliert. Dort ist durch pädagogisches Führen (beim Schlag laut rufen lassen, Musik in bestimmtem Rhythmus) die **Beharrlichkeit** zu schulen, ja für die stärkeren Boxer sogar eine **Steigerungsfähigkeit** zu verlangen. Jeder, der im Ring steht, geht bei jeder Aktion, gleichgültig ob Angriff oder Verteidigung, das Risiko ein, getroffen zu werden. Jeder ist bis zu einem gewissen Grade also mit einer **Risikobereitschaft** ausgestattet. Aber bewusst diese Bereitschaft einzusetzen, um mit einer neuen Kombination oder einer taktischen Aufgabe, vielleicht sogar unter der Maßgabe, einen Treffer mit der Führungshand zu erhalten, ist ein Erziehungsprozess, der eng mit dem Selbstvertrauen verbunden ist.

Alle psychischen Faktoren lassen sich nicht isoliert, sondern nur in Verbindung mit dem Partner in der Wettkampfsportart schulen.

Trainingsplanung

Jeder Trainingsprozess ist langfristig anzulegen und gründlich zu planen, denn er ist auf die Verbesserung der sportlichen Leistungsfähigkeit gerichtet. Und diese wird von verschiedenen Faktoren bestimmt. Zuerst wird immer das sportliche Können einer Technik oder Übung gesehen. Diese Technik wird aber bald mit einem Partner zusammen geübt, und dann ist nicht diese allein entscheidend, sondern die konditionellen und koordinativen Anforderungen spielen eine große Rolle. Jeder Aktive merkt es, wenn er über die Zeit von 4 mal 2 Minuten dem sportlichen Gegner gegenübersteht (3 mal 2 Minuten bei den Frauen).
Da die Boxtechniken in der Bewegung, nach vorn oder hinten, nach rechts oder links ausgeführt werden müssen, ist die Koordination, das Zusammenspiel zwischen Arm, Körper und Beinbewegung das Schwierigste in der Ausbildung der Boxanfänger.

In der Vorbereitung auf die Planung der Ausbildung müssten somit auf jeden Fall:
- die Technik/Taktik der Boxausbildung
- die notwendigen, individuell bereits zugeschnittenen Übungen
- die Gedanken zur psychischen Belastung und
- der Trainingsumfang, die physischen Belastungen vermerkt sein.

Eingebaut in ein solches Schema sind dann viele Einzelfragen lösbar, die aber immer im Zusammenhang gesehen werden sollten, zum Beispiel:
Wenn ein Partner mit der Schlaghand angegriffen wird, schaut er immer nach unten oder schließt die Augen, ja beugt teilweise die Knie. Damit zeigt er dem Trainer:
- er hat Angst vor der Schlaghand
- die Übungen zur Abwehr der Schlaghand sind zu schnell vorangegangen
- er kann den sportlichen Gegner nicht beobachten
- die Wehrbewegungen sind nicht effektiv.

Hier haben sich technische und psychische Fehler vermischt. Eine Lösung bietet sich meist nur an, indem die Schnelligkeit in der Ausführung zurückgenommen und ein anderer, »leichterer« Übungspartner eingesetzt wird. Durch zu schnelles Vorgehen hat ein Teil der Boxanfänger keine Chance, sich ihren Fähigkeiten entsprechend langsam zu entwickeln, sie haben keinen Erfolg und scheiden aus dem Boxsport aus. Auch die Stellung im Boxring,

das Verhalten beim Angriff und in der Verteidigung sind wichtig (vgl. S.102), doch darüber hinausgehend muss ein Denken einsetzen. Der Aktive sollte herausbekommen, »erfahren« wollen, was der Gegner vorhat. Das setzt ein Wissen voraus, wie sich die Körperhaltung bei jedem Angriff verändert, jede Technik eigene typische Ausgangspositionen hat. Damit schafft sich der Athlet die Möglichkeit, die Bewegung des Angreifers oder des Verteidigers zu erahnen und seine Aktionen darauf einzustellen. Das ist eine der Grundlagen für ein schöpferisches Boxen.
Alle Aktionen des Boxens sollen schnell ausgeführt werden. Im Training ist somit ein bestimmter Rhythmus in der Schlagfolge vorzugeben, aber das geht erst, wenn die Techniken in den Grundlagen gefestigt sind. Es hat sich als günstig erwiesen, den schlagenden Arm mit der gleichen Schnelligkeit wieder in die Ausgangsposition zurückzuführen und damit den Auftakt für den folgenden Schlag zu geben.
Der Trainer sollte in diesem Ausbildungsprozess auch üben, dem Anfänger in einer beruhigenden Art Weisungen für sein Kampfverhalten zu geben. Das setzt immer eine Analyse des Zweikampfverhaltens voraus. Und die Anfänge dieser Analyse sind dem Kämpfer deutlich zu machen im Übungskampf. Dabei sind die positiven Seiten immer die Grundlage für die Auswertung. Der Schwerpunkt der Neueinstellung, der Fehler oder der neuen Taktik ist mit wenigen Worten mehrmals hervorzuheben. Es sollten höchstens drei Informationen gegeben werden, die umgesetzt werden sollen. Je stärker die Aktiven durch konditionelle Anforderungen belastet sind, desto weniger Informationen können sie umsetzen.

Wie könnte nun eine Planung für ein Boxjahr aussehen?
Der Bezugspunkt, wenn der Sportler die besten Leistungen erreichen soll, sind die Meisterschaften. Da diese Termine sich verändern, sind auch die zeitlichen Abläufe in jedem Jahr verschieden.
Doch die folgenden Inhalte bleiben erhalten.
Allgemeine konditionelle Fähigkeiten sind zu entwickeln mit dem Ziel, ein Boxen im Ring nach den Regeln des Boxverbandes und unter Beachtung der bisherigen Leistungsfähigkeit, des Alters und des Geschlechts zu fördern. Die grundlegende Methode dazu ist die Übung über einen längeren Zeitraum mit ständiger mittlerer Belastung (Spiel über eine Stunde und länger – Basketball besser als Fußball, Lauf über mindestens 30 Minuten, Spiel an den Boxgeräten über eine halbe Stunde). Da die Anpassungen des Körpers an die allgemeinen Anforderungen erst nach ca. 6 Wochen zu wirken beginnen, sollte dieser Komplex auch so lange ausgedehnt werden.
Auch hier gilt: Eine Pulsfrequenz von 160 sollte nicht überschritten werden.

Da die Schlagkraft wesentlich von der entwickelten Kraftfähigkeit abhängt, gilt es, diese als Anschlusskomplex besonders zu beachten. Kinder und Jugendliche üben nur mit dem eigenen Körpergewicht (Klimmziehen und Liegestütz, Beugestütz und Medizinballstoß).
Erwachsene üben mit 80 % der individuellen maximalen Leistung. Diese wird 8–10-mal mit einer Pause von 10 Sekunden bewältigt. Dann folgt eine Pause über 3 Minuten. Geübt wird das in 3 Serien. Hier wird dann mit Gewichten geübt, die zur Hochstecke gebracht werden müssen. Ein Training an der Hantelbank, wo aus dem Liegen heraus die Armkraft geschult wird, ist nicht ausreichend. Doch auch der Medizinball (Vollball von 2 bis 5 kg) dient der allgemeinen Kräftigung und teilweise dem speziellen Schnelligkeitstraining. Hier sind es vor allem Stöße mit der Führungshand und der Schlaghand in und aus der Boxstellung über die Rundenzeiten. Aber auch Schockwürfe sind für die Ausprägung der Rumpfmuskulatur sehr wichtig und ein einfaches Trainingsmittel, vor allem in der Wettkampfzeit. Denn in diesem Zeitraum werden die Übungen so zusammengestellt, dass die konditionellen Voraussetzungen erhalten bleiben, also keine Steigerung eintritt.
Die taktisch-technischen Strategien sind an Übungen gebunden, die sich am sportlichen Wettkampf orientieren. Alle Übungen erfolgen somit schnell und ohne Muskelanspannung. Dabei ist die Zielsetzung sehr deutlich zu unterscheiden. In der Lernphase sind es viele Wiederholungen, die ohne oder nur mit geringer Belastung ausgeführt werden sollen. Es folgt dann eine Zeit, in der es viele Wiederholungen gibt, bis die Technik in der Grobform fest eingeübt ist. Dann erfolgt ein technisches Üben und die Verbesserung der Grobform (Handhaltung, Schultereinsatz, Hüfte nach vorn bringen, bewegen auf den Zehenballen, Blickhaltung erfolgt in Stoßrichtung usw.). Bei Kinder und Jugendlichen lässt sich durch die gezielte Schnelligkeitsschulung auch die Schlagschnelligkeit verbessern. Dabei wird die einzelne Übung mit maximaler Schnelligkeit 3–4-mal mit 10 Sekunden Pause zwischen den Übungen durchgeführt. Danach erfolgt eine Pause für die belastete Muskulatur von ca. drei Minuten. Eine Belastung anderer Muskelgruppen ist möglich, sollte aber die allgemeine Erholung nicht einschränken. Übungen zur Reaktionsfähigkeit oder Lockerung der Muskeln sind hier angebracht.
Bei der Arbeit mit Jugendlichen gilt es, vor allem die technischen Abläufe zu erlernen und die Vielzahl der Varianten zu probieren (z.B.: Stoß mit der FH zum Kopf, mit Seitneigen nach links und rechts, im Stand, mit Schritten, bis zum Sprung, als Doppelschlag ...).
Eine Trainingsplanung umfasst ein Wettkampfjahr. Der Höhepunkt ist die regionale Meisterschaft, bei Leistungssportlern die nationale und internationale Meisterschaft.

Dabei untergliedert sich die Trainingsplanung in:

- die Förderung der allgemeinen konditionellen Ausdauerwerte. In den ersten 6 Wochen nach der Pause sollten keine Wettkämpfe stattfinden, da hier die konditionellen und koordinativen Grundlagen aufeinander abgestimmt werden sollten
- die Herausbildung der Kraftfähigkeiten
- die Förderung der wettkampfspezifischen Ausdauer und speziellen Kraftfähigkeiten
- die Verbesserung der technischen Parameter und die Wissensvermittlung (z.B.: Angriffstechniken, Verteidigungstechniken und deren individuelle Umsetzung, Verhalten in Standardsituationen ebenso wie die Formen des Distanz-, des Halbdistanz- und des Nahkampfes eingebunden in die Wettkampfbestimmungen)

und nach den Meisterschaften:

- die Erhaltung der allgemeinen und speziellen Wettkampfausdauer.

Ein grob strukturierter Plan sollte somit zumindest enthalten:

Datum	Zielstellung	Umfang	Intensität	Inhalt	Bemerkung
1.09.	Konditionelle Grundlagen	90 min	gering	6 km Waldlauf, flaches Gelände	Puls nicht über 140
3.09.	Grundlagen	90 min	gering	Lauf 10 km	Puls um 140
5.09.	Grundlagen	90 min	mittel	Fußball Großfeld	Puls um 140

Dem könnten Läufe, Handball, Basketball, aber auch Federball über einen Zeitraum von 90 min folgen.
Die Arbeit am Boxgerät wird später dann nach dem Lauf, der kürzer ist aber von der Intensität bei einem höheren Puls liegt, begonnen. Auch hier gilt es, den Umfang der Arbeit zu erhöhen und erst dann die Intensität zu steigern.
Beispiele:

1. Boxen gegen einen Sandsack, der kaum schwingt, über 6 Runden
2. Boxen gegen einen Sandsack, der leichter ist und schwingt, über 6 Runden, wobei der Sandsack immer in der gleichen Entfernung ist (Schulung der Beinarbeit)
3. Boxen gegen einen Sandsack mit 140 Stößen in einer Runde (3 min)
4. Boxen gegen einen Sandsack mit 160 Stößen in einer Runde

5. Boxen mit Dreierkombinationen gegen einen Sandsack mit mindestens 120 Stößen
6. Boxen gegen einen Sandsack mit einer Dreierkombination mit Geraden, mit der Schlaghand beginnend
7. Boxen gegen einen Sandsack mit Fünferkombination mit Geraden
8. Boxen gegen einen Sandsack mit 20 Sekunden in jeder Minute als Spurt
9. Boxen gegen einen Sandsack mit Geraden und Haken – mindestens 180 Stöße in einer Runde
10. Boxen gegen einen Sandsack mit Geraden, Rücksprung und speziellem individuellem Stoß und in den Pausen Seilspringen oder Schattenboxen oder Ball-Prellen oder Lockerungsübungen.

Schritt 1: Stoßen aus dem Stand

Technische Merkmale:
- Stoß der Führungshand mit Schulterdrehung nach vorn, bis sie die Kinnspitze berührt
- Bewegung der linken Hüfte nach vorn
- Streckung des hinteren (rechten) Beines.

Die Muskulatur ist beim Stoß locker, nicht gespannt. Erst vor dem Auftreffen spannt sich die Faust. Um die Bewegung fließend zu gestalten und alle Kraft für den Stoß zu mobilisieren, wird ausgeatmet – auf keinen Fall wird die Luft gepresst angehalten. Diese Bewegung sollte um die 200-mal ausgeführt werden. Das zu treffende Ziel sollte sich nur wenig bewegen. Verbunden mit der Stoßbewegung wird der linke Fuß etwa 10 cm nach vorn bewegt. Schritt und Stoßbewegung bilden eine Einheit. Die Schrittbewegung wird später noch auf etwa 5 cm verkürzt, der Stoß wird in der gleichen Zeit ausgeführt. Diese Stoß-/Schrittbewegung wird zunächst am Wandpolster eingeübt, später dann an Sandsack, Maisbirne und Punchingball gefestigt.

Schritt 2: Stoß und Schritt in Partnerarbeit

Stoß und Schritt werden anschließend in der Partnerarbeit – ständig wechselnd, um die Ermüdung zu fördern und damit die Kondition zu verbessern – geübt, indem in die Hand des Partners gestoßen wird. Die Linke stößt in die rechte Hand des Partners. Somit wird für die stoßende Hand ein langer Weg gewählt, den der Partner leicht mit dem Auge verfolgen kann: Er lernt dadurch, einen Stoß zu beobachten (wichtiger psychischer Faktor). Das Ziel – die geöffnete Hand

– wird nun bewegt. Aus hängender Position wird sie angehoben und darf erst dann getroffen werden. Aus etwas größerer Entfernung springt dann der Partner mit der geöffneten Hand nach vorn; sie muss getroffen werden: Das schult richtiges Distanzverhalten – denn Anfänger neigen dazu, zu nahe an den Partner heranzugehen.

Schritt 3: Stoß auf die Stirn des Partners

Der Stoß erfolgt nun auf die Stirn des Partners: So ergeben sich keine Verletzungen und der Treffer bereitet keinen Schmerz. Der getroffene Partner registriert zwar den Treffer auf der Stirn, aber es werden bei ihm keine Angstreaktionen ausgelöst: Er wird an das »Getroffenwerden« gewöhnt; die Angst vor Verletzungen wird eingeschränkt (psychischer Faktor).

Schritt 4: Parade mit der Führungshand

Der Stoß der Führungshand wird mit einer Parade der Führungshand des Partners abgelenkt: Die geöffnete Linke trifft die entgegenkommende Hand an der Handschuh-Außenseite und wird durch Hand- und Schulterdrehung zur Körpermitte um etwa 10 cm aus der Richtung gebracht. Hier wird das Beobachten des Stoßes vorausgesetzt. Ist das Beobachten noch nicht geschult, erfolgt nach der Ankündigung »und 1« durch den Abwehrenden der Stoß immer erst auf »1«. Ein Schritt des Stoßenden auf den Verteidiger zu gewährt diesem eine längere Reaktionszeit. Diese Übung hat auch einen taktischen Aspekt: Wenn die gegnerische Hand so abgelenkt wird, kann mit der anderen Hand nicht gleich gestoßen werden, da sie das Zielgebiet verdeckt (taktischer Faktor).

Schritt 5: Stoß und Schritt nach vorne

Der Stoß mit der Führungshand wird mit einem Schritt des linken Beins um 10 cm nach vorn links verbunden. Damit verändert sich die Stellung zum Partner zugunsten des Verteidigers (taktischer Faktor). Der Stoß der Führungshand wird zuerst im Gerätetraining gefestigt. Aus dem Stand erfolgen ein Schritt mit dem linken Fuß (10 cm) und der gleichzeitige Stoß. Die linke Schulter leitet die Bewegung ein – nicht die linke Hand. Die rechte Hand wird nicht bewegt: Zwischen rechtem Ellbogen und dem Körper kann zum Beispiel ein Handschuh geklemmt werden, der ein Bewegen des rechten Arms und der rechten Hand einschränkt.

Schritt 6: Doppelstoß

Der Stoß der Führungshand erfolgt nicht gleichmäßig, sondern nach 3, 5, 7 oder 9 Sekunden; danach erfolgt ein Doppelstoß mit den gleichen Pausen. Dabei ist der erste Stoß fast nur eine Armstreckung, und erst beim zweiten Stoß wird die Schulter voll eingesetzt.

Schritt 7: Blocken mit der Führungshand

Der Stoß der Führungshand des Angreifers wird durch einen Block der Führungshand des Verteidigers »aufgefangen«. Das Blocken der Führungshand erfolgt durch Öffnen der Hand und Drehung der Hand zum Partner, wobei gleichzeitig der linke Arm nach vorn gebracht wird – das Ellbogengelenk über 90 Grad nach vorn geöffnet; gleichzeitig erfolgt die Schulterdrehung. Der schon etwas erfahrenere Boxer dreht und öffnet nicht mehr die Hand, sondern fängt den Stoß mit der Handschuh-Rückseite auf, bringt aber auch Schulter und Arm nach vorn.

Schritt 8: Abwehr abwechselnd durch Block und Parade

In der Partnerübung wird der Stoß der Führungshand einmal durch einen Block aufgefangen und dann wieder mit einer Parade abgelenkt. Diese Übung erfolgt im Stand, mit Schrittfolgen und im freien Üben, wobei von Seiten des Trainers keine Vorgaben erfolgen sollten. Spätestens bei dieser Partnerübung ist der erzieherische Aspekt des Boxens zu verdeutlichen: Ein Trainingseffekt ist nur dann zu erzielen, wenn die Stöße so kommen, dass der andere Partner noch Zeit hat, richtig zu reagieren. Kommen sie schneller und treffen sie hart auf, entsteht Angst, und die Technik wird nicht mehr richtig ausgeführt. Der Antwortstoß erfolgt dann mit Kraft – und damit langsamer und ungenauer. Spätestens hier muss der Zusammenhang von Emotionen – »Warte, ich werde dich treffen!« – und Schlaghärte erörtert werden, denn in diesem Augenblick erfolgt eine Muskelanspannung, die einen schnellen Schlag verhindert. Wutreaktionen ermöglichen zwar ein unkontrolliertes Angreifen, aber keine präzisen Stöße – und vor allem keine schnellen Stöße: Erfolgreiches Boxen und Wut schließen sich gegenseitig aus (entscheidender pädagogischer Faktor).

Schritt 9: Parade mit der Führungshand nach außen

Nachdem sich die Partner – nach rund 300 Übungen mit unterschiedlichen Partnern – an die Parade nach innen gewöhnt haben, erfolgt die Parade mit der Führungshand nach außen: Die ankommende Hand wird mit der Handschuh-Rückseite von innen um etwa 5 cm nach außen gedrückt. Die Führungshand geht der angreifenden Hand rund 10 cm entgegen, indem gleichzeitig die Schulter nach innen gedreht wird: der Auftakt. Sind die Handschuhe auf gleicher Höhe, erfolgen Schulter- und Armdrehung nach außen. Damit wird der Gegner in eine günstige Lage gebracht, die den Einsatz der Schlaghand ermöglicht. Um das zu verhindern, muss die Führungshand des Angreifers sofort wieder in die Ausgangsposition gebracht oder direkt auf die Schlaghand des Übungspartners gerichtet werden. Mit einer solchen Übung wird verdeutlicht, dass die ersten beiden Stöße nur eine Vorbereitung für den nun möglichen Stoß mit der Schlaghand darstellen (Schulung des Denkens unter Angriffs- und Zeitdruck).

Schritt 10: Varianten des Blockens der Führungshand

Die Führungshand durch einen Block aufzufangen, ist die eine Seite der technischen Ausbildung. Der zweite Schritt dieser Ausbildung richtet sich auf die mögliche Schlagführung. Es soll durch die Bewegung des Partners erahnt werden, wann die Führungshand gestoßen wird. In der sportlichen Praxis sprechen wir von einer *Bewegungs-Vorwegnahme*: Man vermutet in diesem Augenblick, dass nach einer bestimmten Körperlage oder Körperstellung die Führungshand gestoßen wird.
Verbunden mit der vorausgegangenen Bewegungserfahrung stoßen wir die Führungshand durch Drehung der linken Schulter etwa 20 cm nach vorn. So schiebt sich die Führungshand näher an die Hand des Partners heran und behindert den geraden Stoß. Erfolgt dennoch ein Stoß, so wird er durch die Faust abgelenkt und kann das angestrebte Ziel nicht treffen. Je weiter die linke Hand nach vorn geschoben wird, desto größer ist der Deckungsschatten gegen einen geraden Stoß hinter ihr. Dabei wird aber die Deckung so vernachlässigt, dass mit einen Haken jederzeit um die Hand herumgestoßen werden kann.

Schritt 11: Möglichkeiten, Treffer zu vermeiden

Es gibt mehrere Möglichkeiten, Treffer zu vermeiden:
- Durch einen Stoß, der vor oder zumindest gleichzeitig mit dem Angriff beginnt, kann man die Führungshand ablenken.
- Durch einen Stoß gegen die obere Handschuhkante: Der Angriff verändert seine Richtung und kommt nicht ans Ziel.
- Durch einen Stoß gegen den Unterarm: Der Stoß wird nach innen oder außen abgelenkt.
- Durch einen Stoß von innen oder außen gegen den Oberarm: Eine Streckung des Armes wird verhindert, und die Führungshand kommt nicht gestreckt; sie trifft nicht.
- Durch einen Stoß mit der Führungshand gegen die Schulter: Damit ist nur die Armstreckung möglich, nicht jedoch der Schultereinsatz; der Schlag hat somit keine Kraft und trifft nicht präzise.

Diese Übungen lassen sich langsam beginnen und sollten dann in schnellerer Bewegung geübt werden – zuerst in der angegebenen Reihenfolge, dann in individuellem Wechsel. Die Körpergröße der Partner sollte bewusst genutzt werden, um zu verdeutlichen, dass individuelle Formen und Lösungen gefunden werden müssen.

Schritt 12: Der Mitschlag der Führungshand

Der Mitschlag der Führungshand ist eine technisch-taktische Aufgabenstellung, die der Festigung der Technik, aber auch der konditionellen Entwicklung dient, insbesondere dann, wenn Partner mit unterschiedlicher Leistungsfähigkeit zusammenarbeiten: Bei dieser Technik schlagen beide gleichzeitig die Führungshand und fangen die Führungshand des Partners mit einem Block auf. Diese Übung dient der Schulung des richtigen Entfernungsverhaltens und – bei gleichgroßen Partnern – besonders der richtigen und weiten Schulterdrehung. Sie ist im Stand zu üben: Erst wenn das sicher und schnell – gleichzeitiges Stoßen ist immer eine Frage der Reaktionsfähigkeit – ausgeführt werden kann, sollte in der Bewegung geübt werden. Ein Partnerwechsel ist dabei besonders wichtig, da ein anderer Partner eine andere Schlaghärte, eine andere Reichweite, eine andere Körperhaltung und auch andere Reaktionen zeigt.

Schritt 13: Der Nachschlag (Antwortstoß)

»Nachschlag« ist eigentlich eine falsche Bezeichnung für diese Technik. Sie leitet sich aus dem Mitschlag ab. Der Antwortstoß erfolgt jedoch nicht gleichzeitig, sondern erst nachdem die Hand des Partners abgeblockt worden ist. Es ist also ein Stoß nach einer Pause, die nur der Verteidigung diente. Mit dieser Technik wird es kleineren Boxern möglich, verbunden mit einem Schritt nach vorn auch an einen Partner mit größerer Armreichweite heranzukommen.

Schritt 13 schließt die erste technische Ausbildung ab, die zugleich zahlreiche und für den Boxsport wichtige psychologische Aspekte und Erfahrungen vermittelt. Ergänzen kann man dieses Basic-Training noch durch die Schritte 14 und 15. Es ist die Meinung der Autoren, dass eine weiterführende technische Ausbildung einem Fortgeschrittenen-Training vorbehalten bleiben sollte, das dann auf die Beherrschung der in diesem Buch beschriebenen Grundtechniken aufbaut.

Schritt 14: Stoß der Führungshand zum Körper

Der Stoß der Führungshand zum Körper ist eine Technik, die unterschiedlich gelehrt wird. Sie soll die Druckkraft von Arm und Körper auf den Partner nutzen und während der Aktion und danach einen sicheren Stand gewährleisten. Derartige Körpertreffer sind im aktiven Boxsport allerdings vergleichsweise selten zu beobachten. Voraussetzung für die Umsetzung dieser Technik sind Kenntnisse und Fähigkeiten im Vermeiden von Treffern durch sogenannte *Meidbewegungen*. Das sind Körperbewegungen, die den Körper aus der Stoßrichtung der Faust bringen. Das sind beim Stoß der linken Führungshand zum Kopf:

- seitliches Neigen des Oberkörpers nach vorn rechts (Pendeln)
- Abducken sowie
- Pendelbewegung nach vorn rechts zum Abducken und Weiterpendeln nach vorn links (das sogenannte *Durchrollen*).

Soll der Stoß der Führungshand zum Kopf vermieden werden, wird das Pendeln nach vorn links geübt und mit einem Stoß der Führungshand zum Körper des Partners verbunden. So werden Stoßvermeiden und Angriff in einer Einheit geschult.

Die erzieherischen Potenzen dieser Übung liegen auf unterschiedlichen Ebenen: Auf der einen Seite muss der Stoß vermieden werden, was Beobachtung und eine damit verbundene Reaktion voraussetzt. Das erfordert eine Überwindung des Lidschlussreflexes, also eine Überwindung der Angst vor dem Getroffenwerden. Zudem wird die Notwendigkeit eines intensiven Trainings der Bauchmuskeln, der geraden und der seitlichen Muskulatur, erkannt. Da der Körperstoß genau über der Gürtelline ansetzt, darf auch hier nicht hart geschlagen werden – eine schnelle und lockere Reaktion ist gefragt. Boxer, die eine solche schnelle und lockere Bewegung nicht ausführen können, werden selten Übungspartner finden.

Wenn die Härte des Körperstoßes geübt werden soll, wird die Führungshand gestoßen und die Schlaghand als Zielfläche mit der Handinnenseite an den Körper gelegt; der Körperstoß erfolgt dann auf diesen Handschuh.

Wenn der Stoß schnell ausgeführt werden kann und keine Härte in der Ausführung liegt, wird mit dem Üben des *Abduckens* begonnen. Dabei geht der Körper nach unten, und beide Knie werden gebeugt und mit den Innenseiten aneinandergedrückt. Ein Rundrücken unterstützt diese Bewegung. Ohne Gewichtsverlagerung auf den linken oder den rechten Fuß ist kein Stoß möglich, da kein stabiles Gleichgewicht besteht: Das Abducken ist eine rein passive Form der Vermeidung eines Stoßes.

Wird eine Pendelbewegung von vorn rechts nach vorn links ausgeführt und die linke Schulter dabei weit nach hinten zurückgenommen, entsteht die notwendige Vorspannung für einen möglichen Stoß mit der Führungshand.

Nahezu alle Menschen – auch ohne sportliche Ausbildung – vermeiden einen Treffer durch einen fast automatischen Schritt zurück. Ein solcher Schritt begünstigt aber den Angreifer, da er jetzt schnell angreifen kann. Günstiger ist seitliches Ausweichen, da der Angreifer seine Aktion dann abbrechen muss.

Das Zurückgehen sollte in der Grundausbildung nur in Zusammenhang mit Stößen als Antwortreaktion geübt werden.

Schritt 15: Abwehrübungen für den Körperstoß

a) Wird der Körperstoß mit dem Ellbogen aufgefangen, indem er durch eine leichte Drehbewegung nach vorn vor den Körper gebracht und angelegt wird, sprechen wir vom *Ellbogenblock*.
b) Erfolgt die Drehung des Oberkörpers zeitgleich mit dem Stoß, wird dieser durch die Drehbewegung des Oberkörpers und den angelegten Unterarm zur Seite gedrückt: Wir sprechen von einer *Parade mit dem Unterarm*.
c) Darüber hinaus lässt sich auch ein *Gegenstoß der Führungshand* gegen die Handschuh-Oberkante, das Ellbogengelenk oder die Schulter einsetzen.
d) Ein *Ausweichschritt* mit dem rechten Fuß nach vorn rechts ermöglicht eine Körperverlagerung, so dass die Führungshand keine Trefferfläche findet.

Konditionstraining

Der Boxsport ist eine technisch-taktische Sportart, deren Ausübung den ganzen Körper beansprucht. Dabei spielen die konditionellen Fähigkeiten eine große Rolle. Sie werden meist in Mischformen trainiert. Für den Boxer sind vor allem Schnellkraft, Bewegungsschnelligkeit und Ausdauer von Bedeutung.

Bei jugendlichen Boxern ist die Ausbildung durch eine Vielzahl von Übungen aus unterschiedlichen Sportarten abzusichern, seien es nun Turnen, Basketball- oder Fußballspiel, Laufen vom Sprint bis zur Mittelstrecke oder Kugelstoßen. Auch kleine Handhanteln und kleine Medizinbälle, Turnbänke und Kästen lassen sich gut einsetzen. Denn *durch Boxen allein* lässt sich die Leistung nicht entscheidend steigern.

Die Entwicklung der Schnellkraft ist an die Zunahme der Maximalkraft gebunden. Daher sollte in der Vorbereitungsperiode ein Maximalkraftprogramm trainiert werden. Hierbei ist zu beachten: Beim Stationstraining zum Beispiel werden fünf Stationen angeboten. An jeder Station werden etwa zehn Übungen absolviert, und jede Station wird dreimal durchlaufen.

Beispiel eines Maximalkraftprogramms für Jugendliche

- **Liegestütze:** 10 Liegestütze, dann Pause mit Lockerungsübungen, danach 15, 20, 25 und 30 Liegestütze mit Pause und Lockerungsübungen, dann absteigend 25, 20, 15 und 10 Liegestütze mit Lockerungsübungen
- **Hockstrecksprünge:** Oberschenkel und Unterschenkel bilden einen rechten Winkel; die Häufigkeit der Übung gleicht der der Liegestütze
- **Aufrichten aus der Rückenlage:** Füße angewinkelt und fest auf den Boden gepresst, Häufigkeit wie oben
- **Aufrichten aus der Bauchlage:** Füße gestreckt und fixiert, Häufigkeit wie oben
- **Klimmziehen mit Kammgriff:** schnelles Ziehen (Stange bis zum Kinn) und langsames Nachlassen; 3, 5, 8, 10, 11, 10, 8, 5 und 3 Klimmzüge.

Bei allen Übungen ist die Pausengestaltung wichtig; sie sollte auf eine Dehnung der belasteten Muskulatur gerichtet sein.

Werden 8–10 Stationen in einem Rundendurchgang durchlaufen und jede Station nur einmal geübt, sprechen wir von *Circuittraining*. Dabei ist es gleichgültig, mit welcher Station begonnen wird.

Die Belastung wird durch die Anzahl der Wiederholungen oder die Serienzeit festgelegt.

Doch auch Gerätebahnen können mit Medizinball, Turnmatte, Kastenteilen, Stößen gegen den Sandsack, Aufsprüngen und Seilspringen kombiniert werden. Durch die Aneinanderreihung der Übungen wird eine hohe Belastung erreicht; Pausen entfallen. Der Puls sollte nicht unter 140 absinken. Werden mehrere Bahnen hintereinander durchlaufen, wird nach der dritten Runde mit einem Puls von 190 die Belastungsgrenze meist erreicht.
Werden einfache Übungen durchgeführt, empfiehlt es sich für Trainer, Frontalbetrieb anzuordnen: Alle Sportler trainieren zur gleichen Zeit die gleiche Übung.
Nach der Kraftarbeit ist immer auf ausreichendes Lockerungstraining zu achten. Besonders wichtig ist es, die vorher belastete Muskulatur zu dehnen.
Sind *Kraftmaschinen* vorhanden, sollten die Geräte so genutzt werden, dass erst die großen und später die kleinen Muskelgruppen angesprochen werden. Dabei sollten nicht täglich alle Muskeln trainiert werden, sondern einzelne Gruppen im Wechsel bei zwei- bis dreimaligem Training pro Woche.
Beispiel:
1. Tag: Rücken, Bizeps, Bauch
2. Tag: Bankdrücken, Trizeps
3. Tag: Gesamtmuskulatur mit weniger Intensität.

Bei der Ausbildung der *Schnellkraft* gilt es, das einzusetzende Gewicht zu reduzieren. Dient der eigene Körper als Bezug, so sollten 40–60 Prozent der eigenen Körpermasse als Belastung genügen. Die Belastungsdauer liegt bei 20–40 Sekunden an jeder der etwa fünf Stationen. Nach jedem Durchgang gibt es eine Pause von drei bis fünf Minuten.

Die Ausdauerfähigkeit für den Boxsport erreichen wir durch Laufen – ohne Lauftraining gibt es keine ausreichende Ausdauerfähigkeit. Zuerst sollten Läufe absolviert werden, die über einen längeren Zeitraum reichen, z.B. Läufe über eine Stunde, die aber ohne Entfernungsangabe oder Entfernungsziele gelaufen werden sollen. Es soll erreicht werden, eine Stunde zu laufen, ohne dabei so erschöpft zu sein, dass danach die Kraft zu nichts mehr reicht. Der Puls sollte nicht über einen Wert von 160 steigen. Ein 140er Puls ist anzustreben. Erst nach ca. 6 Wochen ist die Wettkampfzeit als Richtzeit für die Belastung anzugehen. Die Läufe sollten 4 x 800 m betragen und nur mit einer Minute Pause gelaufen werden.
Als 2. Schritt ist zu erreichen, die letzten beiden 800-m-Läufe mit der gleichen Zeit abzuschließen.
Als 3. Schritt folgt eine unterschiedliche Laufgeschwindigkeit innerhalb der einzelnen 800-m-Läufe. Wobei auch hier versucht werden

soll, besonders in der letzten Runde noch einmal für kurze Zeiten das Tempo zu erhöhen.
Erst dann könnte dazu übergegangen werden, innerhalb der einzelnen 800-m-Strecken Intervalle einzubauen. Als Kontrolle nach einem solchen Lauf dient der Puls. Er sollte in der **Pause wieder Werte unter 140 erreichen**.
Der letzte Schritt sind Vorgabezeiten für 800 m, die sich an den Leistungen des Aktiven und seinem Puls orientieren: Nach Ende seines Laufes – 4 x 800 m – sollte der Puls **immer über 180** sein.
Eine Trainingsanleitung ist somit immer an die Ausgangsleistung gebunden und nicht mit festen Zahlen zu belegen. Die angegebenen Zahlen sollen als Richtwerte angesehen werden.

Beispiele für eine unterschiedliche Lauftrainingsstrecke Anfänger:	
400 m	1:30 min
600 m	2:10 min
800 m	2:40 min
600 m	2:20 min
400 m	1:40 min
oder 4 x 800 m mit Zeiten zwischen 3 min und 3:30 min.	

Pulsfrequenz und Laktatwerte geben dabei einen Einblick in die aktuelle Leistungsfähigkeit; sie können als Grundlage für das Trainingskonzept dienen.
Auch Intervalläufe über 3000 m, Fahrtspiele und Paarläufe führen zu Ausdauer. Aber erst in Kombination mit speziellen Boxtechniken wird die für den Boxsport erforderliche Ausdauer herausgebildet: Somit ist der Belastungswechsel zwischen allgemeinen Ausdauer- und speziellen Boxübungen eine Grundvoraussetzung für das Erreichen der notwendigen Wettkampfausdauer.
Dieses Training bietet – genau wie in der Kraftausbildung – viele Möglichkeiten der differenzierten Belastung, die selbst mit einfachsten Pulsmeßgeräten gesteuert werden kann. Ausgehend von der höchsten Herzschlagfrequenz, die im Training gemessen wurde, gilt: Bei einer Belastung von 50 bis 60 Prozent dieses Wertes fühlt sich der Sportler noch wohl. Wird die Belastung um etwa 10 Prozent erhöht, erfolgt eine Energiebereitstellung durch Fettverbrennung. Belastungen zwischen 70 und 90 Prozent der maximalen Herzfrequenz erfordern eine Energiebereitstellung, die Anpassungsvorgänge bedingt. Im Bereich darüber – über 90 Prozent der Herzfrequenz – sollte im Breitensport nicht trainiert werden. Bei Kindern ist die Anpassung des Körpers eine andere als bei Erwachsenen. Deshalb sind solche Tabellen nicht übertragbar!

Training an Boxgeräten

Die verbreitetsten Trainingsgeräte

Der Sandsack

Das Training an Boxgeräten ist so alt wie der sportliche Vergleich. Bereits im antiken Griechenland wurde an Geräten geübt, wie wir sie heute noch kennen. Der »Korykos« war ein aufgehängter Sack, der mit Feigenkernen, Mehl oder Sand gefüllt war – den Sandsack gibt es noch heute. Er muss aber nicht unbedingt mit Sand gefüllt sein, sondern kann auch weichere Stoffe enthalten, um die Schläge dagegen weicher werden zu lassen und Verletzungen im Handbereich – besonders bei Anfängern – vorzubeugen.
Übungen am Sandsack ermöglichen einen fiktiven Stoß zum Kopf des Gegners und auch auf dessen Körper. Da der Sandsack recht schwer ist, schwingt er nur wenig. Je langsamer und angeschobener ein Stoß ist, um so mehr schwingt der Sandsack. Bei kurzen, schnellen Stößen verharrt der Sandsack – auf Grundlage des Trägheitsgesetzes – fast in seiner Stellung. Je mehr ein Boxer kann, je explosiver seine Stöße sind und je genauer er die richtige Entfernung zum Sandsack einhält, desto weniger bewegt er sich.
Die ersten Stöße, die geübt werden sollten, sind die Geraden mit der Führungs- und der Schlaghand. Dabei ist es wichtig, dem Anfänger durch Zielkreuze oder Kreise auf dem Sandsack ein genaues Treffergebiet zuzuweisen. Um eine volle Schulterdrehung zu erreichen, sollte mit der Führungshand die Position 3 erreicht werden. Die Positionen 2 oder 4 gelten für die Schlaghand.
Da der Sandsack vorwiegend dem Üben von Körper- und Kopfstößen dient, bieten sich unterschiedliche Kombinationen an.

Linke Seite:
Linke Gerade zum Körper (Position 1) – rechte Gerade zum Kopf (2); sie kann nach voller Vordehnung vieler Muskelgruppen sehr explosiv geschlagen werden – dann linke Gerade (3) zur Absicherung und zur Vordehnung der dann folgenden rechten Geraden zum Körper (4).
Diese Kombinationen lassen sich beliebig verändern.

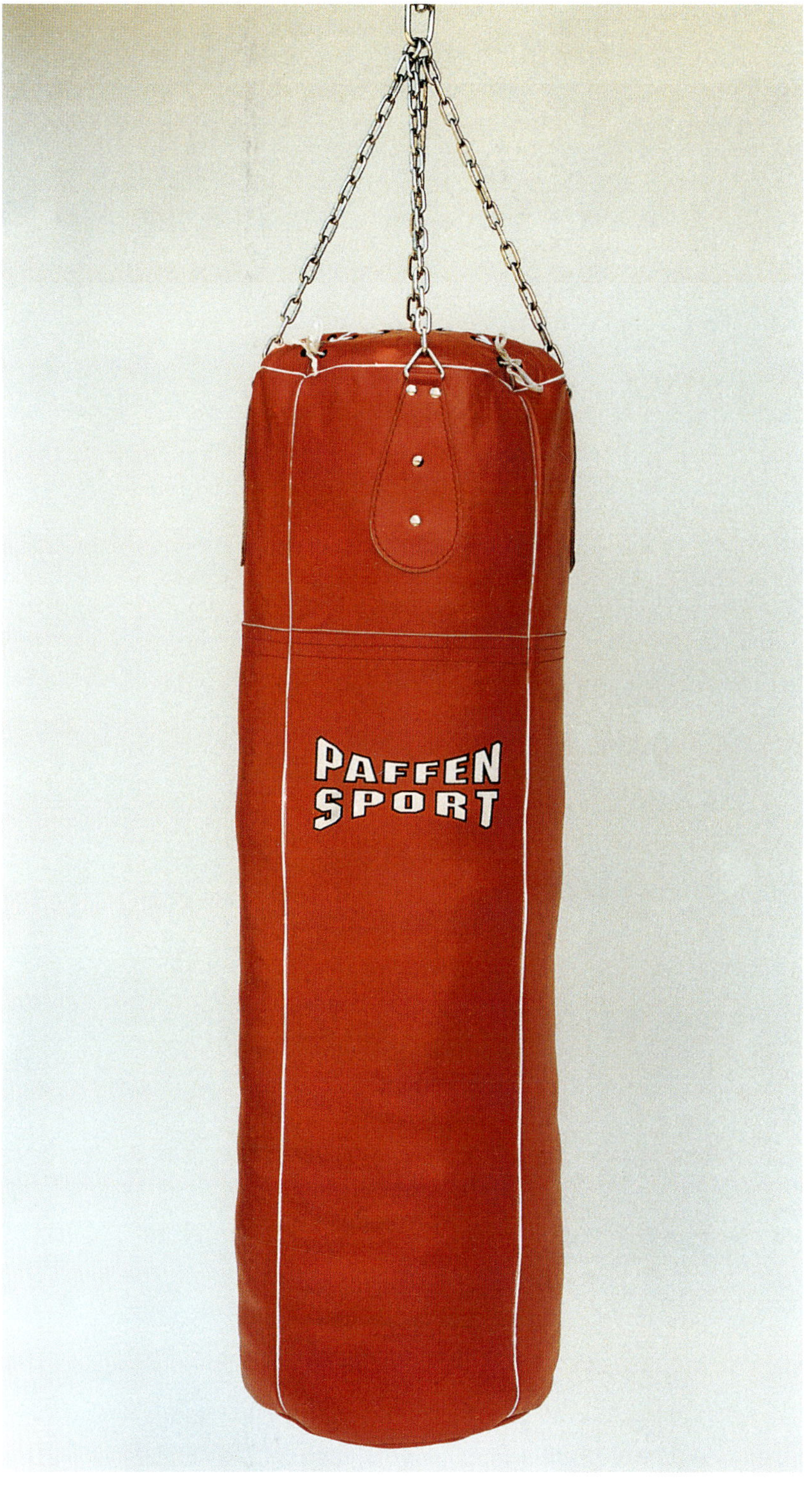

Der Sandsack

Rechte Seite:
Die rechte Seite bietet Kombinationen an, die bedeutend schwerer zu erlernen sind, da keine langen Vordehnungen des Körpers erfolgen. Wir beginnen mit der linken Hand zum Körper (1), dann folgt die rechte Hand (2), danach stoßen linke und rechte Hand zum Kopf. Kombinationen dieser Art dienen der Beweglichkeit im Schulterbereich und dem Erlernen der Gewichtsverlagerung beim Stoß.

Für das Erlernen von Körperhaken eignet sich der Sandsack sehr gut. Hier ist dann Punkt 2 (rechtes Bild) Trefferfläche für den rechten und Punkt 1 Trefferfläche für den linken Haken.
Die hier vorgezeichneten Stöße werden im Stand geübt; sie sind deshalb noch nicht für den Wettkampf geeignet. Erst wenn der Sandsack schwingt und Treffer angebracht werden müssen, entspricht das Wechselspiel von Schlagfolge und richtiger Entfernung der Realität.
Auch die Varianten des Nahkampfes lassen sich am Sandsack üben. Dabei befindet sich der Kopf rechts oder links neben dem Sandsack, und die Fäuste werden mit Drehung der Schulter als Haken geschlagen. Der Armwinkel wird kaum verändert, die Deckung somit auch beim Schlag nicht geöffnet. Die Schwierigkeit besteht darin, das Körpergewicht so einzusetzen, dass es sich immer hinter dem Schlagarm befindet.

Sandsäcke mit Nummern

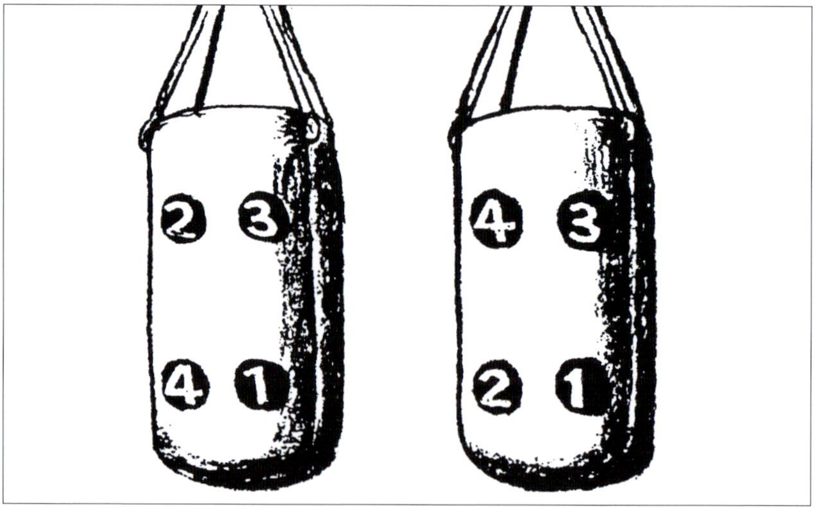

Die Plattformbirne

Das Training an der Plattformbirne ist relativ schwierig, denn die Birne schwingt nach hinten und kommt mit der gleichen Geschwin-

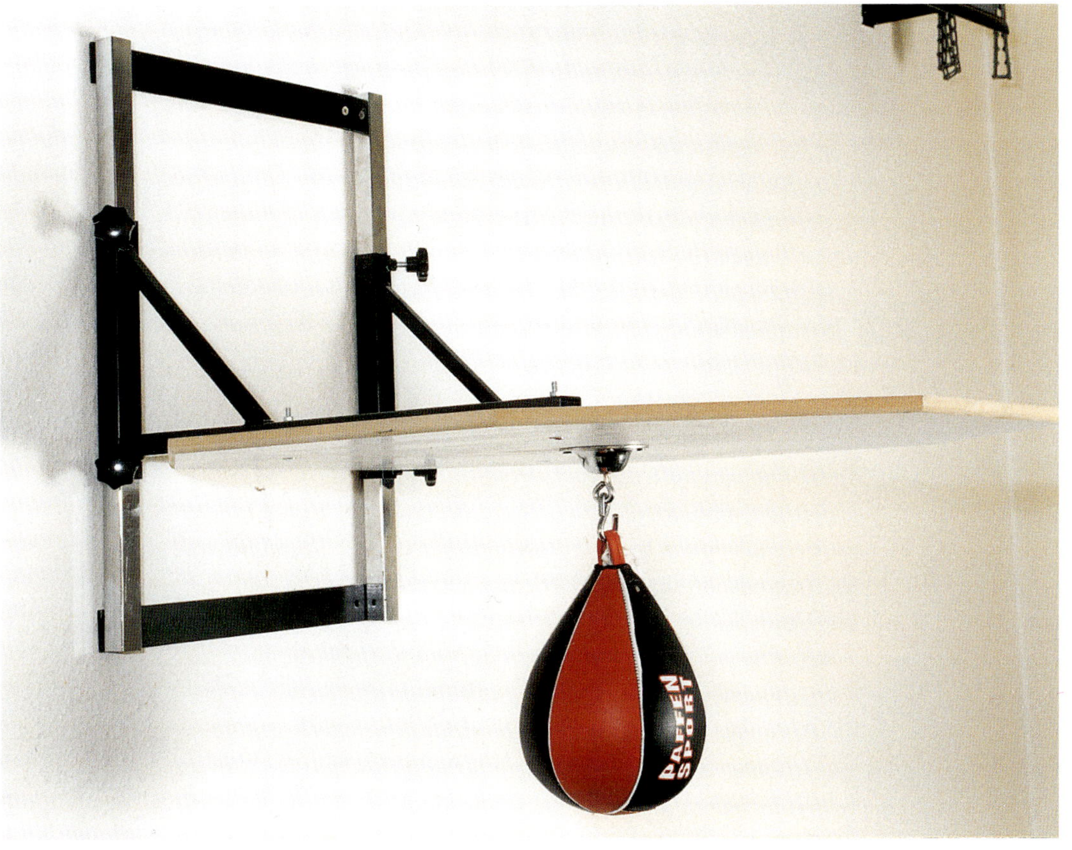

digkeit zurück – im Augenblick des Zurückkommens muss sie erneut getroffen werden: Das prägt einen Schlagrhythmus, den kein anderes Gerät fordert. Wenn die technischen Anforderungen stimmen sollen, ist nur ein schneller Stoß ohne Körperspannung ratsam. Die Schwierigkeit besteht darin, in der kurzen Zeit auch die Schulterdrehung durchzuführen.

Die Plattformbirne

Übungsfolgen:
- Einzelstöße mit der Führungs- oder Schlaghand
- Schlagverbindungen von Führungs- und Schlaghand
- Schlagverbindung von Führungshand und Schritt – rechter Seithaken zum Kopf
- Schlagverbindungen von drei geraden Schlägen hintereinander.

Das Erlernen der Schläge und ihrer Verbindungen dauert länger, denn: Je schneller und härter gegen die Birne geschlagen wird, desto schneller kommt sie zurück.

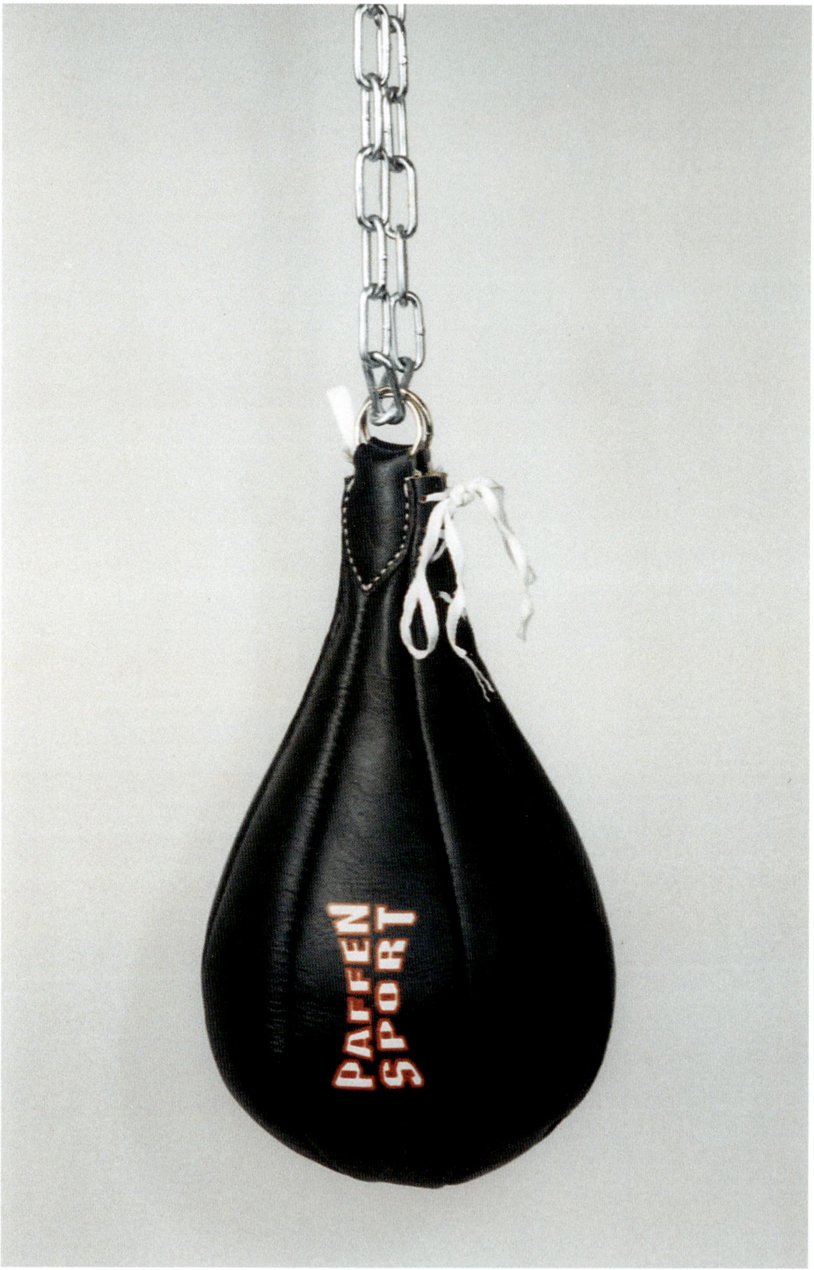

Die Maisbirne

An meisten verbreitet ist in Boxkreisen das Training an der Maisbirne: Es ist ein Gerät, das vorwiegend für das Üben von Stößen zum Kopf gedacht ist. Dabei lassen sich sowohl gerade Stöße als auch Haken üben.

Durch die Pendelbewegung der Maisbirne wird der Boxer gezwungen, Boxstöße und Bewegungen als einheitliche Technik auszuführen. Um diesen Aspekt besonders zu fördern, sollten nicht zwei, sondern mehrere Stöße hintereinander – am besten drei bis fünf – gefordert werden. Sind die Stöße schnell, kurz und hart, schwingt die Maisbirne nicht weit aus: Nur wenn die Stöße »geschoben« sind, pendelt sie sehr weit aus.

Übungsbeispiele:
- Führungshand
- Führungshand und Schlaghand mit Schritt des linken Fußes – dann wieder die Ausgangsstellung einnehmen
- Führungshand – rechter Seithaken zum Kopf mit Schritt des vorderen Beins – Führungshand mit Zurücknehmen des vorderen Beins
- Schlagkombinationen mit Schritten im Diagonalschritt, Passgang oder Wechselschritt.

Beispiel:
Linke Führungshand und Schritt mit dem linken Fuß – Schlaghand mit Vorsetzen des linken Fußes und Nachziehen des rechten Beins – linke Führungshand mit Schritt des linken Beines.

Der Doppelendball

Stark verbreitet ist auch der Doppelendball, ein Konditionsgerät, das vorwiegend der Entwicklung der Schlagausdauer dient. Da das Gerät schnell schwingt, werden die Armmuskeln ausgebildet, und es bedarf des Trainereinflusses, um Stöße mit Schulterdrehung auszuführen.

Wandpolster, Pratzen u. a.

In vielen Boxgemeinschaften sind noch weitere Trainingsgeräte im Einsatz. Am häufigsten ist das *Wandpolster* anzutreffen. Dort können Stöße zum Kopf und Körper im Stand geübt werden.
Auch *Federbirnen, Tennisball* oder große *Punchingbälle* sind bekannt, gehen aber in ihren Anforderungen nicht über die bereits beschriebenen Geräte hinaus.
Die direkte individuelle Arbeit mit dem Trainer findet in der Übung an den *Pratzen* (Tatzen) statt. Durch die Forderung nach dem richtigen Stoß, die Verbindung von Schritten mit Körperbewegungen und die sofortige Korrektur durch den Trainer ergibt sich eine ideale Trainingsform. Durch die Anweisungen des Trainers werden dem

Der Doppelendball

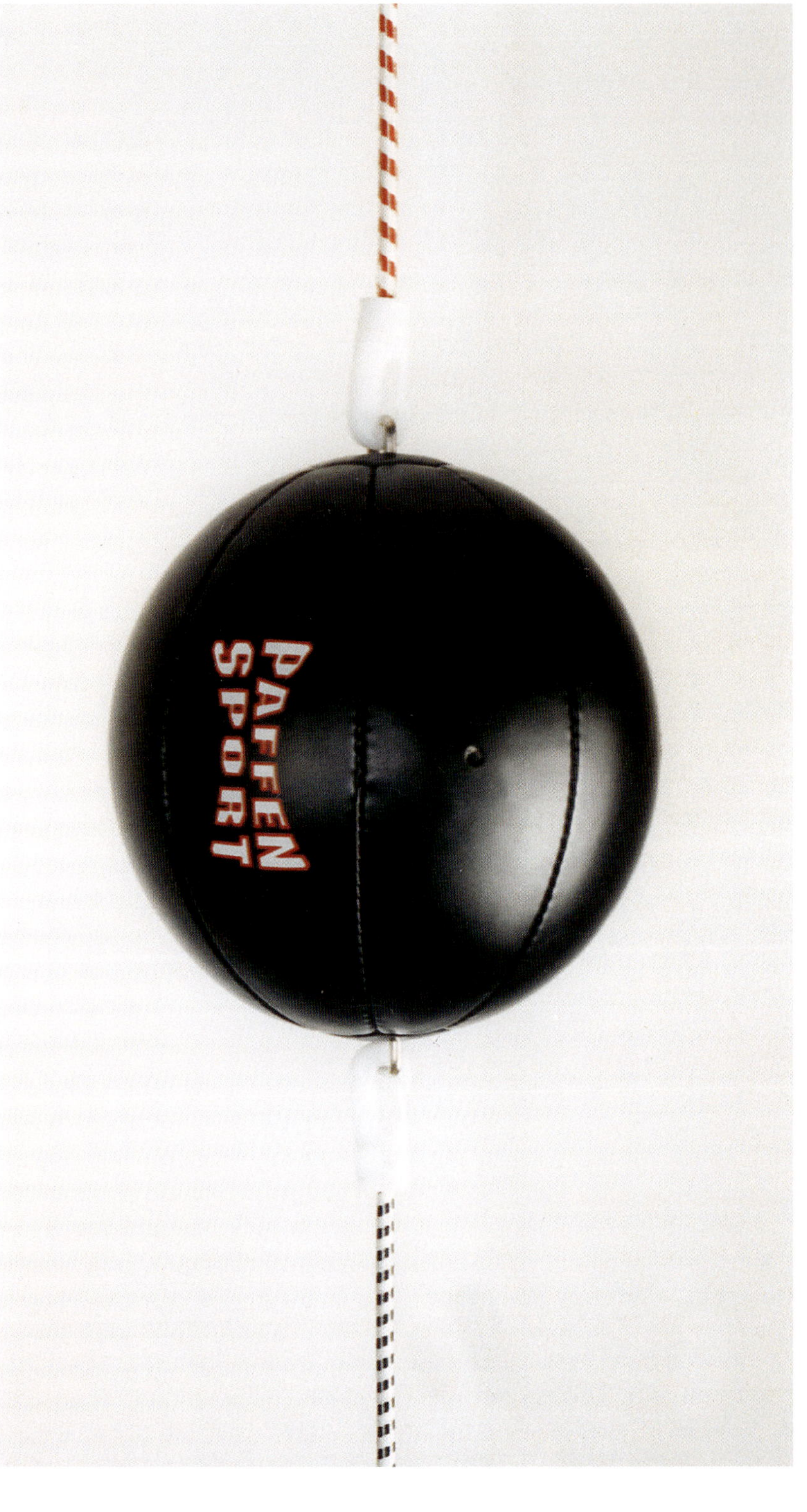

Aktiven Reaktionen und Bewegungen abverlangt, die einem Wettkampf recht ähnlich sind.
Das setzt voraus:
- Die Übung an Handpolstern sollte beginnen, wenn der Aktive nach Erwärmung die höchste Konzentrationsfähigkeit und Leistungsbereitschaft aufweist.
- Die Übungszeit an den Tatzen sollte sich an der Wettkampfzeit orientieren.

Zusammenfassend lässt sich sagen, dass das richtige Training für Kampfsportler immer das ist, das alle Trainingsformen miteinander mischt. Dabei sollte bedacht werden, dass der Kampfcharakter erhalten bleibt und die Arbeit mit einem Übungspartner, der selbst noch lernt, eine grundlegende Voraussetzung für die Entwicklung eines Boxsportlers ist: Paarweise zu üben, ist für die Ausbildung von entscheidendem Vorteil.

Boxhygiene

Wir haben mehr damit zu tun, als wir meistens annehmen. Doch gehen wir der Reihe nach vor. Viele Boxgegenstände werden von mehreren Personen genutzt. Diese schwitzen und der Schweiß setzt sich im Boxhandschuh und im Kopfschutz fest. Um das Ausbreiten von Krankheiten zu vermeiden, sind diese Sportutensilien regelmäßig zu desinfizieren.

Es reicht, den Boxhandschuh mit Desinfektionsmittel von innen auszuspritzen und dann richtig trocknen zu lassen. Auch wenn alle Aktiven immer Boxbandagen tragen, ist es notwendig. Auch diese Bandagen sollten regelmäßig gewaschen werden, spätestens nach einer Woche.

Beim Kopfschutz empfiehlt es sich, ein Tuch darunter zu tragen. So bleibt das Lederteil meist trocken.

Trainingshandschuhe, die von mehreren getragen werden, liegen manchmal unbeachtet am Fußboden oder im Schrank. Auch hier sollte öfter mal mit einer Desinfektionslösung die Außenseite abgerieben werden, denn damit könnten wir im Gesicht des Partners nach Verletzungen doch erhebliche Entzündungen verursachen. Auch nach dem Nasenbluten, wenn es auch selten vorkommt, müssen die Handschuhe desinfiziert werden.

Bei Sportlern, die regelmäßig mehrmals trainieren, kommen noch persönliche Gegenstände hinzu, die nicht schnell genug gewechselt werden (Hemden zum Schwitzen; Handtuch, das zum Trocknen im Schrank aufgehängt wird oder im Umkleideraum liegen bleibt). Da die Turnhallen und Umkleideräume meist warm sind, bieten sie für die Ausbreitung von Bakterien einen guten Nährboden.

Der individuelle Zahnschutz liegt in einer Schachtel, wird nach dem Kampf herausgenommen, trocknet und wird beim nächsten Mal, mit etwas Wasser abgespült, wieder eingesetzt. Auch hier bilden sich Bakterien, wenn nicht nach jedem Training der Zahnschutz gründlich gereinigt wird.

Die Ernährung des Boxsportlers

Eine gesunde Ernährung ist genauso wichtig wie ein richtig dosiertes Training. Die Ernährung sollte vielseitig sein, um dem Organismus alle benötigten Stoffe zuzuführen. Es ist darauf zu achten, dass der Flüssigkeitshaushalt ausgeglichen bleibt. Der Normalverbrauch eines Erwachsenen liegt bei 1,5 bis 2 Litern Flüssigkeit/Tag. Der Kampfsportler füllt im und nach dem Training den Flüssigkeitsverlust wieder auf, indem er kalorienarme Getränke zu sich nimmt. Dazu zählen einfaches Leitungswasser, Mineralwasser, verdünnte Säfte oder Tee ohne Zucker. Milch ist dabei nicht als Getränk anzusehen, sondern als ein nährstoffhaltiges Nahrungsmittel. Diese Ernährungsgrundlagen sind für den Freizeit- und Breitensport ausreichend.

Da das Boxen an Gewichtsklassen gebunden ist, wird immer wieder versucht, das Gewicht künstlich niedrig zu halten. Für den Freizeit- und Breitensport gilt es, in der Gewichtsklasse zu starten, in der sich der Aktive am wohlsten fühlt. Wenn schon Gewicht gemacht wird, sollten Grundsätze beachtet werden. Zum Einen ist der Kalorienverbrauch zu erhöhen. Die Zufuhr sollte aber bei leistungsbezogenem Training nicht unter 2500 kcal sinken. Zum Anderen ist der Bewegungsumfang so zu erhöhen, dass die reine sportliche Leistungszeit im niedrigen Bereich mindestens über die 30 Minuten hinausgeht, da erst dann der Abbau der Fettreserven beginnt. Um 1 kg abzunehmen, sind ca. 7500 kcal zu verbrauchen. (Beim Sandsacktraining werden in 30 Minuten ca. 180–200 kcal verbraucht.) Manche Schlankheitsmittel wie das Carnitin wirken nur in der Geldbörse. Am wirksamsten ist eine reine Eiweiß/Fett-Diät. Da hier auch ein recht schnelles Sättigungsgefühl eintritt, fällt es dem Sportler leichter, auf weitere Speisen zu verzichten. Aber auch das ist eine Mangelernährung, die auch die sportliche Leistungsfähigkeit einschränkt. Gewichtsreduktionen bei vielseitig sportlich trainierenden Kindern und Jugendlichen sind nicht anzustreben.

Vor dem Wettkampf – gemeint ist ein Zeitraum von 3 Stunden – ist ein Gericht mit hohem Eiweißgehalt zu empfehlen. Das könnte Geflügelfleisch sein oder auch Rührei mit Schinken. Nach dem Wettkampf (auch nach dem Training) sollten kohlenhydratreiche Speisen genossen werden. Der Flüssigkeitsverlust ist auszugleichen. Eine Stunde Training ergibt einen Wasserbedarf von ca. 0,5–1 Liter. Wird aber nur eine Stunde trainiert, ist es normalerweise nicht notwendig, zwischendurch zu trinken. Zusätzliche Vitamingaben sind nur zu empfehlen, wenn keine ausreichende Vitaminzufuhr erfolgt.

Fitnessboxen

Nicht jeder, der mit dem Boxsport Bekanntschaft schließt, möchte später einmal im Boxring seine sportliche Leistungsfähigkeit unter Beweis stellen. Viele möchten die Trainingseffekte des Boxsports für das eigenen Wohlbefinden nutzen. Das trifft auf junge Menschen zu, die das Boxen als beste Möglichkeit sehen, um Gesundheit, Wohlbefinden, sportliche Leistungsfähigkeit und Gewichtsprobleme durch ein sportliches Training positiv zu beeinflussen. Doch auch für ältere Menschen gibt es die Möglichkeit, durch ein gezieltes Üben negativen Erscheinungen (Bewegungsarmut, Gewichtsprobleme, Unausgeglichenheit und Kreislauferkrankungen) entgegenzuwirken. Der Boxsport kann, wie auch alle übrigen Kampfsportarten, entscheidend zum Aufbau von sportlichen Bindungen und zur Entwicklung eines verantwortlichen Sozialverhaltens beitragen. So ist es nur möglich, die Abwehr eines Stoßes richtig zu erlernen, wenn der Übungspartner auf die bereits vorhandenen Fähigkeiten eingeht. Schlägt er zu hart, wird in der folgenden Stunde keiner mehr mit ihm üben wollen. Aber auch ein Nichtbeachten seiner Grenzen und damit ein abgestimmtes Üben wären unmöglich. In der Literatur wird sehr häufig darauf verwiesen, dass die Kampfsportarten die Frustration und die dann folgende Aggression abbauen könnten. Wir gehen aber davon aus, dass durch die Betätigung eine allgemeine Erschöpfung eintritt und in deren Folge, verbunden mit gelungenen sportlichen Übungen, ein Wohlbefinden einsetzt, welches Aggressionen überlagert. Wendet sich jemand dem Fitnessboxen zu, kann das aus den unterschiedlichsten Motiven heraus geschehen. Deshalb sollte der Inhalt des Fitnessboxens viele Faktoren enthalten und bestimmte Zielsetzungen hervorheben.
Wir können nach inhaltlichen Schwerpunkten unterscheiden:

Boxen zur Kreislaufregulierung/ Gesunderhaltung

Dazu sind alle Boxübungen möglich, die im Rahmen des Trainings angeboten werden. Es gibt jedoch keine Trainingswettkämpfe, die ohne Auflagen durchgeführt werden. Denn für Traingswettkämpfe, die an die Grenze der eigenen physisch-psychischen Belastung gehen, ist eine vorherige Gesundheitsuntersuchung notwendig.
Zu beachten ist:
Die Übungen sollen so ausgeführt werden, dass der Puls einen Wert um 140 über einen längeren Zeitraum erreicht und nicht wesentlich darüber hinausgeht. Der Puls wird am Hals gemessen. Ist die

Belastung zu hoch, wird eine Pause von einer bis drei Minuten eingelegt. Wichtig ist es jedoch, die Belastung über einen Zeitraum von mindestens 30 Minuten zu halten. Die Übungsstunde ist mit einem Umfang von 90 Minuten zu planen. Die Ausgeglichenheit von hoher Belastung und entspannenden Teilen in diesen Übungsstunden ist anzustreben. Das erfordert immer eine unterschiedliche Belastung der einzelnen angesprochenen Muskeln.
Beispiel: Wird beim Boxen der Rücken rund und nach vorn gezogen, muss er durch Hängen, Handstand oder Gewichtsdruck wieder »gerade gerückt« werden. Die entgegenwirkende Muskulatur sollte dann gekräftigt werden.

Das Fitnessboxen lebt von einer Vielzahl an Übungen aus den unterschiedlichsten sportlichen Disziplinen. Dazu gehören:
- **Laufübungen** (auf den Zehenspitzen, dem ganzen Fuß, dem Außenrist und dem Hacken) über unterschiedliche Streckenlängen, Skippings, Fußgelenkarbeit und auch Schrittsprünge.
- **Gymnastische Übungen** im Stand, in der Bewegung, mit einem Gerät (z.B. mit einem Ball, zwei Keulen, Gewichten, dem Gymnastikstab, mit einem Partner oder auf der Turnmatte).
- **Kleine Spiele:** vom Hahnenkampf, über Ball-Entreißen, das Halten des Gleichgewichts auf der umgedrehten Turnbank oder auf einem Strich stehend und gegen eine Schulter stoßend (vgl: Hartmann, J.: *100 Kleine Zweikampfübungen*, Berlin, Sportverlag, 1980). Partnerübungen von der »Schubkarre« über Liegestütz übereinander bis hin zum Umklettern des Partners.
- **Übungen mit dem Ball:** Tennisball, Fußball, Medizin-(Voll-)ball zum Prellen, Werfen, Fangen, Umkreisen, Rollen, Wegnehmen, Aus-der-Hand-Spielen.
- **Übungen mit den Sprungseil:** allein im Stand und in der Bewegung, mit einem Durchschlag oder Doppeldurchschlag, mit einem Partner neben- oder hintereinander, Springen im Stand und in der Hocke.
- **Übungen mit und an der Turnbank:** Turnbank über die Köpfe heben und Oberkörper drehen; im Stand, im Kniestand und im Sitzen seitlich beugen; Ziehen über die Turnbank, und in der Querlage auf der Turnbank ausgeführte Box-, Schwimm- oder Stoßübungen.

Unverzichtbar sind die vielen Übungen, die auf der Bodenmatte ausgeführt werden können. Dort kann man mit einem Kopfstand Körperspannung erzeugen, aber auch ein Gleichgewichtsgefühl und eine Kräftigung der Halsmuskulatur erreichen. In der Bankstellung lassen sich viele Übungen ausführen, die besonders für einen gesunden Rücken wichtig sind (Wechsel von Hohl- und Rundrücken). Wichtig für den Ausgleich in der Boxausbildung sind Hang- oder Stützübungen am Barren, am Reck oder auch nur zwischen zwei Stühlen.

Beispiele für Stundengestaltungen (zwischen den Übungen gibt es zwei Minuten Pause):

1. Stunde

1. Seilspringen mit zwei Sprüngen bei einem Seildurchschlag – 5 Minuten
2. Seilspringen mit einem Sprung bei jedem Seilkreis – 5 Minuten
3. Seilspringen – von einem auf das andere Bein springen – 5 Minuten
4. Prellen eines Balles mit der linken und danach mit der rechten Hand im Stand – 5 Minuten
5. Prellen eines Balles in der Boxstellung und hüpfende Bewegungen – 5 Minuten
6. Prellen des Balles mit beiden Händen, aber der Stoß mit der linken Hand ist härter – auch hier sind 5 Minuten geplant
7. Boxen gegen einen Sandsack – Stoß mit der Schlaghand und Anpassen der Körperbewegung an das Pendeln des Boxsackes – 5 Minuten
8. Schlagen links/rechts gegen einen Sandsack, der durch die Schlagwirkung nicht pendeln darf – 5 Minuten
9. Schlagen gegen eine Plattformbirne mit dem Versuch von 2 Stößen hintereinander über 5 Minuten
10. Anhängen des Boxers am Reck, am Barren oder an der Sprossenwand und Anziehen der Knie bis zur Waagerechten, Spreizen der Beine, Drehen des Kopfes, Auswertung des Übens

2. Stunde (jeder Teil wieder 5 Minuten):

1. Erwärmen mit Medizinball (Vollball) durch Wurf mit beiden Händen zum Boden
2. Hochwerfen des Balles und Auffangen
3. Hochwerfen des Balles und mit der rechten Hand den Boden vor dem Auffangen berühren
4. Schattenboxen mit links-rechts und jeder Stoß wird mit einem Schritt des linken Beines begonnen
5. Partnerübung – Abwehr der Führungshand mit der äußeren unteren Handschuhkante nach außen unter Drehung der linken Schulter nach vorn
6. Blocken der Schlaghand mit der Schlaghand vor dem Gesicht
7. Schlagübungen am Gerät links/rechts, dann Schritt mit dem rechten Bein nach außen und Stoß der Schlaghand mit voller Schulterdrehung nach vorn
8. Bodenlage, Füße angezogen – Aufrichten des Oberkörpers, Arme vor der Brust, Arme im Nacken, Arme gestreckt für starke Boxer
9. Bodenübungen zur Dehnung und Kräftigung des Rückens
10. Wurf mit einem kleinem Ball mit der linken und der rechten Hand in der Laufbewegung – Auswertung des Übens

3. Stunde

1. Sprünge über die Turnbank – mit beiden Beinen, mit einem Bein, seitlich
2. Bauchlage auf der Bank – Schwimmübungen mit Armen und Beinen
3. Liegestütz – lange oben bleiben, kurz beugen und wieder lange oben warten und die Haltung über 5 Minuten halten (wenige Liegestütze)
4. Ball prellen und Schritte dabei nach allen Seiten ausführen
5. Boxen gegen eine Maisbirne links-rechts und dabei immer in der gleichen Entfernung zur Maisbirne bleiben
6. Aktive und passive Dehnung der Brustmuskulatur – z. B. Partnerübung, der Partner zieht von hinten die gestreckten Arme langsam nach hinten; aus der Boxstellung schlagen die gestreckten Arme nach hinten unten; Fäuste an das Ohr halten und die Ellbogen drücken nach hinten
7. Medizinballstoß gegen die Wand, Schockwürfe mit der linken und dann der rechten Hand
8. Rückenlage – Beine gestreckt über den Kopf und Stoß mit beiden Beinen in Richtung Decke zur Kräftigung der Becken- und Bauchmuskulatur
9. Partnerübung zur Abwehr der Führungshand, Parade nach innen und außen, Block vor dem Gesicht mit Schulterdrehung, Block am Oberarm, Rückneigen mit und ohne Schritt. Auswertung: Pulsmessung erfragen, Schweiß am Unterschenkel kann ein Zeichen für zu starke Belastung sein.

Boxen zur konditionellen Entwicklung

Das Boxen zur konditionellen Entwicklung setzt voraus, dass langsam mit niedrigen Werten begonnen und dann in einzelnen Übungen immer mit mindestens 80 % der individuellen Leistungsfähigkeit geübt wird. Dabei sind die Grundsätze zur Förderung der einzelnen konditionellen Fähigkeiten zu beachten.

Eine Ausdauerfähigkeit im Boxsport wird immer auch durch einen gewissen Laufumfang geschaffen. Ohne diese Laufumfänge ist eine ausreichende boxsportbezogene Ausdauer nicht zu erreichen. Das erfordert lange Läufe am Anfang. Danach folgen intensive Läufe, die sich immer mehr auf die Wettkampfzeiten beziehen. Bei 4 x 2 Minuten Wettkampfzeit sollten die 600 Meter vier Mal erreicht werden (Leistungssportler). Anfänger sollten in der Lage sein, diese Strecke durchzulaufen. Hier bieten sich Steigerungsläufe und Intervalltraining an. Dem schließen sich dann immer Boxübungen an, die in den 4 x 2 Minuten dann auch immer um die 180 Stöße in jeder 2-Minuten-Runde mit vielen Beinbewegungen fordern. Nach diesen Übungen sind Pausen von drei bis fünf Minuten einzuplanen. Auch hier gibt es Intervallmethoden und Steigerungen ähnlich wie beim Lauf.

Um schneller einen Stoß auszuführen, muss die Schnellkraftentwicklung gefördert werden. Früher waren viele der Ansicht, dass eine Hantel nichts im Boxraum zu suchen hat, da der Sportler dann zu langsam wird. Heute hat sich diese Auffassung grundlegend geändert. Nur ein gut entwickelter Muskel kann auch die entsprechenden Kraftleistungen erreichen. Deshalb ist ein muskelbezogenes Programm für die Maximalkraftentwicklung in die Vorbereitung einzubauen. Die Kräftigung dieser ausgewählten Muskelgruppen ist durch ein Pyramidentraining oder ähnliche Formen, die im Kraftsport beschrieben sind, zu erreichen.

Ausdauerentwicklung (Übungen für einen Boxer, der bereits 1 Jahr trainiert hat)

Beispiel 1:

1. Seilspringen mit 100 Durchschlägen/Minute über 15 Minuten
2. Stöße mit langen Händen gegen das Gerät (Boxbirne, Sandsack, Wandpolster) mit der linken und der rechten Hand (60 Stöße/Minute) und Bewegen um das Boxgerät über 15 Minuten
3. Medizinball (5 kg) vor der Brust halten, Boxschritte nach allen Richtungen ausführen mit einer Frequenz von einem Schritt/Sekunde über 10 Minuten
4. Schattenboxen mit Hanteln (500 Gramm) oder Gewichtsmanschetten über einen Zeitraum von 10 Minuten
5. Stoßen eines Medizinballes (5 kg) gegen die Wand, den Ball immer wieder auffangen (10 Minuten)
6. Partnerübung: Stöße in die Hände des Partners, Körper-Kopf-Körper, zuerst mit der Führungshand beginnen, dann mit der Schlaghand beginnen. 10 Aktionen, dann Partnerwechsel über einen Zeitraum von 20 Minuten

Beispiel 2:

Gerätearbeit (Anfänger)

1. Stöße gegen die Maisbirne über 6 Runden à 2 Minuten mit Geraden (Einzelschläge) und schnellen Beinbewegungen seitwärts (kein Vor- und Zurückgehen)
2. Stöße gegen die Plattformbirne über 11 Minuten ohne Pause, Führungshand/Schlaghand und nach der Hälfte der Zeit beginnt die Schlaghand und dann die Führungshand (11 Minuten)
3. Stöße gegen das Wandpolster – davor steht ein Turnhocker, damit die Boxer nicht näher an das Gerät herantreten können und mit langen gestreckten Armen arbeiten müssen – über einen Zeitraum von 11 Minuten
4. Stöße gegen einen wenig oder nicht pendelnden Sandsack – mindestens fünf Stöße hintereinander, dann wird der Sandsack einmal umkreist und dann kom-

men wieder fünf Stöße, dann wird der Sandsack anders herum umkreist – über einen Zeitraum von 11 Minuten

5. Stöße gegen einen pendelnden Sandsack – mit zwei Stößen den Sack zum Schwingen bringen und immer in der gleichen Entfernung bleiben (vor- und zurückgehen) und durch die Stöße den Sandsack immer pendeln lassen – 11 Minuten
6. Armkreisen mit kleinen Hanteln, Keulen, kleinen Gewichten vor und neben dem Körper in der Boxbewegung mit gestreckten und angewinkelten Armen – 11 Minuten
7. Gymnastische Übungen (Handstand mit Partnerhilfe, Gymnastikstab mit angewinkelten Armen hinter dem Kopf halten und laufen, springen und drehen).

Kraftentwicklung

Grundsätze: Solange es möglich ist, sollte der eigene Körper beim Krafttraining als »Last/Gewicht« dienen. Erst wenn die Belastung durch den eigenen Körper nicht mehr ausreicht, sind Hanteln und Gewichte einzusetzen. Bei Kindern und Jugendlichen sollte auf das Hanteltraining ganz verzichtet werden.
Es kann auch immer nur eine Kraftart (Maximalkraft, Schnellkraft oder Kraftausdauer) in einer Trainingseinheit entwickelt werden.

Beispiel 3:

Kraftentwicklung für schon länger Übende

1. Liegestütz in einer Serie: 10, dann 15, dann 20, dann 20, dann 15, dann 10, diese Serie wird nach einer Pause von 3 Minuten 3-mal wiederholt
2. Hock-Streck-Sprünge (Hocke bedeutet nur bis zum rechten Winkel die Knie beugen, da es sonst zu Verletzungen im Knie kommen kann), die Arme werden nach schräg oben hinten im Sprung geführt, was zu einer Dehnung der Brustmuskulatur führen soll (gleiche Anzahl wie beim Liegestütz)
3. Sitz – Beine angezogen und angehoben –, Stoß eines Medizinballes im rechten Winkel gegen eine Wand, Abstand ca. 2 m; 20 Stöße mit der linken und 30 Stöße mit der rechten Hand
4. Bauchlage im Abstand von 1,5 m von der Wand – Medizinball mit beiden Händen gegen die Wand werfen und wieder auffangen, ohne den Boden zu berühren und die Arme abzusetzen; 2-mal 30 Würfe mit einer kurzen Pause
5. Rückenlage – Beine nach oben gestreckt –, Boxen gegen die Zehenspitzen, Kopf ist angehoben. Die Fäuste sollen die Zehenspitzen erreichen. Zweimal mit der Führungshand und der Schlaghand die Fußspitzen berühren
6. Stand, Boxstellung: Hände schlagen hinter dem Rücken mit den Handflächen zusammen, dabei Boxschritte über einen Zeitraum von 6 Minuten

Beispiel 4:
Kraftentwicklung Anfänger/Untrainierte

1. Mit Boxbewegungen einen Medizinball an der Wand über der Kopfhöhe halten – die Zeit sollte über eine Minute hinausgehen –, dabei sind die Beine wie beim Boxstoß zu bewegen; dreimal mit einer Minute Pause
2. Rückenlage – Beine nach oben –, eine Turnmatte mit einem Ende auf die Füße legen, das andere Ende wird von einem Sportler gehalten, durch Strecken beider Beine oder durch Laufbewegungen die Matte immer in der Luft halten; 6 Minuten ohne Pause. Die gleiche Übung ist auch mit den Armen möglich
3. Partnerübung – Partner 1 hält einen Medizinball vor der Brust und bewegt sich wie beim Schattenboxen frei im Raum, Partner 2 bleibt immer vor dem Partner und bemüht sich, 3 Stöße hintereinander anzubringen; 6 Minuten ohne Pause
4. Kniehebelauf – einen Medizinball zwischen den Händen halten und ihn durch die Kniebewegungen immer in der Luft halten. 2 mal 2 Minuten mit 2 Minuten Pause
5. Boxen gegen einen geworfenen Medizinball mit der Führungs- und der Schlaghand – der Ball muss so zurückgeschlagen werden, dass er in die Hände des Werfers gelangt.

Bei all diesen Übungen müssen das Alter und die Leistungsfähigkeit der Sportler berücksichtig werden, deshalb sind die angegebenen Zeiten nur Richtwerte.

Psycho-physisches Training

Der Körper ist in der Ausbildung als Einheit zu betrachten. Ein sportliches Üben wird immer von geistigen Prozessen begleitet, gesteuert, beeinflusst, erleichtert oder erschwert. In den Kampfsportarten kommt noch hinzu, dass negative Erfahrungen aus anderen Lebensbereichen (zum Beispiel: Angst vor Schlägen oder Tritten) Spuren hinterlassen haben können, die in der Boxausbildung sehr hinderlich sein können und deren Beseitigung eine gesteuerte Übungsphase erfordert. Deshalb gilt der Psyche des Sportlers die besondere Aufmerksamkeit.
Die Bemerkungen des Trainers zum Stundenbeginn geben Ziele vor und sollen die Leistungsbereitschaft der Sportler stimulieren. Die dann folgenden Erwärmungsübungen dienen neben der Einstellungsbildung vor allem:

- der Anregung und Vorbereitung des Kreislaufes
- der vorbereitenden Belastung der Hauptmuskelgruppen und teilweise der Belastung von Muskelgruppen, die im Training wenig angesprochen werden

- der Lockerung der Muskulatur (Schnellkraftübungen sind nicht mit gespannter Muskulatur möglich).

Nach der Erwärmung ist es möglich, eine kurze Zeit für die **Entspannung** zu nutzen. Entspanntheit ist ein Zustand, in dem jede Aktivität und Konzentration fehlt. Die Übungen dazu könnten so aussehen: Hinsetzen, die Arme leicht angewinkelt auf die Knie legen, den Kopf gesenkt halten und nur auf ein langsames Ein- und ein tiefes Ausatmen achten. Aber auch im Liegen sind Entspannungsübungen mit tiefen Atemübungen möglich.

Eng verbunden mit der Entspannung ist die Konzentration. Das ist ein Zustand der Gerichtetheit des Sportlers auf eine einzige Handlung. Alle anderen Aktionen im Umfeld werden nicht oder nur eingeschränkt wahrgenommen. Auch diese Konzentration ist erlernbar und für den Boxsport notwendig. Sie beginnt mit der Spannung und Entspannung einzelner Muskeln, dem Stoß in ein bestimmtes Zielgebiet und setzt sich in der Koordination von Arm- und Beinbewegungen fort. Auch jede Antwortreaktion auf vorgeschriebene Handlungen des sportlichen Gegners setzt eine Konzentration voraus. Um erfolgreich zu sein, ist es aber notwendig, die Handlungen des Gegners/Partners vorauszusehen. Das setzt Kenntnisse des technischen Ablaufs einer Handlung voraus. Die Konzentration ist somit nicht nur auf die Bewegungshandlung gerichtet, sondern auch ein Produkt des Erkennens und der Reaktion auf diese Technik. Das Erlernen beginnt mit dem Üben eines Bewegungsablaufes und der dann erforderlichen Antwortreaktion. Dabei werden typische Haltungen wie Armhaltung, Schulterachse und auch die Beinstellung beachtet. Wenn diese typische Haltung vorbereitet oder eingenommen wird, ist sofort die Antwortreaktion erforderlich. Dieser Prozess wird automatisiert.

Wird nach dem Training eine erfolgreich verlaufene Übung noch einmal durchdacht, sich der Ablauf vorgestellt, spricht man von einer Visualisierung. Ein solches Durchdenken des Ablaufes erleichtert das Lernen, könnte beim Boxwettkampf eine Handlung erleichtern.

Für den Anfänger setzt das bereits ein genaues Beobachten des eigenen Körpers voraus (mit welchem Bein drücke ich mich ab, welche Muskeln sind gespannt, wie ist die Schulterachse, wie ist die Vordehnung der Muskulatur). Deshalb ist dem Sportler immer bewusst zu machen, warum eine Übung so und nicht anders ablaufen sollte und welche Ziele sie verfolgt. Denn nur dann ist er in der Lage, eigene erlernte Techniken schöpferisch umzusetzen.

Übungen und Zielaspekte

Beispiel:

1. Partnerübung – Partner 1 führt drei Stöße, links/rechts/links, hintereinander aus, Partner 2 wehrt alle Stöße mit der Führungshand (Block) ab und bewegt sich dabei in der Boxstellung nach vorn oder zurück.
2. Partnerübung – Partner 1 steht in Doppeldeckung und pendelt mit dem Oberkörper von rechts nach links, Partner 2 schlägt ohne Pause immer zur Körpermitte von Partner 1; durch das Pendeln wird den Stößen die Schlagkraft genommen und gleichzeitig eine gute Schlagausgangsposition gewonnen. Wenn Partner 1 zum 2. Mal nach rechts pendelt, stößt er seine Gerade nach vorn, die von Partner 2 aufgefangen wird.
   Ziele Partner 1: Beobachten des Gegners unter Schlagwirkungen, Stoß der Geraden unter Schlagwirkungen.
   Ziele Partner 2: Die Stöße müssen schnell und locker und leicht erfolgen, um keine Angst vor Schmerzen bei Partner 1 zu erzeugen, aber gleichzeitig höchste Konzentration zum Blocken der Schlaghand von Partner 1.
3. Partner 1 greift mit einer langen linken Geraden an, Partner 2 antwortet mit einer Parade der rechten Hand und geht dabei einen Schritt mit dem linken Bein nach vorn. Jetzt ist ein Haken mit der linken Hand zum Körper möglich.
   Ziele: Achten auf die Körpervorspannung durch die Drehbewegung bei der Abwehr und der Einheit von Stoß und Schritt.
4. Partner 1 stößt mit der Führungshand zum Kopf, Partner 2 weicht dem Stoß durch einem gleichzeitig erfolgten Stoß der Führungshand zum Körper aus.
   Ziele: Mutentwicklung – dem Schlag entgegengehen und gleichzeitig den Gegner beobachten; wird nun von Partner 2 ein zweiter Stoß zum Kopf gebracht – als Gerade oder Haken – ist höchste Konzentration von Partner 1 für Block oder schnelle Ausweichbewegung gefordert.

Koordinationsorientiertes Üben

Wir verstehen darunter eine harmonisches Verbinden von Übungen, die sich aus Bein-, Arm- Schulter- und Kopfbewegungen zusammensetzen. Da der Boxsport und auch das Fitnessboxen teilweise im Boxring stattfinden, sind räumlich-zeitliche Orientierungen auch ein Bestandteil dieser Ausbildung. Doch den Zeitpunkt für den Ablauf einer Boxtechnik bestimmt nicht nur der Aktive selbst, sondern auch der Übungspartner/Gegner. Deshalb erfordert dieser Ausbildungsabschnitt immer die Kombination aller Elemente. Werden einzelne Techniken beherrscht, sind die Aufgaben so zu verändern, dass neue, ungewohnte erschwerte Bedingungen entstehen. Im Boxsport entstehen immer neue Bedingungen durch den Partnerwechsel, die Veränderung der Distanz der beiden Gegner zueinander, die Wahl der Techniken und die Umsetzung der Taktik.

Beispiel 1:

1. Boxstöße in die Luft mit Diagonalschritt, Passgang und Wechselschritt.
   Ziel: Schulung der Schrittarten in Kombination mit den unterschiedlichen Stoßtechniken wie Gerade, Seithaken und Aufwärtshaken unter Beachtung der Drehung und des Kippens der Schulterachse.

2. Boxstöße in die Luft mit Beginn der Schlaghand und den Schrittarten.
   Ziel: Gewichtsverlagerung beim Stoß bleibt minimal – volle Drehung der Schulter nach vorn erreichen.

3. Partnerübung – Stoß der Führungshand und Schritt des rechten Beines nach vorn außen mit anschließendem Stoß der Schlaghand.
   Ziel: Aus der Angriffsrichtung gehen – Koordination von Arm und Bein.

4. Partnerübung – Schlag der Führungshand als Gerade und anschließender Schritt mit einem rechten Haken zum Kopf.
   Ziel: Anpassen an veränderte Entfernungen.

5. Partnerübung – Abwehr von Geraden mit der Führungshand, Partner 2 greift mit Schlagserien und unterschiedlichen Schrittarten an.
   Ziel: Stabilität ausprägen unter Druck und unter verschiedenen Schlagarten – dient vor allem der Schulung der Beinarbeit und der Lockerheit der Führungshand.

6. Partner 1 stößt gerade Hände zum Kopf, Partner 2 pendelt diese aus.
   Ziel: Koordination von Oberkörper- und Beinbewegungen.

7. Partner 1 stößt eine Gerade zum Kopf, Partner 2 taucht ab und stößt zum Bauch des Partners.
   Ziel: Konzentration und Erkennen, wenn der Partner zum Stoß ansetzt mit gleichzeitigem Körperstoß-Schritt, Gewichtsverlagerung, Veränderung Lage der Schulterachse

8. Partner 1 stößt 2-mal zum Kopf und führt dabei 2 Schritte aus – Partner 2 springt nach hinten und dann mit einem Schlag der Führungshand nach vorn.
   Ziel: Zurückgehen mit gleichzeitigem Zurückführen der linken Schulter als Auftaktbewegung für den linken Stoß.

9. Partner 1 hält die Hände für eine Gerade und für einen Haken, Partner 2 schlägt eine Gerade und einen Haken und passt seine Bewegung der von Partner 1 an.
   Ziel: Distanzschulung – Veränderung der Entfernung bei Gerade und Haken, Veränderung der Drehung der Schulterachse und der Schrittlänge bewusst machen (je kürzer der Schritt, umso schneller ist eine Drehung der Schulterachse möglich).

Beispiel 2:
Koordination von Arm- und Beinbewegungen.

1. Doppelstoß mit der Führungshand und dabei ein Schritt mit dem linken Bein.
   Ziel: Vorbereitende Übung für das Fintieren eines Stoßes.

2. Doppelstoß mit der Führungshand und Doppelschritt mit dem linken Bein (rechtes Bein wird nachgezogen, Gewicht ist auf beide Beine gleichmäßig verteilt).
   Ziel: Beweglichkeitsschulung durch die gleiche Belastung auf beiden Beinen.

3. Wie 2. – nur wird am Ende der rechte Fuß nach vorn gesetzt und so die Angriffsrichtung verlassen und dadurch eine gute Position für die Schlaghand geschaffen.

Beispiel 3:
Bestimmen des Standortes im Boxring

1. Partner 1 stößt die Führungshand zum Kopf – Partner 2 weicht mit einem Schritt nach rechts aus, er darf aber nur bis zu einem Meter an die Ringseile herankommen.
   Ziel: Seitliches Ausweichen ist effektiver als der Schritt nach hinten.

2. Partner 1 stößt die Schlaghand – Partner 2 weicht nach links aus.
   Ziel: Schulung der Variabilität.

3. Partner 1 stößt links oder rechts – Partner 2 muss entsprechend ausweichen.
   Ziel: Reaktionsübungen und Flexibilität in der Bewegung.

4. In der Boxringmitte wird ein Kreis von einem Meter eingezeichnet – Partner 1 versucht, diesen Kreis sofort nach Beginn mit vielen Stößen der Führungshand zu erreichen und dort zu verteidigen, um seinen Angriff immer von der Ringmitte aus zu führen.
   Ziel: Bestimmen des Kampfes von der Ringmitte aus.

Beispiel 4:
Erkennen an der Vorbereitung, welcher Stoß kommen könnte. Beim Stoß ist die Schulter der aktiven Hand immer höher als die passive Seite. Aus der Verlagerung des Gewichts lässt sich erkennen, welcher Stoß vorbereitet wird.

1. Partner 1 stößt die linke Hand zur Stirn von Partner 2, dieser blockt den Stoß ab oder wendet eine Parade nach innen oder außen an oder vermeidet den Stoß durch ein Einknicken des hinteren Beines.
   Ziel: Schulung der Variabilität in der Anwendung der Techniken.

2. Wie Übung 1 – nur Stoß mit der rechten Hand.

3. Partner 1 steht frontal vor Partner 2 und stößt die linke oder rechte Hand zur Stirn – Partner 2 blockt diesen Stoß durch einen Stoß gegen das innere Schultergelenk ab.

4. Partner 1 stößt mit der Führungshand zum Körper und danach mit der Schlaghand zum Kopf – Partner 2 geht einen Schritt nach hinten und dann mit dem rechten Bein einen Schritt nach vorn rechts, um aus der Angriffslinie zu kommen und selbst eine gute Angriffsposition zu erhalten.

Beispiel 5:
Gleichgewichtsschulung in der Bewegung.
Bei allen Verbindungen von Stößen und Schritten spielt das Gleichgewicht eine große Rolle. Der Schwerpunkt sollte meistens in der Mitte zwischen den beiden Füßen in der Boxstellung liegen. Eine volle Gewichtsverlagerung auf einen Fuß bedeutet immer eine Bewegungseinschränkung. Deshalb ist ein Gleichgewichtstraining mit der gleichmäßig auf beide Beine verteilten Körperlast bei allen Stößen in der Bewegung von großer Bedeutung.
1. Stoß der Führungshand zum Körper – der Kopf darf nicht weiter vorn sein als der linke Fuß – rechter Haken zum Kopf mit Schritt des linken Beines.
   Ziel: Gewichtsverteilung auf beide Beine schulen.

2. wie 1., doch nun erfolgt der Schritt mit dem rechten Bein nach vorn – der Haken erhält somit eine größere Reichweite und wird eingesetzt, wenn ein Partner am Seil nach links ausweichen will.

3. Partner 1 bringt die Führungshand – Partner 2 weicht nach rechts vorn aus und startet einen Angriff mit der Führungshand.
   Ziel: Ohne Zurückführen der Schulter lässt sich ein schneller Gegenangriff nicht führen.

Beispiel 6:
Koordination unter Angriffs- und Zeitdruck.
Am schwersten fällt es einem Verteidiger zu reagieren, wenn ein Angriff mit einer Serie von Stößen vorgetragen wird. Für den Angegriffenen entsteht ein Belastungsdruck, der durch die vielen Stöße in kurzer Zeit und das Näherkommen des Gegners charakterisiert wird.

1. Partner 1 greift mit einer Schlagserie von mindestens 12 Schlägen Partner 2 an, dieser nimmt die Doppeldeckung ein und beginnt sofort mit dem schnellen Pendeln des Oberkörpers. Dadurch nimmt er den Stößen die Kraft und ein Teil der Stöße geht ins Leere.

2. Partner 1 greift mit einer Schlagserie an – Partner 2 pendelt und aus dem Pendeln heraus stößt er die Schlaghand zum Kopf von Partner 1 – dieser blockt den Stoß ab (Vorsicht, dieser Stoß erfolgt mit viel Kraft und ist teilweise unkontrolliert).

3. Partner 1 greift mit vielen Stößen hintereinander an – Partner 2 schiebt beide Hände von innen oben über die Unterarme des Angreifers, hält diesen fest und dreht ihn mit dem Rücken zum Seil.

4. Angriffsserie von Partner 1 – Partner 2 geht mit einem Stoß der Führungshand und einem Schritt des rechten Beines nach vorn rechts aus der Angriffsrichtung heraus.

Regeneration nach dem Training

Nach einem Training sinkt die sportliche Leistungsfähigkeit erst einmal, um sich dann erneut aufzubauen. Neben den Muskelbelastungen werden das Immun-, das Nerven-, das Hormon- und das Herzkreislaufsystem beansprucht. Deshalb ist es notwendig, je nach Art, Dauer, Dichte und Intensität der Trainingsreize »Erholungsphasen« einzubauen. Erholung heißt in diesem Fall aber nicht, zu warten, bis der Körper von sich aus die Belastungen verarbeitet hat, sondern sich aktiv und geplant zu entspannen. Zu empfehlende aktive Entspannungshilfen für den Körper sind zum Beispiel:

- Trainingseinheiten in einer anderen Sportart (z. B. Tischtennis oder Federball), die als Entspannungsphase in ein intensives Boxtraining eingebaut werden.

- Ein warmes Bad bei einer Wassertemperatur von 36 °C über einen Zeitraum von ca. 15 Minuten. Alternativ empfiehlt sich auch eine längere Warmwasserdusche, gefolgt von Wechselduschen mit kaltem Wasser (ca. 10 Sek).
- Auch ein Saunabesuch ist zu empfehlen. Dabei spielt das eigene Wohlbefinden die entscheidende Rolle (die häufig zu lesenden Vorgaben über Saunaeinheiten von dreimal 15 Minuten mit entsprechenden Pausen sind nur Orientierungshilfen).
- Die Atmung spielt sowohl im Training als auch in der Erholung eine entscheidende Rolle. Zur Entspannung bietet es sich an, sich auf den Rücken zu legen, tief einzuatmen und dann dreimal so lange, wie man eingeatmet hat, wieder auszuatmen, um dann kurz in seinen Körper hineinzufühlen, wie es kribbelt und wie das Blut fließt. Dafür sollten etwa 10 Minuten eingeplant werden. Schwierig ist es allerdings, diese Atemzeiten beim Training mit Kindern durchzuführen.
- Gezieltes Anspannen der einzelnen Muskelgruppen über 10 bis 15 Sekunden hinweg, gefolgt von einem ruckartigen Entspannen. Entscheidend ist, dass dabei alle Muskelgruppen angesprochen werden. Für den Boxsportler ist es besonders wichtig, die Brustmuskulatur zu dehnen und den Schultergürtel zu kräftigen, um möglichen Haltungsschäden entgegenzuwirken.
- Nach dem Training ist es wichtig, den Flüssigkeitsverlust wieder auszugleichen. Außerdem braucht der Körper Kohlenhydrate, wie sie Reis und Nudeln liefern. Nicht geeignet ist dazu Schokolade, da sie die Aufnahme von Kohlenhydraten verlangsamt.

Auch Schlaf ist notwendig, um dem Körper wieder zur vollen Leistungsfähigkeit zu verhelfen. Für einen erholsamen Schlaf ist es wichtig, dass man am späten Abend keine intensiven Trainingseinheiten mehr ansetzt. Treten nach dem Training Schlafstörungen auf, sind diese nämlich meistens auf zu hohe Übungsintensitäten zurückzuführen.

Bei der Planung eines Trainingslagers oder eines mehrtägigen Intensivtrainings sollte man auch immer berücksichtigen, dass nach zwei Tagen Belastung ein Tag der aktiven Erholung folgen muss.

Aufs Jahr gesehen sollten zwischen Trainingsphasen immer wieder auch Regenerationsphasen eingebaut werden – vor allem auch nach Turnieren –, die Aktivitäten in einer anderen Sportart ermöglichen, ohne dass es dabei aber zu größeren Belastungen kommen sollte.

Wie effektiv ist ein Training?

Für das Konditions-Training entwickelte der kanadische Wissenschaftler Dr. Eric Banister eine Formel, die es jedem Sportler ermöglicht, seine Trainingsintensität selbst einzuschätzen.
Dazu berechnet er zuerst die sogenannte *Auslenkungsbreite* der Herzfrequenz. Sie ergibt sich aus der maximalen Herzfrequenz, von der der Ruhepuls abgezogen werden muss. Beispiel: Der Ruhepuls liegt bei 65. Die maximale Herzfrequenz ist 185. Daraus ergibt sich eine Auslenkungsbreite von 120 (185 – 65 = 120).
Dann berechnet er den *Auslenkungsfaktor.* Das ist der Durchschnittspuls im Training, von dem der Ruhepuls abgezogen wird. Die Summe wird dann durch die zuvor errechnete Auslenkungsbreite dividiert. Beispiel: Durchschnittspuls (160) – Ruhepuls (65) ÷ Auslenkungsbreite (120) = Auslenkungsfaktor 0,79.
Will man wissen, wie intensiv ein Training ist, multipliziert man den soeben ermittelten Auslenkungsfaktor mit der (in Minuten gerechneten) Trainingszeit.
Und so sieht die komplette Banister-Formel aus:

$$\text{Trainingsintensität} = \text{Trainingszeit} \times \frac{\text{Trainingspuls} - \text{Ruhepuls}}{\text{max. Herzfrequenz} - \text{Ruhepuls}}$$

Berechnungsbeispiel:

$$47{,}50 = 60 \text{ Minuten} \times \frac{160 - 65}{185 - 65}$$

Der Faktor der hier errechneten Trainingsintensität von 47,50 ist als Vergleichswert zu verstehen. Je höher dieser Wert ist, umso intensiver war das Training.
Den maximalen Trainingspuls erhält man übrigens, indem man sofort nach der Belastung den Puls an der Halsschlagader eine Minute lang misst.

Trainingsplanung

Wer erfolgreich boxen will, muss häufiger als nur zweimal die Woche trainieren. Das Trainingsprogramm könnte dazu die in der auf der folgenden Seite abgedruckten Tabelle gezeigten Schwerpunkte beinhalten, die je nach den Wettkampfterminen variiert werden müssen.
Anschließend werden dann noch kurz die Begriffe in der Tabellen-Rubrik »Inhalt« erläutert:

Inhalt	Montag	Mittwoch	Freitag
Wettkampftechniken	30 min	30 min	mindestens 30 min
Beweglichkeit	15 min	15 min	15 min
Koordination	15 min	–	–
Kondition	–	30 min	30 min
Technik/Taktik	30 min	15 min	–
Ausgleichsübungen	15 min	15 min	30 min

Beispiel eines Wochentrainingsprogrammes

Wettkampftechniken sind Schlag- und Verteidigungshandlungen, die in Form von Verbindungen immer wieder neu gelernt oder aktiviert werden (Beispiel: Drei gerade Hände zum Kopf nach einer Wehrbewegung – beginnend mit der Rechten –, dann Seitschritt und Stoß mit der Linken).
Beweglichkeit: Hierbei sind zwei Aspekte besonders zu berücksichtigen. Zum Einen ist das Drehen der Schulter nach vorne bis zum Kinn zu trainieren, und zum Anderen das Bewahren des Gleichgewichts bei Körperstößen mit einer Schwerpunktlage, die nicht über dem vorderen Bein liegen darf.
Koordination: Gemeint ist die Schulung des Zusammenspiels von Arm-, Bein-, Kopf- und Rumpfbewegungen. Diese Schulung setzt immer einen frischen Geist voraus und sollte daher stets an den Anfang der Trainingseinheit gelegt werden.
Konditionelle Übungen sind nicht nur im Training möglich. Sie sollten sich auch auf die Freizeit erstrecken. Es ist dabei immer von Vorteil, wenn nicht ein Sportler allein trainiert, sondern mehrere Boxer die gleiche Aufgabe erhalten.
Technik/Taktik: Wird beispielsweise die Führungshand trainiert, sollte dem Sportler auch gezeigt werden, wie er sie zum Angriff und zur Verteidigung einsetzen kann, und wie sie ihm zur Vorbereitung der nachfolgenden Stöße dient. Außerdem muss ihm erklärt werden, wann er seine Führungshand gegen die des Gegners und wann er sie gegen dessen Schlaghand, Schulter, Unterarm oder direkt zum Kopf des Gegners stoßen muss.
Ausgleichsübungen: Nach dem Training müssen die Brustmuskeln gedehnt und der Rückenstrecker gekräftigt werden. Das kann durch Einzelübungen, in der Partnerarbeit oder in Spielformen geschehen.

Anhang

Hinweise aus der Wettkampf-bestimmung des DBV

§ 15

1. Amateur ist, wer den olympischen Boxsport als zahlendes Mitglied eines dem DBV bzw. seiner Landesverbände angeschlossenen Vereins nach den Regeln dieser WB (Wettkampfbestimmung) ausübt.

§ 13 Altersklassen

1. Die Boxer werden in folgende Altersklassen eingeteilt: Schüler (U13), Kadetten (U15), Junioren (U17), Jugend (U19) und Frauen und Männer.

2. Stichtag ist jeweils das Kalenderjahr (31. Dezember des Vorjahres).

3. Ein Boxer kann einen offiziellen Wettkampf ab dem 10. Geburtstag absolvieren. Schüler (U13) sind Boxer, die das 10. Lebensjahr überschritten, aber am Stichtag das 12. Lebensjahr noch nicht vollendet haben.

4. Kadetten (U15) sind Boxer, die am Stichtag das 12. Lebensjahr überschritten, aber das 14. Lebensjahr noch nicht vollendet haben.

5. Junioren (U17) sind Boxer, die am Stichtag das 14. Lebensjahr überschritten, aber das 16. Lebensjahr noch nicht vollendet haben.

6. Jugend (U19) sind Boxer, die am Stichtag das 16. Lebensjahr überschritten, aber das 18. Lebensjahr noch nicht vollendet haben.

7. Frauen und Männer sind Boxer, die am Stichtag das 18. Lebensjahr überschritten haben.
8. Die Altersklasse ist im Startausweis (...) zu vermerken.

9. Bei allen Kämpfen der Jugendklassen U13, U15, U17 und U19 gilt, dass der Altersunterschied (zwischen den Kämpfern) maximal 24 Monate betragen darf . *(Hier ist besonders der verantwortungsvolle Trainer gefragt, der die Auswirkung der unterschiedlichen Reife der Kinder und Jugendlichen beachten muss.)*

10. Jugendliche dürfen gegen Männer starten, sofern der Altersunterschied nicht mehr als 24 Monate beträgt.

§ 14 Leistungsklassen

1. Hat ein Boxer weniger als sieben Siege errungen, so zählt er zur Leistungsklasse C.

2. Hat ein Boxer über 14 Siege, so zählt er zur Leistungsklasse B.

3. Hat ein Boxer über 14 Siege, so zählt er zur Leistungsklasse A.

4. Boxer, die alter als 18 Jahre (Stichtag ist der 31.12. des Kalenderjahres) sind und mehr als 25 Siege haben oder den DBV international vertreten, gehören zur Elite.

5. Über die Einstufung von Kampfsportlern aus anderen Sportarten entscheidet der Sportwart der Landesverbände.

Wichtig ist auch, dass jeder aktive Sportler sich die Boxtauglichkeit von einem Arzt bestätigen lassen muss. Sie ist auf der Grundlage der Vorgaben des Startbuches vorzunehmen. Sie gilt für ein Jahr.

Vor jedem Kampf erfolgt durch den Arzt eine Untersuchung, die die aktuelle Tauglichkeit bestätigen muss. Ohne diese Bestätigung ist kein Kampf möglich.

Adressen

Deutschland

Deutscher Boxsport-Verband
Präsident: Jürgen Kyas
Geschäftsstelle: Korbacher Str. 93
34132 Kassel
Tel.: 05 61 / 10 36 01
www.box-sport-verband.de

Landesverbände in Deutschland
Boxverband Baden-Württemberg
Geschäftsstelle: Marina Hermann
Gewerbestr. 34
78054 Villingen-Schwenningen
Tel.: 01 520 / 64 99 500
www.boxverbandbw.de/

Bayerischer Amateur-Box-Verband
Geschäftsstelle: Georg-Brauchle-Ring 93
80992 München
Postfach 50 01 20
Tel.: 0 89 / 1 57 02 - 3 84
www.boxen-babv.de

Berliner Box-Verband
Geschäftsstelle: Postfach 20 04 14
13514 Berlin
Paul-Heyse-Straße 29
10407 Berlin
Tel.: 0 30 / 42 02 08 50
www.boxsport-berlin.de

Amateur-Box-Verband Land Brandenburg
Geschäftsstelle: Dresdener Straße 18
03050 Cottbus
Tel.: 03 55 / 48 62 20
http://www.amateurboxen-brandenburg.de/

Bremer Amateur-Box-Verband
Geschäftsstelle: Jacobistraße 32
27576 Bremerhaven
Tel.: 04 71 / 5 34 30

Hamburger Amateur-Box-Verband
Geschäftsstelle: Brammkamp 1
22297 Hamburg
Tel.: 0 40 / 54 80 26 56
www.habv.de

Hessischer Amateur-Box-Verband
Geschäftsstelle: Am Südhang 6
34549 Edertal-Wellen
Tel.: 0 56 21 / 7 33 96
www.boxen-hessen-verband.de

Boxverband Mecklenburg-Vorpommern
Geschäftsstelle Sportkoordinator:
An der Jägerbäk 8
18069 Rostock
Tel.: 03 81 / 8 08 34 85
www.boxverband-mv.de

Mittelrheinischer-Amateur-Box-Verband
Geschäftsstelle: Am Connefeld 1
52531 Übach- Palenberg
Tel.: 0 24 51 / 440 52
www.boxen-mabv.de

Niederrheinischer Amateur-Box-Verband
Geschäftsstelle: Stettiner Str. 102
40595 Düsseldorf
Tel.: 02 11 / 7 05 25 57
www.nabvev.de

Niedersächsischer Box-Sport-Verband
Geschäftsstelle: Tulpenweg 4
49525 Lengerich
0 54 81 / 8 18 30
www.nabv.de

Amateur-Box-Verband Rheinland
Geschäftsstelle: Bonner Str. 60
53424 Rolandseck
Tel.: 0 22 28 / 91 35

Saarländische Box-Union
Geschäftsstelle: Hermann-Neuberger-Sportschule 1
66123 Saarbrücken
Tel.: 06 81 / 38 79-243

Box-Verband Sachsen
Geschäftsstelle: Tolstoistr. 7
01326 Dresden
Tel.: 03 51 / 2 67 99
www.boxverband-sachsen.de

Landes-Amateur-Boxverband Sachsen-Anhalt
Geschäftsstelle: Kreuzvorwerk 22
06120 Halle/Saale
Tel.: 03 45 / 5 50 75 52
www.labvsa.de

Schleswig-Holsteinischer Amateur-Box-Verband
Geschäftsstelle: Winterbeker Weg 49
24114 Kiel
Tel.: 04 31 / 6 48 61 62
www.shabv.de

Südwestdeutscher Amateur-Box-Verband
Geschäftsstelle: Karin Braus
Jahnstr. 34c
67227 Frankenthal
Tel.: 06233 / 26219
www.swabv.de

Thüringer Box-Verband
Geschäftsstelle: Werner-Seelenbinder-Str. 1
99096 Erfurt
Tel.: 0365 / 26 323
www.thueringer-boxverband.de/

Westfälischer Amateur-Box-Verband
Geschäftsstelle: Cranger Str. 216
45891 Gelsenkirchen
Tel.: 02 09 / 7 69 83
http://www.boxen-westfalen.de

Österreich

Österreichischer Boxverband
Präsident: Roman Nadr
Hochstr. 24
3004 Reichersberg
www.boxverband.at

Schweiz

Schweizerischer Boxverband (SBV)
Verbandsrat-Präsident:
Andreas Anderegg
Tübacher Str. 10
9326 Horn TG
Tel.: 079 958 49 91

Literaturhinweise

Behringer, Michael: *Biomedizinische Grundlagen zum Krafttraining im Kindes- und Jugendalter*, Dissertation, Uni Köln 2012

Berger., J: *Sporttechnische Fertigkeiten in der Zweikampfsportart Boxen*, in: Sportpraxis 1998, S. 20ff.

Braun, H.: *Besonderheiten der Ernährung in Sportarten mit Gewichtsklassen*, in: Aktuelle Ernährungsmedizin 2010, H. 4, S. 178ff.

Bussweiler, Jens/Bastian, Michael/Zepperitz, Susanne/Büsch, Dirk: *Analyse des Olympischen Boxturniers*, in: Zeitschrift für angewandte Trainingswissenschaft, 2012, Heft 2, S. 1006ff.

Frester, R.: *Erfolgreiches Coachen – aber wie?* IAT Leipzig 1995, Microfichennummer 16443

Hartmann, Heidi: *Frauenboxen in Deutschland,* Dissertation Oldenburg 2012

Hillebrecht, Martin: *Dehnen und Kraftverhalten,* Berlin 2013

Hussein, A.R.H.: *Die Finten im Boxen. Eine Untersuchung am Beispiel der Olympischen Spiele Sydney 2000,* Dissertation Göttingen 2004

Leis, M. *Sport in der Literatur,* Dissertation Uni Siegen 1998

Lukas, M.: *Solange du stehen kannst, wirst du kämpfen,* dissertation.de –Verlag der Internet GmbH, Berlin 2000

Wolf, Mirko: *Kraft-Leistungsdiagnostik und spezifisches Krafttraining im Boxen,* Dissertation, Frankfurt/M. 2009

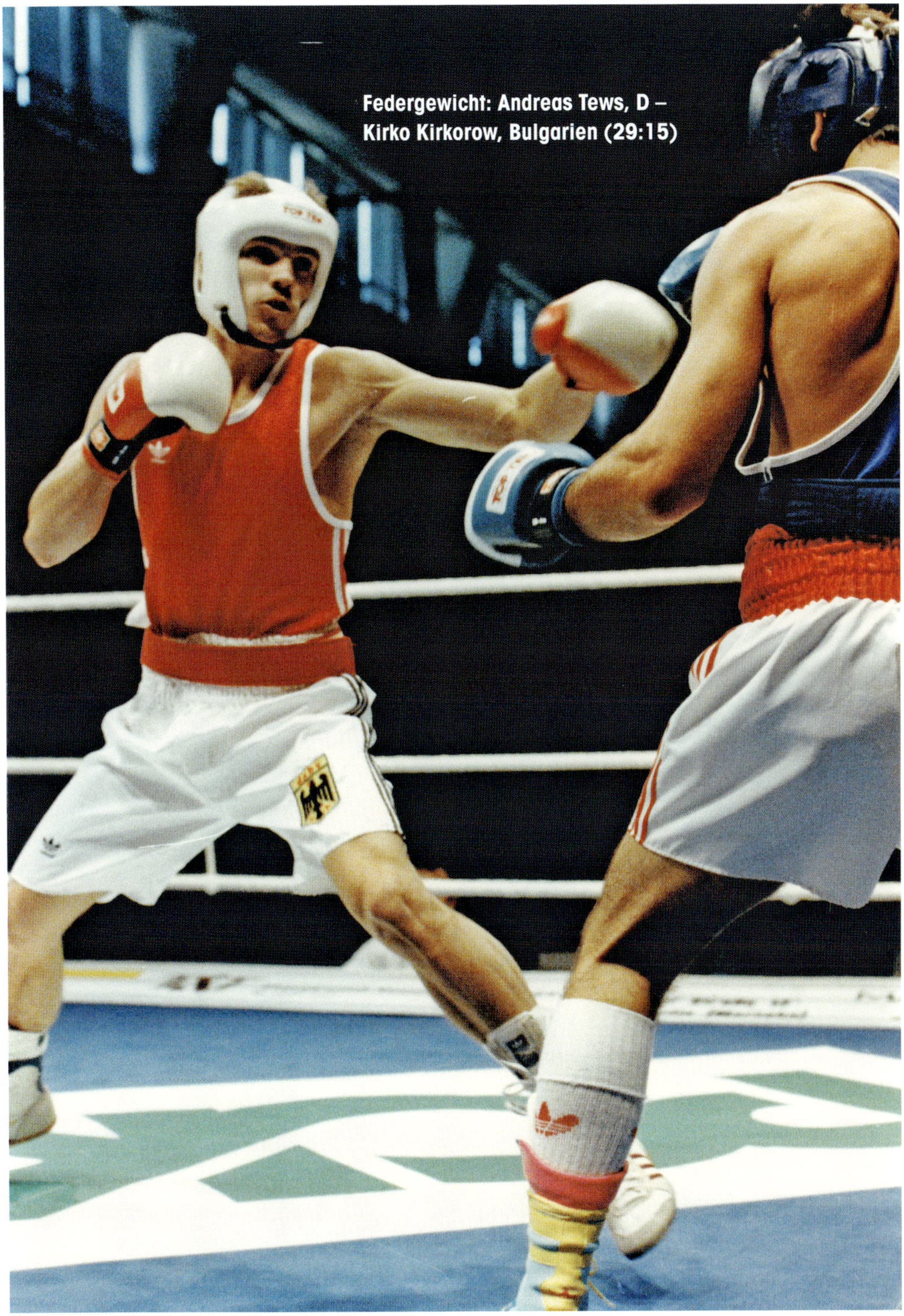

Federgewicht: Andreas Tews, D –
Kirko Kirkorow, Bulgarien (29:15)

Zum Weiterlesen aus dem Verlag pietsch

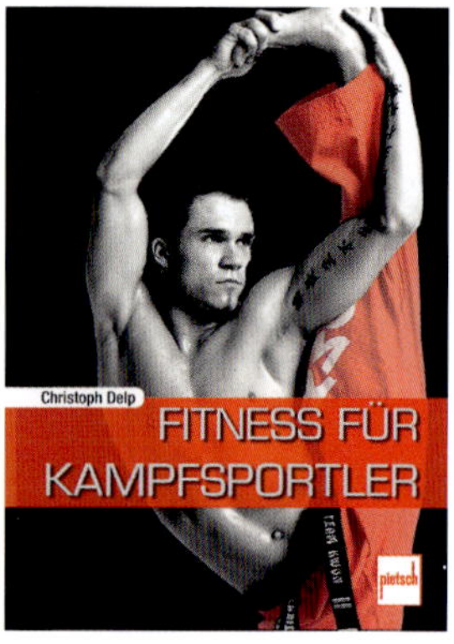

Christoph Delp
Fitness für Kampfsportler
Christoph Delp, erfahrener Kampfsportler und Trainer, stellt in diesem Buch die effektivsten Übungen zur systematischen Entwicklung aller körperlichen Voraussetzungen vor.
144 Seiten, 240 Bilder, Format 170 x 240 mm
ISBN 978-3-613-50733-3
€ 14,95 / CHF 19,90 / € (A) 15,40

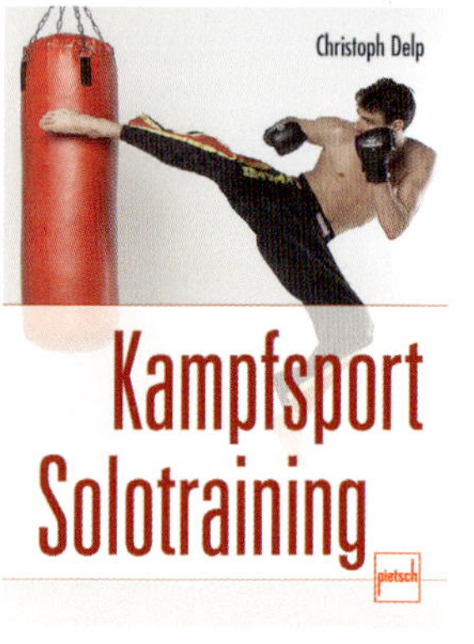

Christoph Delp
Kampfsport Solotraining
Alle, die zur Verbesserung von Technik und Fitness in den eigenen vier Wänden Kampfsport trainieren wollen, erhalten in diesem Ratgeber sämtliche Informationen.
112 Seiten, 205 Bilder, Format 170 x 240 mm
ISBN 978-3-613-50535-3
€ 14,95 / CHF 19,90 / € (A) 15,40

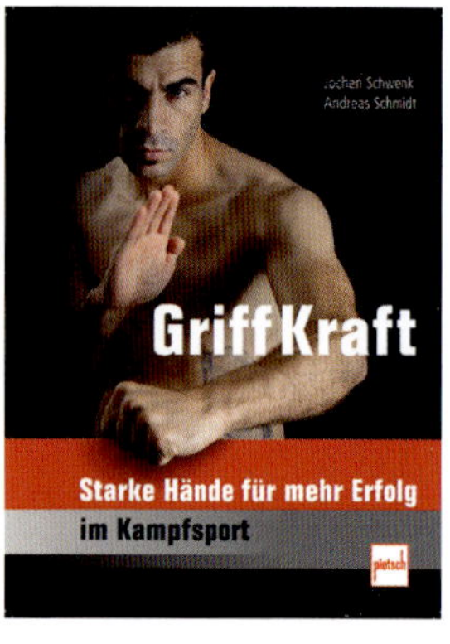

Jochen Schwenk/Andreas Schmidt
GriffKraft
Der Ratgeber zum gezielten Aufbau von Griffkraft zeigt jedem Kampfsportler Möglichkeiten auf, mit minimalem Aufwand in kurzer Zeit einen Leistungssprung zu schaffen.
112 Seiten, 169 Bilder, Format 170 x 240 mm
ISBN 978-3-613-50684-8
€ 14,95 / CHF 19,90 / € (A) 15,40

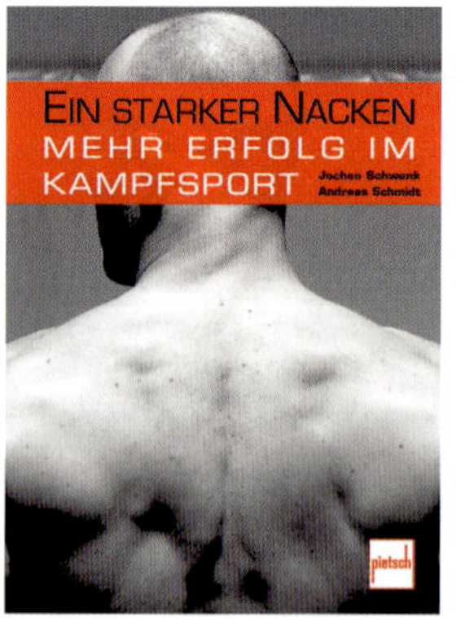

Jochen Schwenk/Andreas Schmidt
Ein starker Nacken
Mehr Erfolg im Kampfsport
Jochen Schwenk und Andreas Schmidt führen in wichtige Trainingsmethoden ein und beschreiben detailliert zahlreiche Übungen, die durch aussagekräftige Bildsequenzen veranschaulicht werden.
112 Seiten, 189 Bilder, Format 170 x 240 mm
ISBN 978-3-613-50720-3
€ 14,95 / CHF 19,90 / € (A) 15,40

Stand April 2014
Änderungen in Preis und Lieferfähigkeit vorbehalten.

Überall wo es Bücher gibt oder unter
www.pietsch-verlag.de
Service-Hotline: 0711/ 98 809 984

pietsch